受江汉大学"城市圈经济与产业集成管理"学科群资助

积极老龄化

关于养老模式的调研与思考

吴静 著

社会科学文献出版社
SOCIAL SCIENCES ACADEMIC PRESS (CHINA)

目 录

前　言 …………………………………………………………… 001

第一部分　我国养老现状的研究

第一章　对我国老年人养老现状的调查 …………………… 003

第二章　对不同养老模式服务的调研与访谈 ……………… 051

第三章　与国外相关养老模式的对比与思考 ……………… 080

第二部分　关于老年的认知

第四章　老年人的身份认同与整合 ………………………… 115

第五章　长寿与老年痴呆 …………………………………… 129

第六章　直面死亡 …………………………………………… 139

第三部分　积极老龄化

第七章　预防衰老——衰老是一种病 ……………………… 153

第八章　思维模式与养老选择……………………………… 160

第九章　积极老龄化与终身学习……………………………… 182

第十章　建设老年友好型社会………………………………… 198

附录　一家"公建民营"社会综合福利院的改革实践项目计划书
……………………………………………………………… 216

后　记………………………………………………………… 250

前　言

按照联合国的新标准，一个地区65岁及以上人口数量达到总人口数量的7%，即表明该地区进入老龄化社会，而超过14%就被称为"老龄社会"。我国近十年65岁及以上人口逐年增加，需要照料的失能、半失能老年人数量剧增，预计到2050年，中国老年人口数量将达到4.8亿，老龄问题日益成为新时代中国社会经济健康发展的新挑战。

作为"60后""70后"的我们，父母都已是七八十岁的年纪，带着对"如何养老"问题的好奇，笔者自2019年起承担了武汉研究院"武汉多种养老模式比较研究"的课题研究，得以近距离观察武汉市老年人的养老现状，了解不同养老模式的运行情况，其间中断了几次，所以结题时间一拖再拖，但也正因为时间的延长，笔者对养老问题的思考也更加深入，从而在完成了课题研究报告后，又增加了对其他养老相关问题的持续探究，于是诞生了这本《积极老龄化：关于养老模式的调研与思考》。

本书分为三个部分。

第一部分，分析我国养老的现状。首先，通过对400多位老年人养老需求的问卷调查和对近20位老年人的深度访谈，详尽分析了不同特征老年人的养老现状；其次，对武汉各种养老模式进行比较，列举了居家、机构、社区养老模式满足武汉市老年人养老需求的现状和存在的问题，分析了三种养老模式的利弊和适合人群；最后，对比国外养老模式的一些思考和借鉴。

第二部分，介绍关于老年的认知，破除一些关于老年人的刻板印象。第四章，主要介绍埃里克森生命周期理论的第8、9阶段，即老年人的身份认同与整合问题，从而帮助老年人更好地适应生命的新阶段；第五章介绍了长寿与老年痴呆问题，以及如何应对；第六章，分析了濒死体验，阐述了如何直面死亡，以及临终关怀的必要性。

第三部分，着眼于积极老龄化问题。第七章，介绍哈佛大学的最新研究成果：预防衰老——衰老是一种病，可以通过积极预防衰老来减少癌症的发生，从而延长健康寿命；第八章，分析老年人的思维模式如何影响养老模式选择，以及如何调整心态，以成长型思维做出最有利于老年人晚年幸福生活的养老模式选择；第九章，分析了积极老龄化的意义，以及如何通过终身学习来实现曾经的愿望和目标，积极地、无憾地老去；第十章，从全社会的角度，探讨了老龄化问题，并提出关爱老年人，建设老年友好型社会的各种举措。

在每一章的末尾，有一个小结，概括说明了整章的内容，便于读者快速浏览该章的主要内容和观点。

最后的附录，以一个真实的"公建民营"养老项目实践，对改革现有公办福利院，以普惠更多中低收入老年人的战略举措进行了可行性分析和详细论证。

尽管研究的起因是完成武汉市的养老课题，书中大部分案例来自这个城市，但武汉市的经济发展水平和老年人收入状况在全国范围内属于中等水平，故书中的某些建议尤其是对于养老相关问题的探讨，应该也值得生活在其他城市或地域的老年人或关注老年问题的人士借鉴。

第一部分　我国养老现状的研究

第一章　对我国老年人养老现状的调查

为了解老年人的养老现状，以及老年人对现有养老模式的认知和满意度，我们对居住在武汉市的440位60岁及以上老年人通过在线填答和实地访谈的方式进行了调查，共回收有效问卷412份。因老年人有漏填或者不会填的情况发生，所以各问题总回答人数可能不为412人，且即使是单选题也可能出现各选项占比之和不为100%的情况。

一　调查对象的基本情况

本次调查的412位老年人中，女性占66.00%，男性占34.00%；最大年龄99岁，最小年龄60岁，平均年龄72.1岁。

就受教育水平而言，412位老年人中，不识字的占5.85%，初中及以下学历的占36.59%，高中或中专学历的占29.02%，大专及以上学历的占28.54%（见图1-1）。

被调查的老年人最多分布在江岸区，占32.03%；第二是武昌区，占27.38%；第三是江汉区，占10.27%；另有蔡甸区7.82%，洪山区6.85%，汉阳区4.89%，硚口区4.16%；等等（见图1-2）。

412位老年人中，有42.70%的老年人有1个子女，拥有最多子女的1位老年人有7个子女，另有8位老年人没有子女。

老年人退休前的工作涉及各行各业，机关事业单位的干部占15.12%，

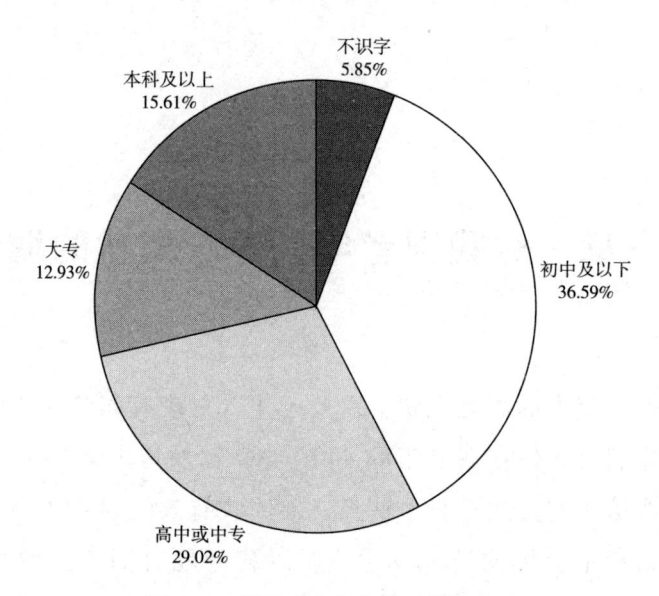

图 1-1　被调查老年人的受教育水平

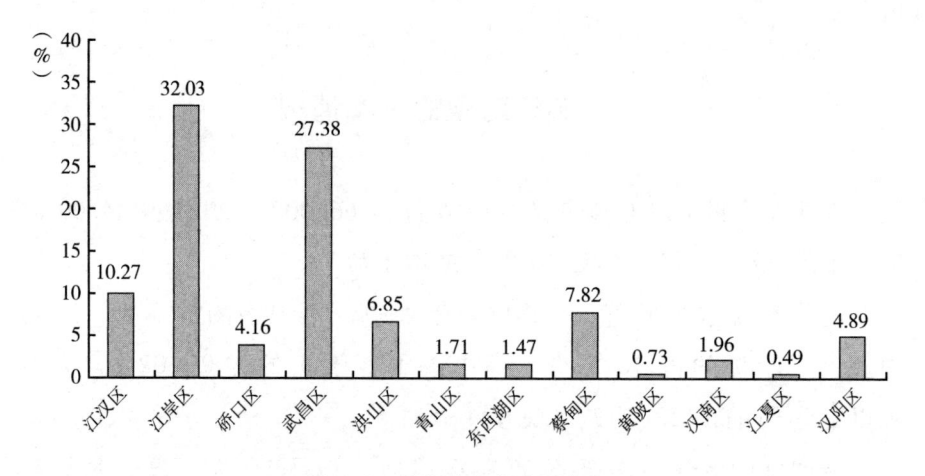

图 1-2　被调查老年人所在区

注：因四舍五入，上述占比的总和与100%会有出入。另外，有些问题为多选题，占比的总和会大于100%。全书同。

专业技术人员占18.29%，企业管理人员占19.51%，生产、运输设备操作人员及有关人员占9.27%，商业、服务业人员占7.80%，农民占 5.61%，个体户、私营业主占 3.41%，自由职业者占 3.66%，军人占 0.24% 及无业人员占 15.12%（见图 1-3）。

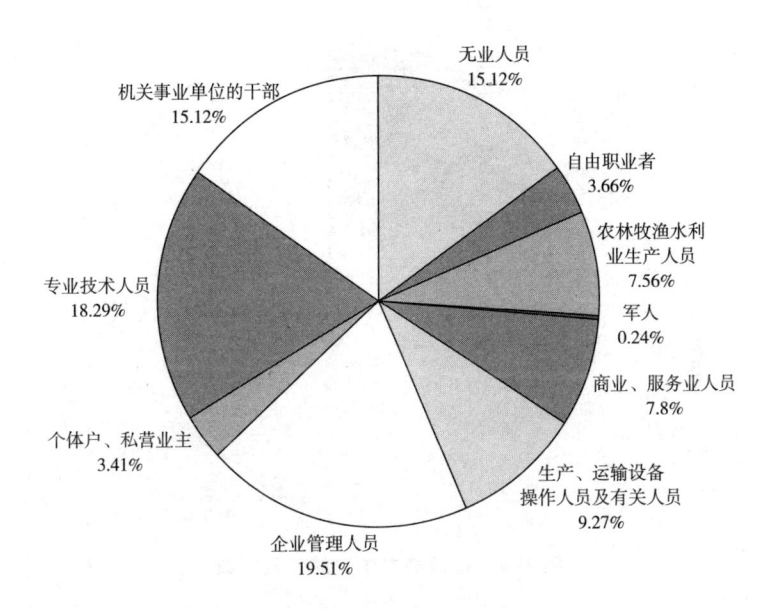

图 1-3　被调查老年人退休前的职业类别

412 名老年人中，91.02% 的收入来源是自己的离退休工资或养老金，由子女供养的占 8.25%，5.83% 的老年人有积蓄或投资收入，配偶提供养老金的占 1.70%，靠劳务收入的占 2.18%，另有 2.91% 的人由政府提供最低生活保障补助（见图 1-4）。

就被调查老年人目前每月可支配收入而言，每月 2001～3000 元的占 36.52%，3001～5000 元的占 29.66%，5001～10000 元的占 16.42%，1001～2000 元的占 8.33%，1000 元及以下的占 6.86%，10001 元及以上的占 2.21%（见图 1-5）。

关于被调查老年人目前的健康状况，42.72% 表示很健康，有病但生活可以自理的占 49.51%，需要有人定时照顾的占 5.34%，另有 2.43% 的老年人需要专人照护或全天看护（见图 1-6）。

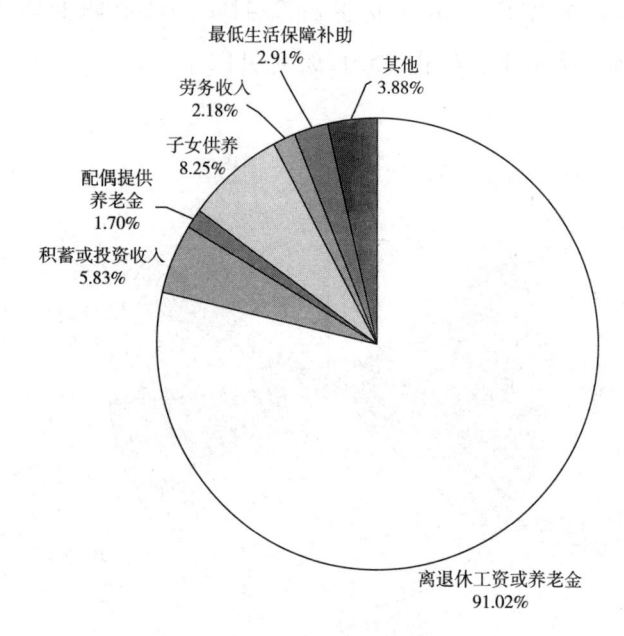

图 1-4　被调查老年人的收入来源

- 最低生活保障补助 2.91%
- 其他 3.88%
- 劳务收入 2.18%
- 子女供养 8.25%
- 配偶提供养老金 1.70%
- 积蓄或投资收入 5.83%
- 离退休工资或养老金 91.02%

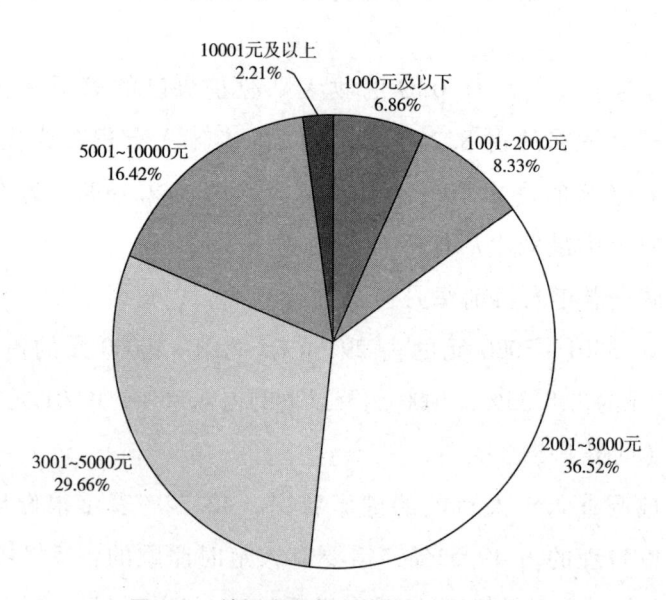

图 1-5　被调查老年人的每月可支配收入

- 10001元及以上 2.21%
- 1000元及以下 6.86%
- 1001~2000元 8.33%
- 2001~3000元 36.52%
- 3001~5000元 29.66%
- 5001~10000元 16.42%

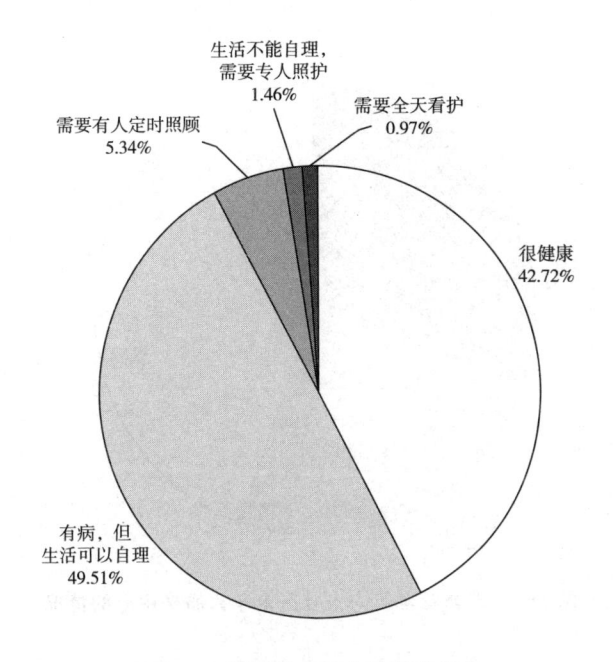

图 1-6　被调查老年人的健康状况

对于有子女的独居或住养老院的老年人，子女每月看望老年人 10 次及以上的占 46.68%，每月看望 1~2 次的占 7.96%，每年看望 1 次的占 3.71%，每 2~3 年看望 1 次的占 1.86%，还有 1% 的老年人是"候鸟一族"，即每年定期飞到子女工作所在地区看望子女；另有 1 位老年人，虽有子女但从来不探望。

调查对象中，除 17.06% 的老年人住养老机构外，常去社区老年人服务中心的老年人占 44.62%，不常去的占 25.20%，还有 13.12% 的老年人回答社区没有老年人服务中心（见图 1-7）。

老年朋友对社区老年人服务中心相对比较满意的首先是文体娱乐活动，占 37.62%；其次是健康咨询，占 25.49%；日间照料、老年餐桌和康复护理均占 20.39%（见图 1-8）。

住养老机构的老年人中，每月支付费用集中在 2001~3000 元，

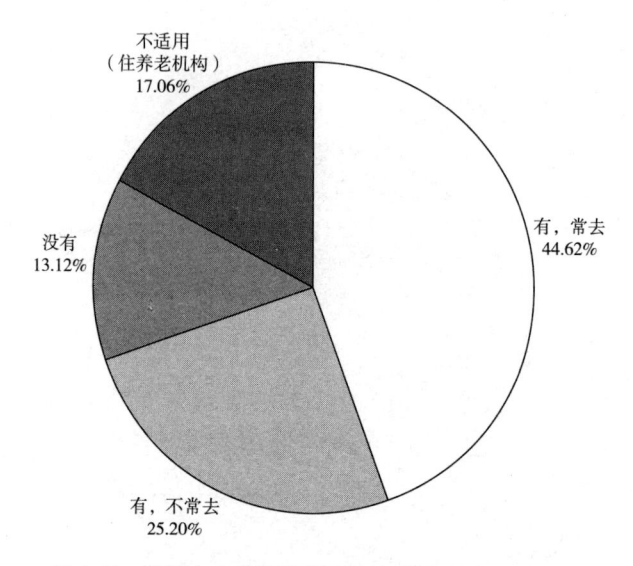

图 1-7　被调查老年人去社区老年人服务中心的情况

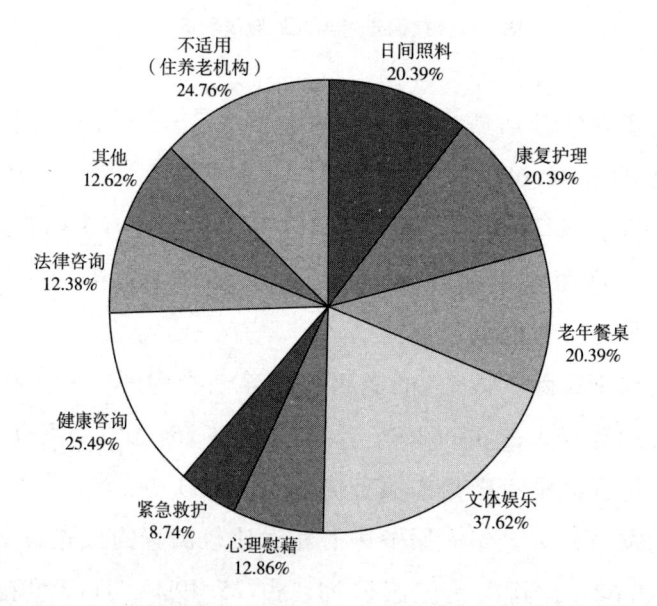

图 1-8　被调查老年人对社区老年人服务中心的活动的满意度

注：满意度为多选项。

占住养老机构的老年人的 40.00%；其次是每月支付 3001~5000 元的，占 37.70%，剩下是每月支付 1001~2000 元和 5001~8000 元的，各占 10.80%；有 1 位老年人每月支付 10000 元及以上，占 0.70%。

过去一年中，老年朋友参与过最多的活动是读书看报，占 31.80%；使用电脑、智能手机的占 27.43%；排在第 3 位的是打麻将；国内旅游排在第 4 位；参加老年合唱团排在第 5 位；唱歌、唱戏、玩乐器，运动健身，养生保健，欣赏音乐，烹饪，舞蹈、瑜伽、太极等也是部分老年人参与过的活动；此外，老年朋友中，约 2% 的在学习外语，约 1% 的写回忆录，约 1% 的再就业，有一位退休后创业（见图 1-9）。

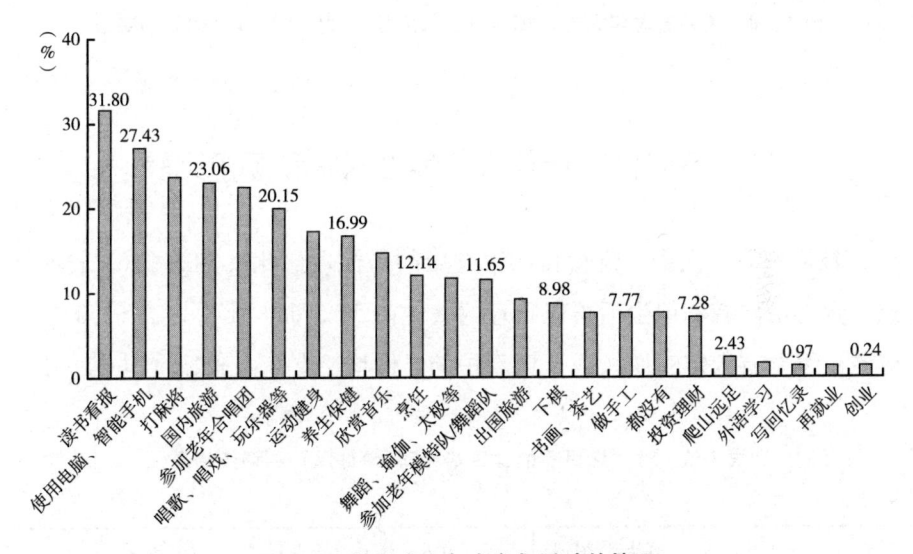

图 1-9　被调查老年人参与活动的情况

注：图表由问卷星自动生成，由于表格太长，数据显示时略去了除第一项外的奇数项的数据。

当被问到是否希望发挥自己所长为社会做些力所能及的事时，25.69% 的老年人表示正在这么做，12.22% 表示希望，但找不到合适的事情做，33.17% 的老年人表示只想安度晚年，另有 7.23% 的老年人觉得愿意做一些有偿的事（见图 1-10）。

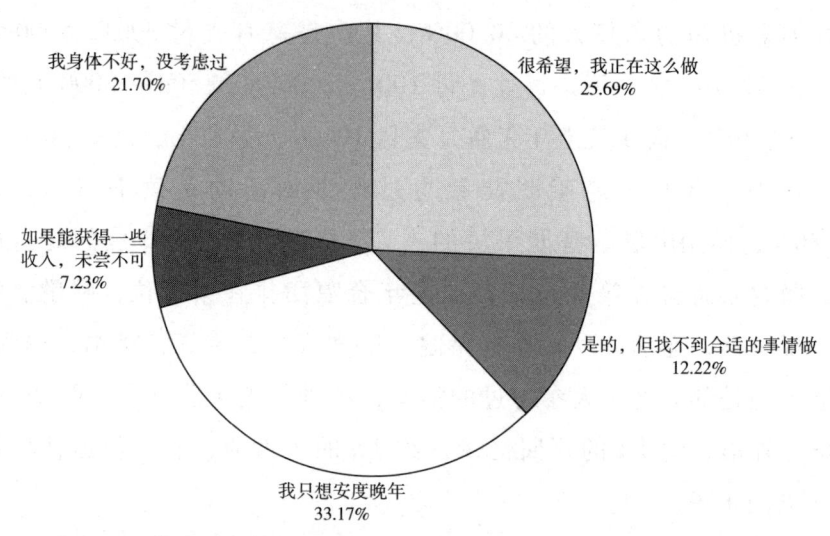

饼图数据：
- 我身体不好，没考虑过 21.70%
- 很希望，我正在这么做 25.69%
- 如果能获得一些收入，未尝不可 7.23%
- 是的，但找不到合适的事情做 12.22%
- 我只想安度晚年 33.17%

图 1-10　被调查老年人对发挥自己所长为社会做些力所能及的事的想法

二　不同性别老年人的养老现状和需求比较

被调查老年人中，觉得自己很健康的男性占比比女性高 2.62 个百分点，觉得虽然有病但生活可以自理的女性占 52.57%，比男性高 9.50 个百分点；需要有人定时照顾或全天看护的男性均比女性占比高（见表 1-1）。

表 1-1　对"您目前的健康状况"（单选题）的调查结果

单位：人

性别	很健康	有病,但生活可以自理	需要有人定时照顾	生活不能自理，需要专人照护	需要全天看护	小计
男	61(44.53)	59(43.07)	13(9.49)	1(0.73)	3(2.19)	137
女	114(41.91)	143(52.57)	9(3.31)	5(1.84)	1(0.37)	272

注：（　）内单位为%。

被调查老年人中，女性在参加老年合唱团，参加模特队/舞蹈队，唱歌、唱戏、玩乐器等，使用电脑、智能手机，烹饪、舞蹈、瑜伽、太极等，国内外旅游，欣赏音乐，做手工等活动中比男性踊跃；男性在书画、茶艺，下棋，养生保健，运动健身，读书看报等活动中比女性参与度高。总体来说，女性参与更多集体的、需要玩伴和对手的活动，男性则更多参与不需要队友可以独自完成的活动（见表1-2）。

表1-2 对"过去一年内您做过如下哪些事？（多选题）"的调查结果

单位：人

性别	参加老年合唱团	参加老年模特队/舞蹈队	书画、茶艺	打麻将	下棋	唱歌、唱戏、玩乐器等
男	24(17.52)	4(2.92)	18(13.14)	32(23.36)	23(16.79)	15(10.95)
女	69(25.37)	44(16.18)	14(5.15)	63(23.16)	14(5.15)	68(25.00)
性别	使用电脑、智能手机	养生保健	烹饪	投资理财	外语学习	舞蹈、瑜伽、太极等
男	32(23.36)	27(19.71)	11(8.03)	9(6.57)	4(2.92)	8(5.84)
女	81(29.78)	43(15.81)	39(14.34)	21(7.72)	3(1.10)	41(15.07)
性别	国内旅游	出国旅游	爬山远足	运动健身	欣赏音乐	读书看报
男	22(16.06)	7(5.11)	4(2.92)	35(25.55)	15(10.95)	52(38.52)
女	73(26.84)	32(11.76)	6(2.21)	36(13.24)	46(16.91)	78(28.68)
性别	写回忆录	创业	再就业	做手工	都没有	小计
男	1(0.74)	1(0.74)	1(0.74)	9(6.67)	10(7.41)	135
女	3(1.10)	0(0.00)	3(1.10)	23(8.46)	22(8.09)	272

注：( )内单位为%。

被调查老年人中，女性承担的家务比男性多，照看孙辈的比例比男性高，身体健康状况比男性差，睡眠状况没有男性好，但是女性对生活现状的评价比男性高（女性感觉家庭和睦，子女孝顺的比例达到76.84%，男性只有69.34%；同时4.38%的男性回答与子女相处不好，而女性回答与子女处不好的只占1.84%）；另外，回答有朋友常来往的女性占到45.22%，男性则只有36.50%；同时觉得有价值感的女性占到21.69%，男性则只有17.52%；有

11.76%的女性（9.45%的男性）觉得带孙辈很开心，但也有6.62%的女性（3.65%的男性）觉得很累；有5.11%的男性有孤独感，有孤独感的女性有2.57%。总的来说，女性的抗压能力更强，朋友更多，承担的家庭责任更大，心态也更积极（见表1-3）。

表1-3 对"您现在的生活状态"的调查结果

单位：人

性别	家庭和睦，子女孝顺	有朋友常来往	有价值感	睡眠充足	自己操持家务	与子女(家人)相处不太好
男	95(69.34)	50(36.50)	24(17.52)	41(29.93)	29(21.17)	6(4.38)
女	209(76.84)	123(45.22)	59(21.69)	50(18.38)	104(38.24)	5(1.84)

性别	家务活力不从心	帮着带孙辈，感觉很开心	帮着带孙辈，感觉很累	觉得很无聊	经常感觉身体疼痛	有轻微身体疼痛
男	7(5.11)	13(9.49)	5(3.65)	7(5.11)	6(4.38)	17(12.41)
女	15(5.51)	32(11.76)	18(6.62)	7(2.57)	18(6.62)	47(17.28)

性别	经常感觉孤独	经济压力大	住房困难	经常失眠	其他	（空）	小计
男	7(5.11)	6(4.38)	1(0.73)	7(5.11)	7(5.11)	1(0.73)	137
女	7(2.57)	9(3.31)	5(1.84)	22(8.09)	11(4.04)	0(0.00)	272

注：( )内单位为%；"（空）"指漏填，全书同。

被调查老年人中有63.97%的女性认为自己是开朗外向的，男性这个比例是54.74%；47.79%的女性认为自己有亲和力，男性这个比例是41.61%，认为自己不喜欢和人打交道的男性比例比女性高；觉得自己性格淡定从容的男性比例比女性高2.38个百分点，但承认自己爱发脾气的男性比例比女性高3.62个百分点；30.51%的女性和25.55%的男性认为自己责任心强；觉得自己比较随心所欲的男性占11.68%，女性则占8.82%；在是否乐于学习新东西这个维度上，女性和男性占比分别是29.04%和18.25%，女性比例比男性高10.79个百分点（见表1-4）。我们常常看到参加老年大学和老年合唱团的女性大大多于男性，看来是有原因的，武汉老年女性的性格的确比老年男性在结交朋友和学习新生事物上更有优势。

表1-4 对"您觉得自己的性格属于哪种类型"的调查结果

单位：人

性别	开朗外向	沉静内向	有亲和力	不喜欢和人打交道	淡定从容	容易发脾气
男	75(54.74)	38(27.74)	57(41.61)	12(8.76)	37(27.01)	11(8.03)
女	74(63.97)	56(20.59)	130(47.79)	12(4.41)	67(24.63)	12(4.41)

性别	责任心强	随心所欲	乐于学习新东西	不太接受新生事物	其他	（空）	小计
男	35(25.55)	16(11.68)	25(18.25)	11(8.03)	2(1.46)	2(1.46)	137
女	83(30.51)	24(8.82)	79(29.04)	23(8.46)	1(0.37)	0(0.00)	272

注：（ ）内单位为%。

约有28%的老年男性和30%的老年女性回答完全不会使用智能手机。老年朋友使用最多的手机应用是微信（男性占比64.96%，女性占比66.18%），其后是浏览新闻（男性占比38.69%，女性占比32.35%）、天气预报（男性占比34.31%，女性占比40.07%）、在线支付（男性占比18.98%，女性占比30.88%）、欣赏音乐（男性占比23.36%，女性占比26.10%）、摄影/修图（男性占比17.52%，女性占比22.43%）等。除了浏览新闻，老年女性在QQ、在线购物、在线支付、手机KTV等应用的使用比例上均大大超过老年男性，就连购车票或机票、打车、GPS导航、翻译软件、备忘录、世界时间/闹钟、手机炒股、在线课程学习以及应用软件搜索下载或安装等手机应用，都是女性比男性会用得更多。约有7%的老年男性和10%的老年女性使用过手机点外卖服务（见表1-5）。

表 1-5 对"您会使用智能手机的哪些功能"的调查结果

单位：人

性别	微信	QQ	天气预报	摄影/修图	支付宝支付或微信支付	购车票或机票
男	89(64.96)	21(15.33)	47(34.31)	24(17.52)	26(18.98)	13(9.49)
女	180(66.18)	73(26.84)	109(40.07)	61(22.43)	84(30.88)	32(11.76)

性别	打车	在线购物	GPS 导航	翻译软件	备忘录	世界时间/闹钟
男	12(8.76)	14(10.22)	15(10.95)	7(5.11)	11(8.03)	18(13.14)
女	35(12.87)	58(21.32)	40(14.71)	22(8.09)	28(10.29)	47(17.28)

性别	欣赏音乐	手机 KTV	外卖服务	手机炒股	浏览新闻	在线课程学习
男	32(23.36)	3(2.19)	10(7.30)	7(5.11)	53(38.69)	10(7.30)
女	71(26.10)	24(8.82)	28(10.29)	17(6.25)	88(32.35)	27(9.93)

性别	应用软件搜索下载或安装	都不会	（空）	小计
男	11(8.03)	39(28.47)	0(0.00)	137
女	32(11.76)	81(29.78)	2(0.74)	272

注：（ ）内单位为%。

不同性别的老年人中患高血压（男性占比 38.69%，女性占比 37.87%）、糖尿病（男性占比 19.71%，女性占比 17.28%）、心血管疾病（男性占比 18.25%，女性占比 19.49%）的比例差别不大，患焦虑/抑郁和癌症的，虽然总体占比很低，但女性占比明显比男性高，患焦虑/抑郁的女性占比 5.15%、男性占比 2.92%，患癌症的女性占比 4.78%、男性占比 1.46%（见表 1-6）。

表 1-6 对"您是否得过如下的疾病"的调查结果

单位：人

性别	焦虑/抑郁	糖尿病	高血压	慢性阻塞性肺炎	心血管疾病	痛风
男	4(2.92)	27(19.71)	53(38.69)	2(1.46)	25(18.25)	4(2.92)
女	14(5.15)	47(17.28)	103(37.87)	2(0.74)	53(19.49)	11(4.04)

续表

性别	脑中风	阿尔茨海默病	帕金森	癌症	其他	（空）	小计
男	7(5.11)	2(1.46)	1(0.73)	2(1.46)	61(44.53)	3(2.19)	137
女	6(2.21)	3(1.10)	2(0.74)	13(4.78)	99(36.40)	11(4.04)	272

注：（ ）内单位为%。

老年女性对不得已入住养老院的接受度高于老年男性（见表1-7），她们愿意入住养老院时考虑的因素也比老年男性多，但男女关心的重点是一样的，排在第一的是收费标准，第二是服务质量，第三是地理位置，其后依次是硬件设施、是否医养结合等。另外，老年女性对收费的敏感度比老年男性高10个百分点。

表1-7 对"您在什么样的情况下会选择入住养老院？"（多选题）的调查结果

单位：人

性别	永远都不想去，心理上不能接受	生活不能自理，家里没人照顾	一个人很孤单	与子女相处不好	养老院环境好
男	37(27.41)	44(32.59)	7(5.19)	3(2.22)	26(19.26)
女	63(23.60)	100(37.45)	12(4.49)	9(3.37)	51(19.10)

性别	有熟悉的朋友一起入住	子女太忙完全无暇顾及	其他	小计
男	19(14.07)	19(14.07)	27(20)	135
女	63(23.60)	51(19.10)	41(15.36)	267

注：（ ）内单位为%。

老年男性和老年女性中均约有1/3的老年人回答不想发挥余热做社会服务只想安度晚年；约有27%的老年男性和约25%的老年女性表示正在发挥余热为社会做贡献；老年男性和老年女性均有12%左右表示虽有这个想法但找不到合适的事情做；约有6%的老年男性和8%的老年女性希望做这些事能有一定回报（见表1-8）。

表1-8 对"如果您身体健康,或有专门技能,您希望有机会继续发挥您的技能为社会做一些有益的事吗?"(单选题)的调查结果

单位:人

性别	很希望,我正在这么做	是的,但找不到合适的事情做	我只想安度晚年	如果能获得一些收入,未尝不可	我身体不好,没考虑过	小计
男	37(27.41)	17(12.59)	47(34.81)	8(5.93)	26(19.26)	135
女	66(25.10)	32(12.17)	86(32.70)	21(7.98)	58(22.05)	263

注:( )内单位为%。

约70%的老年人回答社区有老年人服务中心,45.97%的老年男性、43.70%的老年女性表示经常去参加活动(见表1-9)。

表1-9 对"您所在的社区有老年人服务中心吗?您经常去参加活动吗?"(单选题)的调查结果

单位:人

性别	有,常去	有,不常去	没有	不适用(住养老机构)	小计
男	57(45.97)	29(23.39)	18(14.52)	20(16.13)	124
女	111(43.70)	67(26.38)	31(12.20)	45(17.72)	254

注:( )内单位为%。

三 不同学历老年人的养老现状和需求比较

被调查老年人中,本科及以上学历的老年人退休前从事专业技术工作的占比最高,为39.06%;其次是机关或事业单位干部,占35.94%。大专学历的老年人更多从事企业管理工作,占比约34.00%;其次是党政机关党群组织或事业单位负责人、专业技术人员,两者分别占24.53%。高中或中专学历的老年人职业分化比较大,有些从事专业技术工作,有些从事管理工作,有些进入党政机关

党群组织或事业单位工作，也有少部分人担任生产、运输设备操作人员及有关人员，商业、服务业人员或农民等；初中及以下学历的多半担任企业管理人员，生产、运输设备操作人员及有关人员，商业、服务业人员或农民；不识字的老年人担任农民和生产、运输设备操作人员及有关人员的最多，占比均达到20%以上（见表1-10）。

表1-10 对"您退休前的职业"（单选题）的调查结果

单位：人

学历	党政机关党群组织或事业单位负责人	专业技术人员	个体户、私营业主	企业管理人员	农林牧渔水利业生产人员	生产、运输设备操作人员及有关人员
不识字	0(0.00)	1(4.17)	0(0.00)	1(4.17)	7(29.16)	5(20.83)
初中及以下	8(5.33)	12(8.00)	9(6.00)	33(22.00)	16(10.67)	24(16.00)
高中或中专	17(14.29)	24(20.17)	4(3.36)	23(19.33)	8(6.72)	6(5.04)
大专	13(24.53)	13(24.53)	0(0.00)	18(33.96)	0(0.00)	2(3.77)
本科及以上	23(35.94)	25(39.06)	1(1.56)	5(7.81)	0(0.00)	1(1.56)

学历	商业、服务业人员	军人	自由职业者	其他	（空）	小计
不识字	1(4.17)	0(0.00)	1(4.17)	8(33.33)	0(0.00)	24
初中及以下	20(13.33)	0(0.00)	5(3.33)	22(14.67)	1(0.67)	150
高中或中专	9(7.56)	0(0.00)	7(5.88)	20(16.81)	1(0.84)	119
大专	1(1.89)	1(1.89)	1(1.89)	4(7.55)	0(0.00)	53
本科及以上	0(0.00)	0(0.00)	1(1.56)	8(12.50)	0(0.00)	64

注：（ ）内单位为%。

学历与老年人每月可支配收入呈明显正相关。约60%的本科及以上学历的老年人收入在5001元及以上，其中约10%的人收入超过10000元；大专学历的老年人每月可支配收入最多集中在3001～5000元，占44.23%，他们中超过20%的人收入超过5000元；高中或中专学历的老年人收入集中在2001～3000元，占41.18%，另有26.89%的人收入在3001～5000元，17.65%的人收入在5001～10000元；初中及以下学历的老年人则有51.01%的人收入在2001～3000元；30.43%不识字的老年人的可支配收入在1000元及以下，也是最大比例（见表1-11）。

表 1-11 对"您的目前每月可支配收入"(单选题)的调查结果

单位：人

学历	1000元及以下	1001~2000元	2001~3000元	3001~5000元	5001~10000元	10001元及以上	小计
不识字	7(30.43)	6(26.09)	3(13.04)	7(30.43)	0(0.00)	0(0.00)	23
初中及以下	14(9.40)	15(10.07)	76(51.01)	39(26.17)	4(2.68)	1(0.67)	149
高中或中专	6(5.04)	11(9.24)	49(41.18)	32(26.89)	21(17.65)	0(0.00)	119
大专	0(0.00)	1(1.92)	17(32.69)	23(44.23)	9(17.31)	2(3.85)	52
本科及以上	1(1.59)	1(1.59)	4(6.35)	19(30.16)	32(50.79)	6(9.52)	63

注：( )内单位为%。

学历越高的老年人，兴趣爱好越广泛，生活越丰富多彩，不同学历的老年人参加老年合唱团的占比比较均衡，基本均占 22% 左右。另外，初中及以下、高中或中专和大专学历的老年人均有 25% 左右打麻将，不识字的和本科及以上学历的老年人打麻将的相对少一些，尤其是本科及以上学历的老年人只有 17.19% 打麻将。本科及以上学历的老年人参与国内外旅游，欣赏音乐，书画、茶艺，运动健身等的占比明显高于其他学历水平；有几位在学外语、写回忆录和创业的老年人，也基本集中在这个学历层面；他们同时是使用电脑、智能手机占比较高的人，占 48.44%（见表 1-12）。

表 1-12 对"过去一年内您做过以下哪些事？"(多选题)的调查结果

单位：人

学历	参加老年合唱团	参加老年模特队/舞蹈队	书画、茶艺	打麻将	下棋	唱歌、唱戏、玩乐器等
不识字	5(20.83)	0(0.00)	0(0.00)	5(20.83)	3(12.5)	2(8.33)
初中及以下	35(23.65)	11(7.43)	8(5.41)	36(24.32)	16(10.81)	24(16.22)
高中或中专	26(21.85)	11(9.24)	6(5.04)	32(26.89)	10(8.40)	27(22.69)
大专	12(22.64)	16(30.19)	5(9.43)	14(26.42)	4(7.55)	15(28.30)
本科及以上	14(21.88)	10(15.63)	13(20.31)	11(17.19)	4(6.25)	14(21.88)

续表

学历	使用电脑、智能手机	养生保健	烹饪	投资理财	外语学习	舞蹈、瑜伽、太极等
不识字	1(4.17)	1(4.17)	2(8.33)	1(4.17)	0(0.00)	1(4.17)
初中及以下	25(16.89)	30(20.27)	12(8.11)	3(2.03)	1(0.68)	13(8.78)
高中或中专	35(29.41)	9(7.56)	17(14.29)	9(7.56)	0(0.00)	14(11.76)
大专	21(39.62)	11(20.75)	8(15.09)	10(18.87)	3(5.66)	10(18.87)
本科及以上	31(48.44)	19(29.69)	11(17.19)	7(10.94)	3(4.69)	11(17.19)
学历	国内旅游	出国旅游	爬山远足	运动健身	欣赏音乐	读书看报
不识字	1(4.17)	1(4.17)	0(0.00)	2(8.33)	0(0.00)	1(4.17)
初中及以下	25(16.89)	2(1.35)	3(2.03)	23(15.54)	14(9.46)	47(31.76)
高中或中专	27(22.69)	15(12.61)	2(1.68)	16(13.45)	14(11.76)	38(31.93)
大专	16(30.19)	7(13.21)	1(1.89)	10(18.87)	12(22.64)	23(43.40)
本科及以上	24(37.50)	13(20.31)	4(6.25)	21(32.81)	21(32.81)	21(32.81)
学历	写回忆录	创业	再就业	做手工	都没有	小计
不识字	0(0.00)	0(0.00)	0(0.00)	5(20.83)	4(16.67)	24
初中及以下	0(0.00)	0(0.00)	1(0.68)	11(7.43)	18(12.16)	148
高中或中专	0(0.00)	0(0.00)	3(2.52)	10(8.40)	5(4.20)	119
大专	0(0.00)	0(0.00)	0(0.00)	3(5.66)	2(3.77)	53
本科及以上	4(6.25)	1(1.56)	0(0.00)	3(4.69)	3(4.69)	64

注：( ) 内单位为%。

大专学历的老年人中认为自己家庭和睦，子女孝顺的比例最高，为81.13%；52.83%的人表示有朋友常来往；43.40%的人可以自己操持家务；39.62%的人睡眠充足，幸福指数显然最高。其次是高中或中专学历的老年人，75.63%的人表示自己家庭和睦，子女孝顺；45.38%的人表示有朋友常来往。本科及以上学历的老年人中有71.88%表示自己家庭和睦，子女孝顺；46.88%的人表示有朋友常来往；同时有31.25%的老年人觉得有价值感，这是不同学历水平的老年人中占比最高的。初中及以下学历的老年人带孙辈过且感觉很开心的占比14.09%，在本科及以上学历中这个比例仅为7.81%。尽管有价值感的本科及以上学历的老年人占比最高，但经常感到孤独的高学历老年人占比也最高，为7.81%（见表1-13）。

表 1-13 对"您现在的生活状态"(多选题)的调查结果

单位:人

学历	家庭和睦,子女孝顺	有朋友常来往	有价值感	睡眠充足	自己操持家务	与子女(家人)相处不太好
不识字	17(70.83)	3(12.50)	0(0.00)	2(8.33)	4(16.67)	0(0.00)
初中及以下	108(72.48)	58(38.93)	25(16.78)	26(17.45)	42(28.19)	5(3.36)
高中或中专	90(75.63)	54(45.38)	25(21.01)	27(22.69)	39(32.77)	0(0.00)
大专	43(81.13)	28(52.83)	13(24.53)	21(39.62)	23(43.40)	3(5.66)
本科及以上	46(71.88)	30(46.88)	20(31.25)	17(26.56)	26(40.63)	3(4.69)

学历	家务活力不从心	帮着带孙辈,感觉很开心	帮着带孙辈,感觉很累	觉得很无聊	经常感觉身体疼痛	有轻微身体疼痛
不识字	1(4.17)	4(16.67)	0(0.00)	1(4.17)	1(4.17)	1(4.17)
初中及以下	9(6.04)	21(14.09)	13(8.72)	5(3.36)	13(8.72)	17(11.41)
高中或中专	5(4.20)	9(7.56)	3(2.52)	3(2.52)	6(5.04)	18(15.13)
大专	5(9.43)	6(11.32)	6(11.32)	3(5.66)	3(5.66)	18(33.96)
本科及以上	2(3.13)	5(7.81)	1(1.56)	2(3.13)	1(1.56)	10(15.63)

学历	经常感觉孤独	经济压力大	住房困难	经常失眠	其他	小计
不识字	1(4.17)	0(0.00)	0(0.00)	2(8.33)	0(0.00)	24
初中及以下	4(2.68)	4(2.68)	4(2.68)	10(6.71)	5(3.36)	149
高中或中专	3(2.52)	7(5.88)	2(1.68)	6(5.04)	9(7.56)	119
大专	1(1.89)	0(0.00)	0(0.00)	6(11.32)	1(1.89)	53
本科及以上	5(7.81)	4(6.25)	0(0.00)	5(7.81)	4(6.25)	64

注:( )内单位为%。

对互联网的接纳程度与学历成正比。本科及以上学历的46.03%的老年人已经会使用智能手机的不少功能,大专和高中或中专学历的老年人中也分别有32.08%和30.25%已经掌握不少智能手机的功能,同时还有很多学历相对较高的老年人愿意学习和融入互联网社会;不识字的和初中及以下学历的老年人中不能适应互联网时代的分别达到70.83%和44.14%(见表1-14)。

表 1-14 对"您对互联网的接纳程度如何?"(单选题)的调查结果

单位:人

学历	不是我们的时代了	觉得可以逐渐学习适应	很愿意学习智能手机的应用	相信可以学会智能手机的应用	我已经学会使用智能手机的不少功能	其他	小计
不识字	17(70.83)	0(0.00)	5(20.83)	0(0.00)	1(4.17)	1(4.17)	24
初中及以下	64(44.14)	19(13.10)	19(13.10)	4(2.76)	33(22.76)	6(4.14)	145
高中或中专	33(27.73)	22(18.49)	18(15.13)	7(5.88)	36(30.25)	3(2.52)	119
大专	9(16.98)	12(22.64)	13(24.53)	0(0.00)	17(32.08)	2(3.77)	53
本科及以上	15(23.81)	7(11.11)	10(15.87)	0(0.00)	29(46.03)	2(3.17)	63

注:( )内单位为%。

参加老年合唱团、打麻将、下棋等活动的老年人占比没有表现出明显的学历差异,但在其他多种活动如书画、茶艺、唱歌、唱戏、玩乐器等,舞蹈、瑜伽、太极等,使用电脑、智能手机,养生保健,烹饪,投资理财,运动健身,尤其是国内外旅游等,基本呈现学历越高的参与度越高的趋势(见表 1-15)。

表 1-15 对"过去一年内您做过如下哪些事?"(多选题)的调查结果

单位:人

学历	参加老年合唱团	参加老年模特队/舞蹈队	书画、茶艺	打麻将	下棋	唱歌、唱戏、玩乐器等
不识字	5(20.83)	0(0.00)	0(0.00)	5(20.83)	3(12.50)	2(8.33)
初中及以下	35(23.33)	11(7.33)	8(5.33)	36(24.00)	16(10.67)	24(16.00)
高中或中专	26(21.85)	11(9.24)	6(5.04)	32(26.89)	10(8.40)	27(22.69)
大专	12(22.64)	16(30.19)	5(9.43)	14(26.42)	4(7.55)	15(28.30)
本科及以上	14(21.88)	10(15.63)	13(20.31)	11(17.19)	4(6.25)	14(21.88)

学历	使用电脑、智能手机	养生保健	烹饪	投资理财	外语学习	舞蹈、瑜伽、太极等
不识字	1(4.17)	1(4.17)	2(8.33)	1(4.17)	0(0.00)	1(4.17)
初中及以下	25(16.67)	30(20.00)	12(8.00)	3(2.00)	1(0.67)	13(8.67)
高中或中专	35(29.41)	9(7.56)	17(14.29)	9(7.56)	0(0.00)	14(11.76)
大专	21(39.62)	11(20.75)	8(15.09)	10(18.87)	3(5.66)	10(18.87)
本科及以上	31(48.44)	19(29.69)	11(17.19)	7(10.94)	3(4.69)	11(17.19)

续表

学历	国内旅游	出国旅游	爬山远足	运动健身	欣赏音乐	读书看报
不识字	1(4.17)	1(4.17)	0(0.00)	2(8.33)	0(0.00)	1(4.17)
初中及以下	25(16.67)	2(1.33)	3(2.00)	23(15.33)	14(9.33)	47(31.76)
高中或中专	27(22.69)	15(12.61)	2(1.68)	16(13.45)	14(11.76)	38(31.93)
大专	16(30.19)	7(13.21)	1(1.89)	10(18.87)	12(22.64)	23(43.40)
本科及以上	24(37.50)	13(20.31)	4(6.25)	21(32.81)	21(32.81)	21(32.81)

学历	写回忆录	创业	再就业	做手工	都没有	小计
不识字	0(0.00)	0(0.00)	0(0.00)	5(20.83)	4(16.67)	24
初中及以下	0(0.00)	0(0.00)	1(0.68)	11(7.43)	18(12.16)	148
高中或中专	0(0.00)	0(0.00)	3(2.52)	10(8.40)	5(4.20)	119
大专	0(0.00)	0(0.00)	0(0.00)	3(5.66)	2(3.77)	53
本科及以上	4(6.25)	1(1.56)	0(0.00)	3(4.69)	3(4.69)	64

注：( )内单位为%。

学历与智能手机的应用能力呈现显著的正相关，即随着老年人学历水平的提高，使用智能手机各种应用的比例显著提高，老年人使用最多的手机应用是微信，除了不识字的老年人，各学历水平的老年人使用率为54.00%~83.00%；其次是浏览新闻，从初中及以下到本科及以上学历的老年人使用率为29.00%~63.00%；其后是天气预报、在线支付、在线购物、欣赏音乐和摄影/修图；能使用智能手机点外卖的老年人占比为5.00%~18.00%。回答完全不会使用智能手机的，不识字的老年人达到66.67%；本科及以上学历的老年人占比为14.06%（见表1-16）。

表1-16 对"您会使用智能手机的哪些功能？"（多选题）的调查结果

单位：人

学历	微信	QQ	天气预报	摄影/修图	支付宝支付或微信支付	购车票或机票
不识字	6(25.00)	1(4.17)	4(16.67)	1(4.17)	0(0.00)	0(0.00)
初中及以下	81(54.00)	10(6.67)	40(26.67)	18(12.00)	18(12.00)	4(2.67)
高中或中专	85(71.43)	27(22.69)	47(39.50)	22(18.49)	32(26.89)	7(5.88)
大专	44(83.02)	23(43.40)	32(60.38)	20(37.74)	26(49.06)	14(26.42)
本科及以上	52(81.25)	32(50.00)	33(51.56)	24(37.50)	34(53.13)	20(31.25)

学历	打车	在线购物	GPS导航	翻译软件	备忘录	世界时间/闹钟
不识字	0(0.00)	0(0.00)	0(0.00)	0(0.00)	0(0.00)	1(4.17)
初中及以下	2(1.33)	12(8.00)	9(6.00)	2(1.33)	3(2.00)	13(8.67)
高中或中专	9(7.56)	16(13.45)	3(10.92)	4(3.36)	8(6.72)	18(15.13)
大专	12(22.64)	16(30.19)	2(22.64)	3(5.66)	10(18.87)	10(18.87)
本科及以上	23(35.94)	28(43.75)	1(32.81)	20(31.25)	18(28.13)	23(35.94)

学历	欣赏音乐	手机KTV	外卖服务	手机炒股	浏览新闻	在线课程学习
不识字	0(0.00)	0(0.00)	0(0.00)	0(0.00)	0(0.00)	0(0.00)
初中及以下	27(18.00)	4(2.67)	12(8.00)	1(0.67)	44(29.33)	6(4.00)
高中或中专	26(21.85)	9(7.56)	7(5.88)	7(5.88)	39(32.77)	9(7.56)
大专	25(47.17)	6(11.32)	8(15.09)	6(11.32)	19(35.85)	8(15.09)
本科及以上	26(40.63)	8(12.50)	11(17.19)	10(15.63)	40(62.50)	14(21.88)

学历	应用软件搜索下载或安装	都不会	（空）	小计
不识字	0(0.00)	16(66.67)	1(4.17)	24
初中及以下	8(5.33)	56(37.33)	2(1.33)	150
高中或中专	10(8.40)	32(26.89)	0(0.00)	119
大专	7(13.21)	8(15.09)	0(0.00)	53
本科及以上	18(28.13)	9(14.06)	0(0.00)	64

注：（ ）内单位为%。

在发挥自身优势为社会做贡献这一点上,未发现不同学历老年人占比的明显差异,总体上有约 26.00% 的老年人正在为社会做着有益的事情,另有部分老年人表示有这个想法但找不到合适的事情做,表示只想安度晚年的仍占最大比重(见表1-17)。

表1-17 对"如果您身体健康,或有专门技能,您希望有机会继续发挥您的技能为社会做一些有益的事吗?"(单选题)的调查结果

单位:人

学历	很希望,我正在这么做	是的,但找不到合适的事情做	我只想安度晚年	如果能获得一些收入,未尝不可	我身体不好,没考虑过	小计
不识字	5(22.73)	1(4.55)	6(27.27)	1(4.55)	9(40.91)	22
初中及以下	25(17.36)	20(13.89)	47(32.64)	10(6.94)	42(29.17)	144
高中或中专	41(35.34)	8(6.90)	33(28.45)	11(9.48)	23(19.83)	116
大专	11(20.75)	11(20.75)	21(39.62)	3(5.66)	7(13.21)	53
本科及以上	20(31.25)	9(14.06)	26(40.63)	4(6.25)	5(7.81)	64

注:( )内单位为%。

有近70.00%的老年人回答社区有老年人服务中心,学历越低的老年人去老年人服务中心参加活动越多,呈现明显的负相关(见表1-18)。

表1-18 对"您所在的社区有老年人服务中心吗?您经常去参加活动吗?"(单选题)的调查结果

单位:人

学历	有,常去	有,不常去	没有	不适用(住养老机构)	小计
不识字	14(63.64)	1(4.55)	1(4.55)	6(27.27)	22
初中及以下	68(51.13)	36(27.07)	12(9.02)	17(12.78)	133
高中或中专	57(51.82)	20(18.18)	11(10.00)	22(20.00)	110

续表

学历	有,常去	有,不常去	没有	不适用(住养老机构)	小计
大专	20(39.22)	18(35.29)	6(11.76)	7(13.73)	51
本科及以上	11(17.46)	19(30.16)	20(31.75)	13(20.63)	63

注:( )内单位为%。

对于社区老年人服务中心提供的服务,老年人的满意度并不高,只有文体娱乐活动各学历水平的老年人整体满意度均超过29.00%,其中大专学历的老年人满意度最高,达到56.60%,而本科及以上学历的老年人对这部分服务的满意度只有29.69%(见表1-19)。

表1-19 对"对于社区老年人服务的哪些活动您比较满意?"(多选题)的调查结果

单位:人

学历	日间照料	康复护理	老年餐桌	文体娱乐	心理慰藉
不识字	5(23.81)	5(23.81)	4(19.05)	11(52.38)	0(0.00)
初中及以下	37(26.06)	43(30.28)	30(21.13)	50(35.21)	21(14.79)
高中或中专	24(21.43)	16(14.29)	30(26.79)	44(39.29)	17(15.18)
大专	9(16.98)	12(22.64)	11(20.75)	30(56.60)	11(20.75)
本科及以上	9(14.06)	8(12.50)	7(10.94)	19(29.69)	4(6.25)

学历	紧急救护	健康咨询	法律咨询	其他
不识字	2(9.52)	2(9.52)	1(4.76)	1(4.76)
初中及以下	13(9.15)	42(29.58)	16(11.27)	20(14.08)
高中或中专	7(6.25)	28(25.00)	15(13.39)	13(11.61)
大专	6(11.32)	18(33.96)	13(24.53)	7(13.21)
本科及以上	8(12.50)	15(23.44)	6(9.38)	11(17.19)

注:( )内单位为%。

四 退休前的职业与养老现状和需求的关系

被调查老年人中可支配收入最高的是退休前在政府机关党群组织或事业单位工作的干部，其中50.82%的人收入在5001~10000元；其次是从事专业技术工作的，每月可支配收入集中在3001~5000元；而从前的个体户、私营业主，农林牧渔水利生产人员，生产、运输设备操作人员及有关人员，商业、服务业人员甚至企业管理人员等退休后每月可支配收入普遍在2001~3000元（见表1-20）。

基本上退休前从事各种不同职业的老年人大部分退休后只希望安度晚年，但从前担任企业管理人员、党政机关党群组织或事业单位干部以及农林牧渔业生产人员的老年人，表示仍有兴趣继续发挥余热并正在做着有利于社会的事情的比例较高，为35.00%~38.00%（见表1-21）。

在居住于养老院的老年人中，退休前担任党政机关党群组织或事业单位干部的老年人目前住在每月收费2001~3000元的养老院和5001~8000元的养老院的比例相对较高，他们中有些人入住条件很好、价格较低的公办社会福利院，有些人则入住设施和服务较好、价格在5001元及以上的民办养老院；退休前从事专业技术工作的老年人多住在每月收费3001~5000元的养老院；退休前在企业单位工作的，即使是管理人员也是住在每月收费2001~3000元的养老院的居多。这充分说明了退休前从事的职业与退休后的消费能力相关，党政机关党群组织或事业单位的干部和专业技术人员的收入相对较高，因而有能力住条件较好、价格较高的养老院（见表1-22）。

表1-20 对被调查老年人目前每月可支配收入（单选题）的调查结果

单位：人

职业	1000元及以下	1001~2000元	2001~3000元	3001~5000元	5001~10000元	10001元及以上	小计
党政机关党群组织或事业单位负责人	2(3.28)	1(1.64)	5(8.20)	16(26.23)	31(50.82)	6(9.84)	61
专业技术人员	5(6.67)	1(1.33)	15(20.00)	34(45.33)	18(24.00)	2(2.67)	75
个体户、私营业主	0(0.00)	3(21.43)	5(35.71)	4(28.57)	1(7.14)	1(7.14)	14
企业管理人员	1(1.27)	3(3.80)	44(55.70)	27(34.18)	4(5.06)	0(0.00)	79
农林牧渔水利业生产人员	0(0.00)	1(12.50)	6(75.00)	1(12.50)	0(0.00)	0(0.00)	8
生产、运输设备操作人员及有关人员	2(5.26)	4(10.53)	17(44.74)	13(34.21)	2(5.26)	0(0.00)	38
商业、服务业人员	0(0.00)	4(12.50)	18(56.25)	8(25.00)	2(6.25)	0(0.00)	32
军人	0(0.00)	0(0.00)	0(0.00)	1(100.00)	0(0.00)	0(0.00)	1
农民	8(38.10)	8(38.10)	2(9.52)	3(14.29)	0(0.00)	0(0.00)	21
自由职业者	4(26.67)	2(13.33)	6(40.00)	3(20.00)	0(0.00)	0(0.00)	15
其他	5(8.06)	7(11.29)	30(48.39)	11(17.74)	9(14.52)	0(0.00)	62

注：（　）内单位为%。

表 1-21 对"如果您身体健康，或有专门技能，您希望有机会继续发挥您的技能为社会做一些有益的事吗？"（单选题）的调查结果

单位：人

职业	很希望，我正在这么做	是的，但找不到合适的事情做	我只想安度晚年	如果能获得一些收入，未尝不可	我身体不好，没考虑过	小计
党政机关党群组织或事业单位负责人	22(35.48)	8(12.90)	26(41.94)	0(0.00)	6(9.68)	62
专业技术人员	18(24.32)	10(13.51)	26(35.14)	6(8.11)	14(18.92)	74
个体户、私营业主	1(7.14)	2(14.29)	6(42.86)	2(14.29)	3(21.43)	14
企业管理人员	28(36.84)	11(14.47)	19(25.00)	6(7.89)	12(15.79)	76
农林牧渔水利业生产人员	3(37.50)	1(12.50)	3(37.50)	0(0.00)	1(12.50)	8
生产、运输设备操作人员及有关人员	2(5.41)	4(10.81)	13(35.14)	4(10.81)	14(37.84)	37
商业、服务业人员	9(29.03)	0(0.00)	8(25.81)	4(12.90)	10(32.26)	31
军人	0(0.00)	0(0.00)	0(0.00)	0(0.00)	1(100.00)	1
农民	4(18.18)	5(22.73)	9(40.91)	1(4.55)	3(13.64)	22
自由职业者	3(20.00)	1(6.67)	5(33.33)	4(26.67)	2(13.33)	15
其他	13(21.67)	7(11.67)	18(30.00)	2(3.33)	20(33.33)	60

注：（ ）内单位为%。

表1-22 对"您所住的养老院的月平均收费标准"（单选题）的调查结果

单位：人

职业	1000~2000元	2001~3000元	3001~5000元	5001~8000元	8001~10000元	10001元及以上	不适用（不住养老院）	小计
党政机关党群组织或事业单位负责人	2(3.23)	11(17.74)	8(12.90)	10(16.13)	0(0.00)	0(0.00)	31(50.00)	62
专业技术人员	3(4.11)	13(17.81)	18(24.66)	4(5.48)	0(0.00)	0(0.00)	35(47.95)	73
个体户、私营业主	0(0.00)	3(21.43)	3(21.43)	0(0.00)	0(0.00)	0(0.00)	8(57.14)	14
企业管理人员	8(10.53)	20(26.32)	5(6.58)	0(0.00)	0(0.00)	0(0.00)	43(56.58)	76
农林牧渔水利业生产人员	0(0.00)	2(25.00)	2(25.00)	0(0.00)	0(0.00)	0(0.00)	4(50.00)	8
生产、运输设备操作人员及有关人员	0(0.00)	3(8.33)	6(16.67)	0(0.00)	0(0.00)	0(0.00)	27(75.00)	36
商业、服务业人员	0(0.00)	2(6.25)	6(18.75)	0(0.00)	0(0.00)	1(3.13)	23(71.88)	32
军人	0(0.00)	0(0.00)	0(0.00)	0(0.00)	0(0.00)	0(0.00)	1(100.00)	1
农民	1(4.55)	4(18.18)	2(9.09)	1(4.55)	0(0.00)	0(0.00)	14(63.64)	22
自由职业者	1(6.67)	2(13.33)	3(20.00)	0(0.00)	0(0.00)	0(0.00)	9(60.00)	15
其他	4(6.45)	10(16.13)	13(20.97)	4(6.45)	0(0.00)	0(0.00)	31(50.00)	62

注：（ ）内单位为%。

五 可支配收入与老年人养老现状与需求

每月可支配收入越高的老年人,自评健康状况很好的比例越高(见表1-23),发展各种兴趣爱好如外出旅游,使用电脑、智能手机和欣赏音乐等的比例也越高。

表1-23 对"您的目前健康状况"(单选题)的调查结果

单位:人

每月可支配收入	很健康	有病,但生活可以自理	需要有人定时照顾	生活不能自理,需要专人照护	需要全天看护	小计
1000元及以下	11(39.29)	15(53.57)	1(3.57)	1(3.57)	0(0.00)	28
1001~2000元	14(41.18)	18(52.94)	2(5.88)	0(0.00)	0(0.00)	34
2001~3000元	61(40.94)	85(57.05)	1(0.67)	0(0.00)	2(1.34)	149
3001~5000元	50(41.32)	54(44.63)	12(9.92)	4(3.31)	1(0.83)	121
5001~10000元	33(49.25)	26(38.81)	6(8.96)	1(1.49)	1(1.49)	67
10001元及以上	6(66.67)	3(33.33)	0(0.00)	0(0.00)	0(0.00)	9

注:( )内单位为%。

总体来看,每月可支配收入在2001元及以上的老年人均有71.00%以上认为自己家庭和睦,子女孝顺,且有较高占比有朋友常来往;而每月可支配收入在2000元及以下的老年人很少有朋友常来往,他们相对于收入水平较高的老年人也更缺乏价值感;每月可支配收入在3001~5000元的老年人睡眠质量最好;每月可支配收入在2001~3000元的老年人做最多的家务,他们帮着带孙辈的比例也相对较高,但感觉最开心(见表1-24)。

表 1-24 对"您现在的生活状态"（多选题）的调查结果

单位：人

每月可支配收入	家庭和睦，子女孝顺	有朋友常来往	有价值感	睡眠充足	自己操持家务	与子女（家人）相处不太好
1000元及以下	18(64.29)	4(14.29)	3(10.71)	2(7.14)	5(17.86)	2(7.14)
1001~2000元	17(50.00)	8(23.53)	4(11.76)	6(17.65)	10(29.41)	0(0.00)
2001~3000元	115(77.18)	76(51.01)	31(20.81)	31(20.81)	61(40.94)	2(1.34)
3001~5000元	94(77.69)	48(39.67)	23(19.01)	35(28.93)	33(27.27)	4(3.31)
5001~10000元	48(71.64)	31(46.27)	19(28.36)	16(23.88)	20(29.85)	3(4.48)
10001元及以上	9(100.00)	5(55.56)	2(22.22)	1(11.11)	3(33.33)	0(0.00)

每月可支配收入	家务活力不从心	帮着带孙辈，感觉很开心	帮着带孙辈，感觉很累	觉得很无聊	经常感觉身体疼痛	有轻微身体疼痛
1000元及以下	3(10.71)	3(10.71)	1(3.57)	2(7.14)	1(3.57)	3(10.71)
1001~2000元	1(2.94)	2(5.88)	1(2.94)	2(5.88)	4(11.76)	6(17.65)
2001~3000元	10(6.71)	23(15.44)	16(10.74)	2(1.34)	13(8.72)	25(16.78)
3001~5000元	4(3.31)	13(10.74)	5(4.17)	5(4.17)	4(3.33)	22(18.33)
5001~10000元	4(5.97)	2(2.99)	0(0.00)	3(4.48)	2(2.99)	8(11.94)
10001元及以上	0(0.00)	1(11.11)	0(0.00)	0(0.00)	0(0.00)	1(11.11)

每月可支配收入	经常感觉孤独	经济压力大	住房困难	经常失眠	其他	小计
1000元及以下	2(7.14)	2(7.14)	0(0.00)	2(7.14)	1(3.57)	28
1001~2000元	0(0.00)	3(8.82)	3(8.82)	1(2.94)	2(5.88)	34
2001~3000元	4(2.68)	5(3.36)	2(1.34)	10(6.71)	7(4.70)	149
3001~5000元	3(2.50)	1(0.83)	1(0.83)	8(6.67)	4(3.33)	120
5001~10000元	5(7.46)	4(5.97)	0(0.00)	8(11.94)	4(5.97)	67
10001元及以上	0(0.00)	0(0.00)	0(0.00)	0(0.00)	1(11.11)	9

注：（ ）内单位为%。

关于可以信赖的上门服务的价格，每月可支配收入为1000元及以下老年人中有71.43%希望是志愿者服务，随着老年人每月可支配收入增长，希望是志愿者服务的老年人比例逐渐下降，每月可支配收入达到10001元及以上的老年人希望是志愿者服务的比例降至0；412位老年人中，只有1位接受每小时81~100元的上门服务；其他多集中在每小时20~30元的上门服务，其次是每小时31~50元的上门服务。整体来说，每月可支配收入越高，能接受的上门服务的价格越高（见表1-25）。

表1-25 对"您能接受的可信赖的上门服务的每小时价格大约是多少？"（单选题）的调查结果

单位：人

月可支配收入	我希望是志愿者服务	20~30元	31~50元	51~80元	81~100元	只要服务好，价格不是问题
1000元及以下	20(71.43)	1(3.57)	1(3.57)	0(0.00)	0(0.00)	0(0.00)
1001~2000元	19(55.88)	5(14.71)	2(5.88)	0(0.00)	0(0.00)	0(0.00)
2001~3000元	76(51.01)	34(22.82)	11(7.38)	1(0.67)	0(0.00)	9(6.04)
3001~5000元	37(30.58)	23(19.01)	15(12.40)	2(1.65)	1(0.83)	11(9.09)
5001~10000元	22(32.84)	10(14.93)	6(8.96)	1(1.49)	0(0.00)	9(13.43)
10001元及以上	0(0.00)	1(11.11)	1(11.11)	0(0.00)	1(11.11)	2(22.22)

注：（ ）内单位为%。因老年人总有漏填或者不会填的情况发生，所以即使是单选也会出现总和不是100%的情况。全书同。

在居住于养老院的老年人中，每月可支配收入在3000元及以下的老年人最多入住的是每月收费2001~3000元的养老院；每月可支配收入在3001~5000元的老年人更多居住在每月收费3001~5000元的养老院；每月可支配收入为5001~10000元的老年人最多也居住在每月收费3001~5000元的养老院；但每月可支配收入在10001元及以上的老年人最多居住每月收费2001~3000元的养老院，通过进一步的分析发现，这两位每月可支配收入在10001元及以上的老年人退休前是党政机关或事业单位的负责人（见表1-26）。

表 1-26 对"您所住的养老院的月平均收费标准"(单选题)的调查结果

单位:人

每月可支配收入	月平均收费			
	1001~2000 元	2001~3000 元	3001~5000 元	5001~8000 元
1000 元及以下	2(7.14)	4(14.29)	3(10.71)	2(7.14)
1001~2000 元	1(3.03)	7(21.21)	1(3.03)	0(0.00)
2001~3000 元	12(8.22)	29(19.86)	17(11.64)	2(1.37)
3001~5000 元	2(1.69)	19(16.10)	26(22.03)	4(3.39)
5001~10000 元	2(3.03)	8(12.12)	17(25.76)	10(15.15)
10001 元及以上	0(0.00)	2(22.22)	1(11.11)	1(11.11)

每月可支配收入	月平均收费			
	8001~10000 元	10001 元以及上	不适用(不住养老院)	小计
1000 元及以下	0(0.00)	0(0.00)	17(60.71)	28
1001~2000 元	0(0.00)	1(3.03)	23(69.70)	33
2001~3000 元	0(0.00)	0(0.00)	86(58.90)	146
3001~5000 元	0(0.00)	0(0.00)	67(56.78)	118
5001~10000 元	0(0.00)	0(0.00)	29(43.94)	66
10001 元及以上	0(0.00)	0(0.00)	5(55.56)	9

注:( )内单位为%。

每月可支配收入水平较低的老年人去社区老年人服务中心参加活动的比例更高,随着每月可支配收入的增长,常去老年人服务中心参加活动的老年人比例下降(见表 1-27)。

表 1-27 对"您所在的社区有老年人服务中心吗?您经常去参加活动吗?"(单选题)的调查结果

单位:人

每月可支配收入	有,常去	有,不常去	没有	不适用(住养老机构)	小计
1000 元及以下	16(64.00)	5(20.00)	3(12.00)	1(4.00)	25
1001~2000 元	19(59.38)	5(15.63)	3(9.38)	5(15.63)	32
2001~3000 元	67(48.91)	38(27.74)	16(11.68)	16(11.68)	137

续表

每月可支配收入	有,常去	有,不常去	没有	不适用(住养老机构)	小计
3001~5000元	49(44.55)	25(22.73)	13(11.82)	23(20.91)	110
5001~10000元	14(21.88)	18(28.13)	13(20.31)	19(29.69)	64
10001元及以上	2(22.22)	4(44.44)	2(22.22)	1(11.11)	9

注：( )内单位为%。

六 老年人的自理能力与养老现状和需求

身体健康状况与老年人能参加的活动类型高度相关，身体健康的活力老年人更多参加国内外旅游，老年合唱团，老年模特队/舞蹈队，使用电脑、智能手机，运动健身等活动。与身体健康的活力老年人相比，有病但生活可以自理的老年人参加老年合唱团，使用电脑、智能手机和打麻将等活动的比例没有太大变化，但参加下棋、养生保健、欣赏音乐、读书看报等活动的比例提高了，参加国内外旅游，运动健身，书画、茶艺等活动的比例下降了。有些生活不能自理的老年人依然在参加打麻将和下棋等活动，有些还继续参加老年合唱团的活动（见表1-28）。

自评身体健康状况很好的老年人中，69.32%评价自己性格开朗外向，43.75%认为自己有亲和力，30.11%认为自己责任心强，26.70%认为自己乐于接受新生事物，20.45%觉得自己淡定从容。老年人健康状况从很健康逐渐到需要全天看护，认为自己容易发脾气的占比从3.41%提高到25.00%（见表1-29）。

表 1-28 对"过去一年内您做过如下哪些事?"(多选题)的调查结果

单位:人

健康状况	参加老年合唱团	参加老年模特队/舞蹈队	书画、茶艺	打麻将	下棋	唱歌、唱戏、玩乐器等	使用电脑、智能手机	养生保健
很健康	42(23.86)	24(13.64)	19(10.80)	41(23.30)	10(5.68)	41(23.30)	51(28.98)	20(11.36)
有病,但生活可以自理	48(23.76)	24(11.88)	12(5.94)	51(25.25)	26(12.87)	41(20.30)	58(28.71)	45(22.28)
需要有人定时照顾	2(9.09)	0(0.00)	1(4.55)	3(13.64)	0(0.00)	1(4.55)	4(18.18)	5(22.73)
生活不能自理,需专人照护	1(16.67)	0(0.00)	0(0.00)	2(33.33)	1(16.67)	0(0.00)	0(0.00)	0(0.00)
需要全天看护	0(0.00)	0(0.00)	0(0.00)	1(25.00)	0(0.00)	0(0.00)	0(0.00)	0(0.00)

健康状况	烹饪	投资理财	外语学习	舞蹈、瑜伽、太极等	国内旅游	出国旅游	爬山远足	运动健身
很健康	21(11.93)	15(8.52)	1(0.57)	25(14.20)	44(25.00)	23(13.07)	7(3.98)	35(19.89)
有病,但生活可以自理	28(13.86)	14(6.93)	5(2.48)	23(11.39)	50(24.75)	16(7.92)	3(1.49)	34(16.83)
需要有人定时照顾	0(0.00)	0(0.00)	1(4.55)	1(4.55)	1(4.55)	0(0.00)	0(0.00)	3(13.64)
生活不能自理,需专人照护	1(16.67)	1(16.67)	0(0.00)	0(0.00)	0(0.00)	0(0.00)	0(0.00)	0(0.00)
需要全天看护	0(0.00)	0(0.00)	0(0.00)	0(0.00)	0(0.00)	0(0.00)	0(0.00)	0(0.00)

健康状况	欣赏音乐	读书看报	写回忆录	创业	再就业	做手工	都没有	小计
很健康	20(11.36)	45(25.57)	2(1.14)	1(0.57)	1(0.57)	10(5.68)	14(7.95)	176
有病,但生活可以自理	39(19.31)	75(37.13)	2(0.99)	0(0.00)	3(1.49)	11(5.45)	15(7.43)	202
需要有人定时照顾	2(9.09)	9(40.91)	0(0.00)	0(0.00)	0(0.00)	8(36.36)	1(4.55)	22
生活不能自理,需专人照护	0(0.00)	0(0.00)	0(0.00)	0(0.00)	0(0.00)	1(16.67)	2(33.33)	6
需要全天看护	0(0.00)	2(50.00)	0(0.00)	0(0.00)	0(0.00)	2(50.00)	0(0.00)	4

注:( )内单位为%。

表 1-29 对"您觉得自己的性格属于"(多选题)的调查结果

单位:人

健康状况	开朗外向	沉静内向	有亲和力	不喜欢和人打交道	淡定从容	容易发脾气
很健康	122(69.32)	33(18.75)	77(43.75)	8(4.55)	36(20.45)	6(3.41)
有病,但生活可以自理	114(56.44)	55(27.23)	100(49.50)	14(6.93)	59(29.21)	12(5.94)
需要有人定时照顾	9(40.91)	6(27.27)	6(27.27)	2(9.09)	7(31.82)	3(13.64)
生活不能自理,需要专人照护	3(50.00)	1(16.67)	3(50.00)	0(0.00)	1(16.67)	1(16.67)
需要全天看护	4(100.00)	0(0.00)	1(25.00)	0(0.00)	1(25.00)	1(25.00)

健康状况	责任心强	随心所欲	乐于接受新生事物	不太接受新生事物	其他	小计
很健康	53(30.11)	8(4.55)	47(26.70)	16(9.09)	1(0.57)	176
有病,但生活可以自理	59(29.21)	28(13.86)	54(26.73)	14(6.93)	2(0.99)	202
需要有人定时照顾	4(18.18)	2(9.09)	2(9.09)	4(18.18)	0(0.00)	22
生活不能自理,需要专人照护	1(16.67)	1(16.67)	0(0.00)	0(0.00)	0(0.00)	6
需要全天看护	1(25.00)	1(25.00)	1(25.00)	0(0.00)	0(0.00)	4

注:( )内单位为%。

大多数身体健康的老年人有意愿为社会做一些有益的事，觉得自己很健康的老年人中有 37.06% 正在这么做，觉得自己很健康的老年人中还有近 6.00% 的愿意通过做这些事赚取合理收入，同时有 38.24% 很健康的老年人只想享受生活安度晚年（见表 1-30）。

表 1-30　对"如果您身体健康，或有专门技能，您希望有机会继续发挥您的技能为社会做一些有益的事吗？"（单选题）的调查结果

单位：人

健康状况	很希望，我正在这么做	是的，但找不到合适的事情做	我只想安度晚年	如果能获得一些收入，未尝不可	我身体不好，没考虑过	小计
很健康	63(37.06)	18(10.59)	65(38.24)	10(5.88)	14(8.24)	170
有病，但生活可以自理	40(20.00)	29(14.50)	61(30.50)	18(9.00)	52(26.00)	200
需要有人定时照顾	0(0.00)	2(9.52)	7(33.33)	1(4.76)	11(52.38)	21
生活不能自理，需要专人照顾	0(0.00)	0(0.00)	0(0.00)	0(0.00)	6(100.00)	6
需要全天看护	0(0.00)	0(0.00)	0(0.00)	0(0.00)	4(100.00)	4

注：( ) 内单位为%。

显而易见，随着健康状况变差，老年人们愿意入住养老院的比例渐次提高，在自评身体很健康的老年人中，有 31.21% 表示永远都不想去养老院；身体有病但可以自理的老年人中，这个比例下降到 20.00%；当生活不能自理需要有人定时照顾但家里没人照顾时，54.55% 的老年人愿意入住养老院；而到了生活不能自理需要全天看护但家里没人照顾时，没人再说永远不想去养老院了，愿意入住养老院的老年人占 75.00%（见表 1-31）。

表 1-31 对"您在什么样的情况下会选择入住养老院?"(多选题)的调查结果

单位：人

健康状况	永远都不想去，心理上不能接受	生活不能自理，家里没人照顾	一个人很孤单	与子女相处不好
很健康	54(31.21)	39(22.54)	8(4.62)	2(1.16)
有病,但生活可以自理	40(20.00)	89(44.50)	11(5.50)	8(4.00)
需要有人定时照顾	6(27.27)	12(54.55)	0(0.00)	1(4.55)
生活不能自理,需要专人照顾	0(0.00)	1(16.67)	0(0.00)	0(0.00)
需要全天看护	0(0.00)	3(75.00)	0(0.00)	1(25.00)

健康状况	养老院环境好	有熟悉的朋友一起入住	子女太忙完全无暇顾及	其他	小计
很健康	34(19.65)	28(16.18)	19(10.98)	36(20.81)	173
有病,但生活可以自理	35(17.5)	52(26.00)	45(22.50)	29(14.50)	200
需要有人定时照顾	5(22.73)	1(4.55)	3(13.64)	2(9.09)	22
生活不能自理,需要专人照顾	1(16.67)	1(16.67)	1(16.67)	3(50.00)	6
需要全天看护	2(50.00)	0(0.00)	2(50.00)	1(25.00)	4

注：( ) 内单位为%。

七 老年人的居住状况与生活现状和养老选择

觉得家庭和睦，子女孝顺的以带孙辈一起住的老年人最多，占 100.00%；其次是住养老机构的老年人，占 82.35%；空巢老人觉得子女孝顺的比例较低，但也达到 64.81%；和子女同住的老年人觉得家庭和睦，子女孝顺的占 66.22%；和老伴同住的老年人觉得家庭和睦，子女孝顺的占 79.87%；和子女同住且帮着带孩子的老年人中 73.47% 的感觉家庭和睦，子女孝顺。和老伴同住的老年人中，55.70% 的有朋友常来往，空巢老人中有 51.85% 的有朋友常来往，独居（无老伴/无子女）的老年人中有 44.00% 的有朋友常来往，而住养老机构的老年人中只有21.57%的有朋友常来往。自己操持家务的老年人中，空巢老人占48.15%，和老伴同住的占46.31%，和子女同住且帮带孩子的占42.86%，和子女同住不带孩子的占16.22%。睡眠最充足的是和老伴一起居住的老年人，占34.23%；其次是独居（无老伴/无子女）的老年人，占28.00%。最受失眠困扰的是带孙辈一起住的老年人，其次空巢老人。觉得自己有价值的老年人中空巢老人占比最高，达到40.74%；其次是带孙辈一起住的老年人，占25.00%；和老伴一起居住的老年人占21.48%；最没有价值感的是独居（无老伴/无子女）的老年人。和子女同住的老年人中，感觉和子女相处不好的比例最高，占5.41%；空巢老人、带孙辈一起住的老年人和住养老机构的老年人认为自己和子女相处得不错。带孙辈单独住的老年人比带孙辈和子女一起住的老年人感觉更开心。帮着带孙辈觉得最累的是和子女同住的老年人。独居（无老伴/无子女）的老年人和住养老机构的老年人中，经常感觉无聊的比例最高，均达到12.00%左右。而孤独感最强的是独居（无老伴/无子女）的老年人，占8.00%；其次是空巢老人，占7.41%；住养老机构的老年人感到孤独的占5.88%。独居（无老伴/无子女）的老年人中12.00%感觉经济压力大，是占比最高的。住房困难的空巢老人和独居（无老伴/无子女）的老年人分别占5.56%和4.00%（表1-32）。

和子女同住但不用带孩子的老年人表示永远都不想入住养老院的比例最高，为39.19%。所有居住状态的老年人都有部分表示在生活不能自理且家里没人照顾时愿意去养老院，空巢老人中愿意入住养老院的占52.83%，带孙辈住的老年人中愿意入住养老院的占50.00%，和老伴同住的老年人愿意入住养老院的占37.16%，独居（无老伴/无子女）的老年人愿意入住养老院的占比最低，为29.17%。如果有熟悉朋友一起入住，空巢老人愿意入住养老院的比例最高，达到近

表 1-32 对"您现在的生活状态"(多选题)的调查结果

单位：人

居住状况	家庭和睦，子女孝顺	有朋友常来往	有价值感	睡眠充足	自己操持家务	与子女(家人)相处不太好	家务活力不从心	帮着带孙辈，感觉很开心	帮着带孙辈，感觉很累
独居(无老伴/无子女)	15(60.00)	11(44.00)	3(12.00)	7(28.00)	5(20.00)	1(4.00)	1(4.00)	0(0.00)	0(0.00)
空巢老人(子女不在身边)	35(64.81)	28(51.85)	22(40.74)	9(16.67)	26(48.15)	0(0.00)	5(9.26)	5(9.26)	3(5.56)
和老伴一起居住	119(79.87)	83(55.70)	32(21.48)	51(34.23)	69(46.31)	4(2.68)	7(4.70)	15(10.07)	3(2.01)
和子女一起居住	49(66.22)	19(25.68)	9(12.16)	8(10.81)	12(16.22)	4(5.41)	6(8.11)	2(2.70)	5(6.76)
和子女一起居住，帮带孩子	36(73.47)	18(36.73)	8(16.33)	9(18.37)	21(42.86)	2(4.08)	2(4.08)	20(40.82)	12(24.49)
带孙辈一起住	4(100.00)	1(25.00)	1(25.00)	1(25.00)	0(0.00)	0(0.00)	1(25.00)	3(75.00)	0(0.00)
住养老机构	42(82.35)	11(21.57)	8(15.69)	6(11.76)	1(1.96)	0(0.00)	0(0.00)	0(0.00)	0(0.00)

居住状况	觉得很无聊	经常感觉身体疼痛	有轻微身体疼痛	经常感觉孤独	经济压力大	住房困难	经常失眠	其他	小计
独居(无老伴/无子女)	3(12.00)	2(8.00)	5(20.00)	2(8.00)	3(12.00)	1(4.00)	2(8.00)	4(16.00)	25
空巢老人(子女不在身边)	2(3.70)	4(7.41)	10(18.52)	4(7.41)	3(5.56)	3(5.56)	8(14.81)	1(1.85)	54
和老伴一起居住	0(0.00)	5(3.36)	28(18.79)	2(1.34)	7(4.70)	2(1.34)	5(3.36)	5(3.36)	149
和子女一起居住	3(4.05)	8(10.81)	6(8.11)	2(2.70)	0(0.00)	0(0.00)	4(5.41)	2(2.70)	74
和子女一起居住，帮带孩子	0(0.00)	2(4.08)	9(18.37)	0(0.00)	1(2.04)	0(0.00)	3(6.12)	0(0.00)	49
带孙辈一起住	0(0.00)	2(50.00)	1(25.00)	0(0.00)	0(0.00)	0(0.00)	1(25.00)	0(0.00)	4
住养老机构	6(11.76)	1(1.96)	5(9.80)	3(5.88)	0(0.00)	0(0.00)	6(11.76)	7(13.73)	51

注：( )内单位为%。

36.00%；其次是和子女同住且帮着带孩子的老年人，占27.08%；和子女同住但不用带孩子的老年人占10.81%（见表1-33）。可见，如果生活能自理，和老伴同住的老年人生活质量相对更高；如果生活不能自理，和子女同住还是老年人的最佳选择。但是如果生活不能自理且家里完全没人照顾，空巢老人愿意入住养老院的比例最高，其后是带孙辈一起住的老年人、和老伴同住的老年人以及和子女同住且帮带孩子的老年人，可见虽然孩子能帮老年人排遣孤独感，却也给了老年人压力。

表1-33 对"您在什么样的情况下会选择入住养老院？"（多选题）的调查结果

单位：人

居住状况	永远都不想去，心理上不能接受	生活不能自理，家里没人照顾	一个人很孤单	与子女相处不好
独居（无老伴/无子女）	6(25.00)	7(29.17)	3(12.50)	0(0.00)
空巢老人（子女不在身边）	8(15.09)	28(52.83)	2(3.77)	5(9.43)
和老伴一起居住	42(28.38)	55(37.16)	5(3.38)	2(1.35)
和子女一起居住	29(39.19)	22(29.73)	2(2.70)	1(1.35)
和子女一起居住，帮带孩子	11(22.92)	18(37.50)	1(2.08)	4(8.33)
带孙辈一起住	1(25.00)	2(50.00)	1(25.00)	0(0.00)
住养老机构	0(0.00)	12(23.53)	5(9.80)	0(0.00)

居住状况	养老院环境好	有熟悉的朋友一起入住	子女太忙完全无暇顾及	其他	小计
独居（无老伴/无子女）	5(20.83)	3(12.50)	5(20.83)	4(16.67)	24
空巢老人（子女不在身边）	13(24.53)	19(35.85)	10(18.87)	9(16.98)	53
和老伴一起居住	24(16.22)	37(25.00)	19(12.84)	25(16.89)	148
和子女一起居住	7(9.46)	8(10.81)	9(12.16)	10(13.51)	74
和子女一起居住，帮带孩子	7(14.58)	13(27.08)	7(14.58)	7(14.58)	48
带孙辈一起住	0(0.00)	0(0.00)	0(0.00)	1(25.00)	4
住养老机构	21(41.18)	2(3.92)	19(37.25)	15(29.41)	51

注：（ ）内单位为%。

智能手机的使用水平体现了老年人与时俱进和与互联网世界建立连接的能力，调查发现，75.00%带孙辈一起住的老年人和72.55%住养老机构的老年人觉得无法适应互联网时代，同时也有部分老年人持完全相反的观念。和老伴同住的老年人中39.46%已经学会智能手机的一些应用；31.48%的空巢老人使用智能手机的能力也较强。除居住在养老机构的老年人外（一般他们的年龄也偏大），独居（无老伴/无子女）的老年人、和子女同住的老年人、带孙辈一起住的老年人智能手机的使用水平相对较差，其中和子女同住但不用带孩子的老年人智能手机的使用水平最差，会用的只占23.61%。24.49%的和子女同住且帮带孩子的老年人表示愿意学习智能手机的应用，并且他们中不少人相信自己能够学会（见表1-34）。这说明和子女同住的老年人与周围世界的连接反而不如其他老年人多，他们的时间更多奉献给了家庭，做更多的家务和照顾孙辈，而子女和孙辈却没有很好地照顾家里老年人的需求。

表1-34　对"您对互联网的接纳程度如何？"（单选题）的调查结果

单位：人

居住状况	不是我们的时代了	觉得可以逐渐学习适应	很愿意学习智能手机的应用	相信可以学会智能手机的应用	我已经学会使用智能手机的不少功能	其他	小计
独居(无老伴/无子女)	11(44.00)	4(16.00)	4(16.00)	0(0.00)	6(24.00)	0(0.00)	25
空巢老人(子女不在身边)	17(31.48)	9(16.67)	7(12.96)	1(1.85)	17(31.48)	3(5.56)	54
和老伴一起居住	30(20.41)	26(17.69)	27(18.37)	2(1.36)	58(39.46)	4(2.72)	147
和子女一起居住	24(33.33)	10(13.89)	13(18.06)	5(6.94)	17(23.61)	3(4.17)	72
和子女一起居住,帮带孩子	15(30.61)	5(10.20)	12(24.49)	3(6.12)	12(24.49)	2(4.08)	49
带孙辈一起住	3(75.00)	0(0.00)	0(0.00)	0(0.00)	1(25.00)	0(0.00)	4
住养老机构	37(72.55)	6(11.76)	1(1.96)	0(0.00)	5(9.80)	2(3.92)	51

注：（　）内单位为%。

和子女同住的老年人去社区老年人服务中心参加活动的比较多，其中和子女同住且帮带孩子的老年人常去社区老年人服务中心参加活动的比例最高，达到65.96%；带孙辈同住的老年人去得最少，估计是因为他们可以自由支配的时间相对较少（见表1-35）。

表1-35 对"您所在的社区有老年人服务中心吗？您经常去参加活动吗？"（单选题）的调查结果

单位：人

居住状况	有，常去	有，不常去	没有	不适用（住养老机构）	小计
独居（无老伴/无子女）	13(52.00)	1(4.00)	4(16.00)	7(28.00)	25
空巢老人（子女不在身边）	24(47.06)	15(29.41)	7(13.73)	5(9.80)	51
和老伴一起居住	61(45.19)	40(29.63)	22(16.30)	12(8.89)	135
和子女一起居住	36(52.17)	17(24.64)	11(15.94)	5(7.25)	69
和子女一起居住，帮带孩子	31(65.96)	8(17.02)	5(10.64)	3(6.38)	47
带孙辈一起住	1(33.33)	0(0.00)	1(33.33)	1(33.33)	3
住养老机构	2(4.17)	15(31.25)	0(0.00)	31(64.58)	48

注：（ ）内单位为%。

八 老年人的养老需求和购买力分析

根据我们对武汉市412位老年人的调查，其中91.02%的收入来源是自己的退休工资或养老金，由子女供养的占8.25%，5.83%的老年人有积蓄或投资收入，配偶提供养老金的占1.70%，靠劳务收入的占2.18%，另有2.91%的人由政府提供最低生活保障补助。就老年人的每月可支配收入而言，每月1000元及以下占6.86%，2001~3000元的占36.52%，3001~5000元的占29.66%，5001~10000元的占16.42%，1001~2000元的占8.33%，10001元及以上的占2.21%。被调查的412位老年人中，有70位住在养老院，他们中有40.00%的老年人每月支付2001~3000元，37.7%每月支付3001~5000元，各有10.8%的老年人每月支付1001~2000元和5001~8000元，有1位老年人每月支付1万元及以上。入住养老院的老年人中77.7%每月支付2001~5000元。除了极少数有子女支持的老年人，绝大多数老年人基于自己每月可支配收入选择养老院，由于每月可支配收入在2001~5000元的老年人最多，显见普惠型养老院才是老年人最需要却又是市场供给严重不足的养老院。

另据相关调查发现，在农村40岁以下的成年人中超过五成外出务工，而约48.50%的被调查老年人是独居（无老伴/无子女）或与老伴一起居住的，这些变化在很大程度上减少了老年人能够得到的来自其成年子女及老伴的照料或支持。因此，我国农村传统的家庭养老已经难以满足当下老年人不断增加的需求，单独的家庭养老并不能解决农村养老问题，农村对机构养老的需求十分迫切。近年来，我国有些地方已经进行了一定的探索，如西安市、抚顺市等很多农村区县尝试运用老年餐桌以及福利型、补贴型、互助型、慈善型的"农村幸福院"模式来弥补机构养老存在的不足，但是这种补充性的方法未从根本上解决机构养老存在的问题，甚至是在逃避问题。

随着年龄的增长和生活自理能力的下降，武汉市老年人（包含一些农村老年人）入住养老院的意愿逐渐增强，表示永远不会考虑入住养老院的老年人仅占24%，尤其是412人中占比22%的独居（无老伴/无子女）的老年人或空巢老人将来入住养老院的意愿更明显。但是由于51.71%的老年人每月可支配收入在3000元及以下，而有些老年人养老机构收费的中位数在每月3500元，很多老年人想住养老机构也住不起。武汉市现有养老机构的养老床位存在结构性过剩，即离市区较远的中高端养老院供过于求，社区嵌入式养老院供不应求，未能满足老年人养老的有效需求。很多养老机构还发现，每月7000元几乎是武汉市老年人能接受的价格"天花板"，这在一定程度上解释了中高端养老院大规模床位空置的原因,如公建民营的九州通人寿堂建设了1200个类似五星级酒店的豪华床位,但入住率一直上不去,显然是过高估计了老年人的消费能力和意愿,造成很大的资源浪费。

在选择养老院时考虑的因素方面,56.31%的老年人首先考虑收费标准;其次是服务质量和地理位置,分别有48.30%和39.56%的老年人考虑;养老院的硬件设施和是否医养结合紧随其后,分别有38.83%和35.92%的老年人考虑;23.54%的老年人会考虑是否能用医保;另有17.23%的老年人考虑品牌可信度,16.75%的老年人考虑具体服务项目,11.41%的老年人考虑有无临终关怀。

本章小结

通过对武汉市412位老年人的调查,我们发现,武汉市老年人的收入主要来自自己的退休工资或养老金,占每月可支配收入的90%以上,而每月可支配收入为2001~5000元的老年人占比接近67.00%,其中36.52%的老年人每可支配收入为2001~3000元;被调查的老年人中有17.06%住养老机构,83%居家养老,居家养老的老年人中,15.81%表示社区没有老年人服务中心,30.36%表示社区有老年人服务中心但不常去,53.75%的老年人表示常去社区老年人服务中心参加活动;关于社区老年人服务中心,50.00%的老年人表示比较满意社区开展的文体娱乐活动,33.88%的老年人对健康咨询比较满意,表示对老年餐桌、日间照料、康复护理服务比较满意的老年人均有27.10;关于养老院的费用,入住养老院的老年人中40%表示每月支付费用为2001~3000元,37.7%每月支付费用为3001~5000元,另分别有10.8%的老年人每月支付费用为1000~2000元或5001~8000元,有1人每月支付费用为10000元及以上;对于养老院的服务，老年人总体满意度不高，约24%的老年人对养老院的餐食、生活照料和居住条件比较满意，最不满意的是心理慰藉和服务的流程效率。

1. 养老现状和需求的性别差异

调查发现，老年女性比老年男性更能照顾好自己，相对老年男性而言更加热爱社交活动，她们承担更多家务和照看孙辈的任务，自报身体健康状况不如男性，但对生活的态度比老年男性更为积极；老年男性比老年女性感到更强的孤独感和无价值感，但睡眠质量比老年女性更好；老年女性对互联网社会的融入上比老年男性更好，她们比老年男性掌握更多的智能手机应用，比老年男性更多使用摄影/修图、欣赏音乐、在线购物和点外卖等智能手机功能；就性格而言，老年女性自报比老年男性更外向、更有亲和力和经验开放性更高；在发挥余力为社会做一些有益的事情上，老年男性比老年女性更积极，占比分别是27.41%和25.10%；常去社区老年人服务中心参加活动的老年男性和老年女性占比差别不大，均不到50.00%；在生活不能自理时，老年女性比老年男性更愿意去养老院生活，老年女性对养老院的收费标准、服务质量和地理位置等更为关心；无论何种婚姻状态，老年女性都比老年男性对现状更满意，无论何种性别，从未结过婚的老年人都比已婚、离婚、丧偶的老年人对现状更满意。

2. 每月可支配收入对老年人养老现状和需求的影响

每月可支配收入与老年人的生活质量息息相关。每月可支配收入越高，老年人自评健康水平越高，外出旅游和发展各种兴趣爱好活动的比例越高，来往的朋友也相对越多；每月可支配收入为2001~3000元的老年人在家照看孙辈的比例最高；每月可支配收入为3001~10000元的老年人睡眠质量较好；每月可支配收入在2000元及以下的老年人比较缺乏价值感；每月可支配收入越高的老年人，能接受的上门服务的每小时价格越高，同时去老年人服务中心参加活动的比例越低。

3. 受教育水平对养老现状和需求的影响

老年人受教育水平对他们目前每月可支配收入影响很大，大学本科及以上学历的老年人中，50.79%目前每月可支配收入为5001~10000元，近10%目前每月可支配收入达到10001元及以上；大专学历的老年人每月可支配收入主要为3001~5000元，占44.23%；高中或中专学历的老年人每月可支配收入主要为2001~3000元，占41.18%。学历越高的老年人，退休生活越丰富多彩，他们尤其热衷参与国内外旅游等活动，此外学历高的老年人在运动健身，养生保健，书画、茶艺，使用电脑、智能手机，外语学习等方面均明显比学历较低的老年人参与度更高，少数高学历老年人还在从事写回忆录和创业等活动；但参加老年合唱团和打麻将活动的老年人没有表现出明显的学历差异。大专学历的老年人认为家庭和睦，子女孝顺的比例最高，达到81.13%，同时他们也是睡眠质量最好、有最多朋友常来往、做家务最多的老年人；帮着带孙辈最开心的是不识字的老年人和初中及以下学历的老年人，但占比均不超过20.00%（也就是说大多数老年人帮着带孙辈没有那么开心），初中及以下学历的老年人带孙辈的热情明显高于本科及以上学历的老年人；本科及以上学历的老年人中有价值感的比例最高，占31.25%，但他们中常有孤独感的比例也明显高于其他学历的老年人；常去社区老年人服务中心参加活动的老年人中，低学历水平的相对更多，本科及以上学历的老年人相对更不满意老年人服务中心组织的活动；在回答是否愿意利用所长为社会贡献余热的问题上，没有表现出明显的学历差异，但表示只想安度晚年的大专及以上学历的老年人或每月可支配收入高于5000元的老年人占更大比重，这或许与他们的经济实力更强，不需要额外工作来补贴家庭财务有关。

4. 退休前从事的职业对养老现状和需求的影响

退休前从事的职业与退休后每月可支配收入有很大关联，退休前是党政机关党群组织或事业单位干部的老年人每月可支配收入最高，大多为5001~10000元；从事专业技术工作的老年人每月可支配收入多为3001~5000元；在企业工作的老年人每月可支配收入多为2001~3000元。可支配收入水平影响了老年人的养老选择，除了极少数有子女支持的，老年人选择的养老院的月收费水平与他们的个人每月可支配收入水平基本相当，但也有极少数退休前的党政机关党群组织或事业单位干部个人可支配收入在每月1万元以上的老年人入住了每月收费2001~3000元的公办社会福利院。觉得有价值感的老年人整体不多，占比最高的是从前在党政机关党群组织或事业单位工作或从事专业技术工作及服务类工作的，分别约占25.00%；其次是从前从事企业管理、个体户、私营业主或自由职业的老年人，占比约20.00%；退休前从事其他工作的老年人更少感受到自己的价值，最少感受到有价值的是退休前的普通工人和农民，占比为7.00%~8.00%；退休前是党政机关党群组织或事业单位干部、企业管理人员及农林牧渔水利行业从业人员退休后想继续发挥余热的老年人较退休前从事其他职业的老年人更多。

5. 目前居住状况对老年人养老现状和需求的影响

居住状况影响老年人的生活质量和养老选择。目前住养老机构的老年人中有82.35%觉得家庭和睦，子女孝顺，但他们中有11.76%的人感觉生活很无聊，5.88%的人觉得很孤独；和老伴一起居住的老年人和朋友来往最多，睡眠质量最好；空巢老人自己操持家务的占比最高，觉得家庭和睦，子女孝顺的比例相对较低，受失眠困扰的比例相对较高，但他们同时是最有价值感的老年群体；独居（无老伴/无子女）的老年人觉得无聊和孤独的比例较高，部分老年人经济困难；和子女同住的老年人与朋友来往较少；和子女同住但不带孩子的老年人与子女（家人）相处不好的比例最高，当这部分老年年人每月可支配收入达3001元及以上时，愿意入住养老院的比例明显升高；带孙辈单独住的老年人比与子女同住且帮带孩子的老年人感觉更开心；最会使用智能手机的是与老伴同住的老年人，其次是空巢老人，除住养老机构的老年人外，较不会使用智能手机的是与子女同住的老年人。独居（无老伴/无子女）的老年人、空巢老人、和老伴同住的老年人在生活不能自理时入住养老院的意愿都明显升高。和老伴同住的老年男性在生活不能自理时愿意入住养老院的比例最低，而和老伴同住的老年女性愿意入住养老院的比例大大超过了老年男性，但这种情况在和子女同住时发生了逆转，和子女同住的老年人，不论男女，都更希望在生活不能自理时由子女来照顾而不是入住养老院。独居的老年男性在有熟悉的朋友愿意一起时比女性更愿意入住养老院；而和老伴或子女同住的老年女性在有熟悉的朋友愿意一起时比男性更愿意入住养老院，这说明有些老年女性在家里承担了更多的家务和责任，在某种程度上她们住到养老院里感觉更轻松。

6. 自评身体健康状况与养老现状和选择

自评身体健康状况越好的老年人，参加各种活动的兴致越高，受到普遍欢迎的活动包括参加老年合唱团，参加老年模特队/舞蹈队，使用电脑、智能手机应用和打麻将等，随着健康状况变差，老年人对国内外旅游，运动健身，舞蹈、瑜伽、太极等，书画、茶艺等活动的参与度明显下降。自评健康状况越好的老年人，越多表示永远不想去养老院；但在不能自理的老年人中，愿意去养老院的比例明显提高，到生活完全不能自理需要全天看护但家里没人照顾时，愿意入住养老院的老年人比例达到75.00%，而如果有熟悉的朋友一起入住则愿意入住养老院的老年人更多；37.06%自评很健康的老年人和20.00%有病但生活可能自理的老年人表示愿意为社会做些有益的事情。

参考文献

廖鸿冰、李斌：《我国社区居家养老模式的理性选择》，《求索》2014 年第 7 期。

蔡慧：《浅析城市社会化条件下我国社区养老的模式与方法》，《黑龙江科学》2014 年第 6 期。

第二章　对不同养老模式服务的调研与访谈

《"十三五"国家老龄事业发展和养老体系建设规划》等多项政策中均提出构建"居家为基础、社区为依托、机构为补充、医养相结合的养老服务体系"。高传胜指出，在三种主要养老模式中，居家养老通常居于基础地位，选择该模式的老年人所占的比例最高；选择机构养老的老年人比例最低，一般不会超过5%；选择社区养老的老年人的比例介于二者之间，一般不会超过10%，这也是我国一些地区提出"90-7-3"养老模式（"9073"[①] 工程）、"90-6-4"养老模式的重要原因。实质上，形成这样的养老服务模式与总体格局，费用是首要影响因素，因为居家养老的费用最低，而机构养老的费用最高，并非一般家庭能够承担；亲情、友情等情感因素也是重要影响因素，居家、社区养老会保持原来的亲情、友情关系网络，而机构养老则会破坏原来的亲友、邻里、社区等关系网络，容易造成老年人的情感缺失；此外，调研还发现，集中性居住的养老机构中经常有老年人离世，这会对其他老年人心理产生负面影响，这也是一些老年人起初选择机构养老，后来又改为居家、社区养老的不可忽视的原因。

---

① "9073"指90%的老年人采取以家庭为基础的居家养老，7%的老年人享受社区居家养老服务，3%的老年人享受机构养老服务。

一 养老模式的定义

一切有利于老年人生活和满足老年人需求的方法、途径、形式和手段都称为"养老模式"。从养老服务提供的主体分类，分为居家养老、社区养老和机构养老三种养老模式。

居家养老（homebased care），即老年人生活在自己家中，主要由家人提供照料，需要且经济条件允许，还可以从外部（如社区居家养老服务中心、家政中心、医疗机构、志愿者组织等）获取一些上门的专业护理服务，如生活照料、家政服务、康复护理、医疗保健、精神慰藉等。

社区养老（community care），即老年人通过社区提供的服务获得照护。如去社区日间照料中心获得一些专业护理服务，如果社区有可以提供24小时照护的床位，老年人也可以住在社区；或者老年人搬到养老公寓（通常离老年人原来居住的地方不远，或买或租），能享受养老公寓的各种养老服务，包括随时获得需要的照护或专业护理服务。

机构养老（residential care），即老年人居住在提供全天候、规模化、"一条龙"专业服务的养老机构中，享受集中居住、日常照料和各种专业护理服务，通常离原来居住的地方较远。

二 对武汉市地区不同养老模式服务的调查与访谈

截至2019年底，武汉市户籍总人口906.40万人，比2018年（883.73万人）增加了22.67万人。其中60岁以上老年人有194.25万人，占总人口数的21.43%，武汉市各区60岁以上老年人口分布见图2-1；80岁以上老年人有26.12万人，占老年人口的13.45%，武汉市各区 80 岁以上高龄老年人数量情况见图 2-2。高龄、失能、半失能老年人有近 30 万人。而据 2020 年 3 月澎湃新闻，武汉市在各类养老机构中养老的老年人有 2.3 万人，这意味着有迫切养老服务需求的老年人中有近 93% 是居家养老的。而机构养老中的养老护理员仅有 3000 人，平均 1 名护理员要照顾 8 名老年人，与国际公认标准每 3 名失能老年人配备 1 名护理员差得较远。

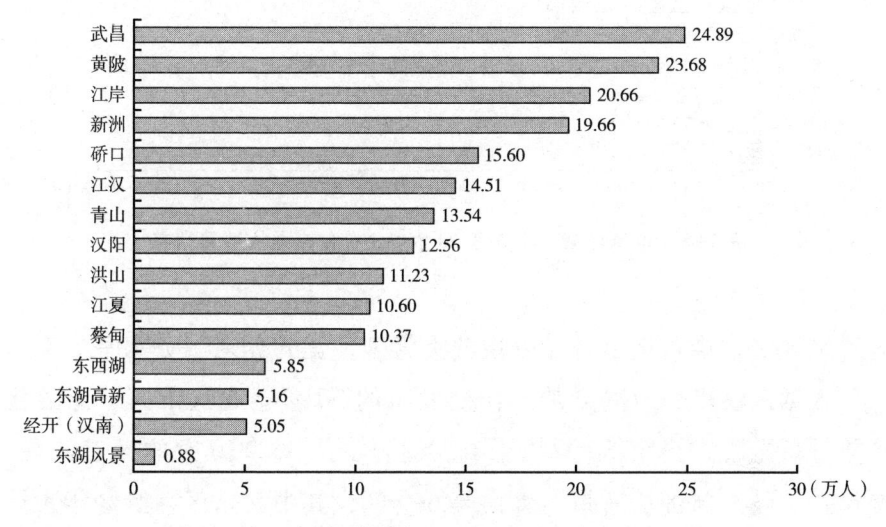

区	数量（万人）
武昌	24.89
黄陂	23.68
江岸	20.66
新洲	19.66
硚口	15.60
江汉	14.51
青山	13.54
汉阳	12.56
洪山	11.23
江夏	10.60
蔡甸	10.37
东西湖	5.85
东湖高新	5.16
经开（汉南）	5.05
东湖风景	0.88

图 2-1　2019 年武汉市各区 60 岁以上老年人口分布

2020 年 9 月，武汉市首部养老白皮书《武汉养老服务发展报告》出炉，显示武汉市已建成养老服务设施 2326 处，其中市、区公办养老机构 15 家、社会办养老机构（社区养老院）183 家、农村福利院 74 家。而根据 2021 年 3 月武汉市十四届人大常委会第三十六次会议精神，武汉市要大力发展普惠和互助性养老服务，加快构建居家、社区、机构"三位一体"的智慧养老服务体系，满足老年群众多样化、多层次的养老服务需求；并将结合养老服务实际，推动《武汉市养老服务促进条例》立法，建立养老服务综合监管机制，开展养老机构风险隐患排查专项整治行动，全面开展养老机构和社区养老服务设

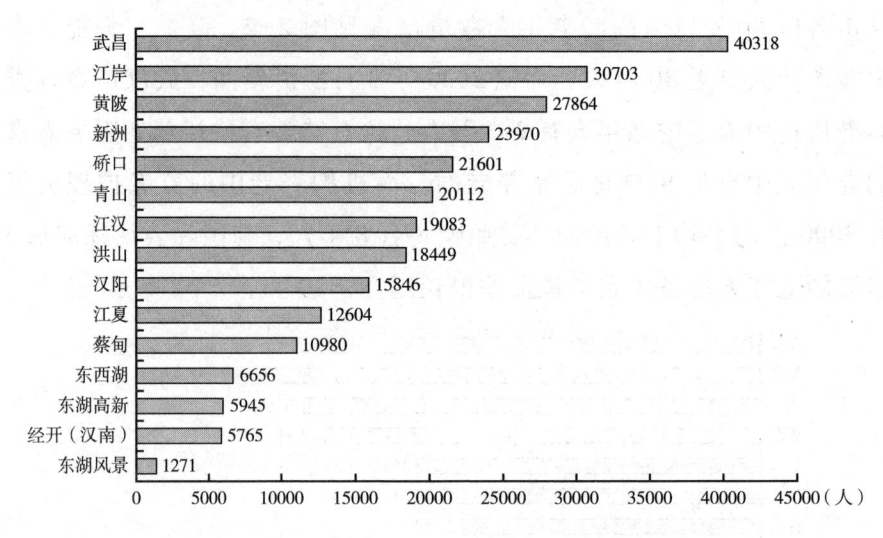

区	人数
武昌	40318
江岸	30703
黄陂	27864
新洲	23970
硚口	21601
青山	20112
江汉	19083
洪山	18449
汉阳	15846
江夏	12604
蔡甸	10980
东西湖	6656
东湖高新	5945
经开（汉南）	5765
东湖风景	1271

图 2-2　2019 年武汉市各区 80 岁以上高龄老年人数量情况

施等级评定，推行运营补贴分层分类管理，提升养老服务水平。

根据武汉市民政局老龄工作处发布的 2019 年武汉市人口老龄化形势分析报告，全市 80 岁以上高龄老年人超过 2 万人的区有武昌、江岸、黄陂、新洲、硚口、青山等 6 个区，其中武昌区高龄老年人最多，高达 4.03 万人。2019 年武汉市约每 10 名老年人中就有 1 名 80 岁以上的高龄老年人。高龄老年人往往与失能失智、多病相伴，生活照料等问题非常突出，特别需要帮助和关爱。

武汉实施"互联网+居家养老"新模式建设、城企联动普惠养老专项行动，催生了一大批专业化养老服务网点和机构。这些养老服务网点和机构运营情况如何？有没有满足老年市民的养老需求？还存在哪些问题？居家养老、社区养老和机构养老三种养老模式各有什么优缺点？老年人应该如何选择？带着这些问题，自 2019 年 2 月起，我们调研组走访了武汉市具有代表性的 15 家公办、社会办养老机构（武汉市社会福利院、江汉区九州通人寿堂医疗养老院、江汉区前进社区养老院、江岸区建设新村社区养老院、融济古田康养中心、江岸区高雄社区养老院、常青花园爱照护颐养中心、武昌区阳光福利院、卓刀泉社区卫生服务中心养老院、汉南区颐德养老院、合众优年、蔡甸区侨亚颐乐园、百步亭金桥汇养老公寓、青山区"楠山有约"、泰康之家·楚园）和9个社区（居家）老年服务中心（百步亭社区安居苑居家养老服务中心、同安社区居家社区老年人服务中心、江汉区花楼水塔街居家养老服务中心、蔡甸区碧湖新村社区老年人服务中心、武昌静安社区老年人服务中心、水果湖放鹰台养老服务中心、小东门社区养老服务中心、百瑞景社区养老服务中心、护明德居家养老服务中心等），并参观了江岸区智慧养老云平台指挥调度中心。以下是关于目前不同养老模式运行状态的报告。

（一）居家养老

就居家养老而言，武汉市目前下辖7个主城区、6个远城区及东湖高新和东湖风景共15个行政区，2016年即开始推行"互联网+居家养老"模式。武汉市现已建成13个"互联网+居家养老"区级平台、248个线下服务网点，已经为市民提供过400万人次的"三助一护"（助餐、助洁、助医，远程照护）服务。这400万人次主要来自"幸福食堂"服务，即每位就餐老年人先登记身份信息购买就餐卡，同时获得早餐1元、中/晚餐2元的政府补贴，这样刷卡记录就全部被录入了智慧平台。目前养老平台主要满足各个行政区域内低保、特困或失能老年人的养老需求，基本是拿低保的失能老年人或80岁以上个人收入低于上年度人均退休金水平的老年人能获得政府购买上门"三助一护"服务。具体做法是：社区首先确定符合补贴标准的对象，由社区聘请的第三方评估机构派出评估员上门评估老年人享受补贴的等级，经评估符合标准的老年人按等级发放的养老补贴以虚拟服务额度的形式充值到"互联网+居家养老"统分结合平台的个人账户或老年人电子钱包，在老年人购买养老服务时，按项目给予定额补贴，可用于购买居家养老服务，或者入住养老机构时抵扣护理费用。对于80岁以上的高龄老年人，如果退休金在一定数额以上（譬如江汉区3100元/月）就没有机会享受政府提供的补贴，也没有机会获得护理等级评估的上门服务。生活不能完全自理的老年人居家养老，基本上还是由子女承担陪护任务，有时子女不得不提前退休承担照顾老年人的责任。而独居的老年人或空巢老人，长期独自居家难免有孤独感，可能引发各种心理健康问题。

截至2020年4月，武昌区投入300万元专项经费提档升级的综合为老服务平台开始运行，老年人可通过服务热线、武昌微邻里微信公众号、安康通App向平台提出养老服务需求，平台将老年人需求派单给线下服务商，服务商上门为老年人服务。但有老年人反映在武昌区和东西湖区尝试通过微信公众号和电话求助，均未有效联系可以解决问题的人，直接联系家政服务机构则很快就有应答。而武汉市青山区悦达社区"楠山有约"智慧居家养老悦达109社区服务中心被证明可以通过微信小程序或电话联系，提供助餐、助医、助洁等上门的居家养老服务，他们倡导"养老不离家、服务送上门"，让社区的老年人在一刻钟内即能享受送上门的服务。

以下是我们走访过的几位居家养老的老年人的情况[①]。

案例1：瘫痪在家的李教授

李教授，82岁，大学本科学历，月退休金8000余元，家住武汉市，退休前是大学教授，有2个女儿。4年前患阿尔茨海默病，3年前因小脑萎缩瘫痪在床，由同样80多岁的老伴照顾，新冠疫情之前请了一个住家护工，帮助喂饭、洗澡、翻身，每月4500元，但护工待了3个月就不做了，后来大女儿退休回家和母亲一起照顾父亲。家

---

① 本书的案例统一编号，顺延至之后的章节。

里经济上没问题，但老伴和女儿的照护压力都很大，老伴自己身体不好，消瘦得厉害，女儿的家庭生活也受到影响，为照顾父亲不得不和丈夫分居。李教授患过2次褥疮，幸好小女儿是医生，指导大女儿给父亲换药，后来痊愈了，但一直未找到合适的护士上门护理。

案例2：与女儿同住的彭老师

彭老师，88岁，大学本科学历，退休前是中学数学老师，月退休金8000余元，现和女儿居住在深圳。彭老师会弹钢琴，年轻时是文艺青年，1985年和妻子离婚，先前一直独居在武汉市，颇有女人缘，但随着年龄增长钢琴逐渐不弹了，也不上老年大学了，和朋友的联系越来越少，经常在冬天去深圳和在那里工作的女儿一起住几个月避寒，然后回武汉市，2020年后一直随女儿生活至今。彭老师现在身体不算好但自理没问题，却经常因为一些生活习惯和做事方式与女儿不同产生矛盾，如女儿让他用机器剥蒜，他非要用手剥，只吃熟悉的食物、只听熟悉的老歌，弄得小冲突不断。女儿经常跟他说要注意防骗，但他还是被卖保健品的骗去10多万元，劝也劝不住。10多年前女儿给他一个智能手机让他方便和亲戚朋友联系，他却拒绝学习，把手机丢在一边，还说："姑姑没时间上微信的，我用它联系谁嘛？"女儿吐槽说父亲做错了事情还不愿承认，跟小孩一样撒谎耍赖。

案例3：空巢还照顾婆婆的刘女士

刘女士，65岁，大学专科学历，退休前在高校从事专业技术工作，月退休金6000余元。刘女士的女儿是钢琴博士，旅居德国，刘女士在老伴去世后，一直照顾已101岁的音乐学院的教授婆婆，刘女士性格开朗，做得一手好菜，也善于打理家务，把婆婆伺候得无微不至，不只照顾一日三餐，还帮爱美的婆婆梳洗打扮，让她始终保持着体面，对经常上门看望她的往日学生也是无比热情。刘女士最大的爱好是旅游，一年要和好姐妹们出门"放飞"几次，经常把国内外旅行见闻发抖音和"美篇"，和朋友分享，这期间婆婆就由她自己"亲自培训"（据她自己说）的保姆照顾，保姆工资每月4000元。除了旅游，刘女士还在老年大学学习弹钢琴和唱歌，每天都过得很充实。问她有没有后悔过让女儿出国留学最后不能留在身边因而成为空巢老人，她说，从没想过这个问题，女儿喜欢怎样就怎样，而且和婆婆一起经常与女儿微信视频，虽然她不在身边也能相互问候、彼此关心，而且疫情开始之前，每年不是自己去德国，就是女儿回中国，这样也不错，养女儿不是为了照顾自己的，希望她能选择最喜欢的生活。我问刘女士作为一个儿媳妇为什么这么精心照顾老年人，老年人还有两个女儿。她说自己的女儿最心疼奶奶，又远在德国照顾不了，他们三代同堂住了多年，奶奶觉得儿媳妇照顾她最舒服，怎么能不管呢？

案例4：独居的骆老先生

骆老先生，77岁，大学专科学历，退休前在事业单位从事行政工作，月退休金6000余元，老伴已经去世多年。在他65岁的时候，女儿送他一台电脑，教会他怎么打字、收发电子邮件和QQ聊天，很快他就学会了，并教给了自己的老同学刘先生，刘先生爱好写作，手写了一本历史小说但出版社不接收，要求电子文档，于是刘先生下定决心学电脑打字，最后他竟然一个字一个字地敲出20万字的小说并最终出版。骆老先生则热爱书法和摄影，他把自己写的字、画的画和拍摄的照片上传到QQ群和老友分享，获得很多点赞，十分开心。骆老先生甚至学会了重装系统。过了几年，智能手机开始流行，女儿又给骆老先生买了一个华为手机，教他用微信，他很快学会了，又自己琢磨学会了用手机拍照、修图、做电子相册……刚开始他不敢使用手机支付，怕被骗，但出门买东西觉得没别人方便，遂同意让女儿绑定了自己的银行卡，限定了每日最大支出额，便开始用手机支付了，慢慢地，他逐渐学会在小区群拼多多买菜、在淘宝购买笔墨纸砚，甚至偶尔用手机叫外卖。由于在朋友圈经常看新闻，骆老先生一直与时俱进，在家庭聚会的时候，外孙女讲话时用的一些网络语言他甚至能听懂；而在朋友聚会的时候，骆老先生也是大家羡慕的时尚老年人。疫情期间，骆老先生一个人待在家里好几个月，通过微信视频和女儿、外孙女互动，缓解了精神压力。

案例5：老伴刚去世的周先生

周先生，65岁，高中学历，家住湖北省武汉市，退休前在工厂上班，月退休金4000多元，老伴于2020年3月去世。周先生现在单身一人，整天担心老了没人照顾，琢磨如何养老，他说以自己现在的收入请不起保姆，想再找个老伴，把钱都交给她，管吃喝就可以，如果女方每月有3000元退休工资，她自己存着，她住的房子出租，那10年后自己去逝了，她存的钱得有四五十万元，可以找个保姆照顾自己。我说您可以卖房养老啊，他说那不行，房子要留给孩子。周先生身体尚健康，平常爱打点小牌，还在跟人学跳广场舞，不知道周先生找老伴的美梦能不能实现。

从前述案例不难发现，居家养老的老年人，如果生活不能自理，主要还是由伴侣或子女照料，家人的负担较重，并没有很好的渠道获得价格合理又比较专业的护理服务。虽说老年人都喜欢住在自己家里，但当老年人不能自理，并不是所有家庭成员都能很好地伺候老年人。据我们调查，和子女同住的老年人有相当比例与子女相处不好，有时候子女不耐烦还冲着老人大声吼叫，令老人伤心。另外，老年人家里的适老化改造也不普遍，大多数社区无障碍设施建设不够，有些老年人生病以后就很难再出门，甚至困在家里数年，活动范围仅限于家中的狭小空间，瘫痪在床的老年人情况更加糟糕。社区老年人服务中心的主要功能还只限于组织一些文娱活动，有些好的社区也组织互帮互助的小组活动，开设老年大学，但总体来说比较少，偶尔有些健康知识讲座，有时还因老年人信息不灵通而错过。经济条件较好、学历较高、身体又比较健康的老年人较少参与社区活动，他们更倾向于和自己的同学、朋友交往，或者定期不定期地外出旅游。

目前政府主导建设的居家养老辅助平台——"互联网+居家养老"智慧养老服务平台只对特困老年人应答，而多数社区老年人服务中心主要是文娱活动室，尚未真正成为居家养老的有益补充。

当前居家养老服务以政府直接供给及政府购买为主，经费筹集渠道单一。尽管2015年民政部、国家发展改革委等十部门下发了《关于鼓励民间资本参与养老服务业发展的实施意见》，鼓励民间资本参与居家养老和社区养老服务、机构养老服务、养老产业发展，但由于市场培育不够，加上老年人消费能力有限，发展一直比较缓慢。

据武汉市民政局报道，武汉市老年人享受"互联网+居家养老"平台服务已达400万人次，但仔细分析不难发现，这些人中，多是持卡消费"幸福食堂"服务。笔者曾致电武昌区和东西湖区的智慧养老平台，得到的答复都是只服务有政府购买服务的特困老年人，这使"互联网+居家养老"智慧养老服务平台存在资源浪费，很多市民甚至根本不知道这个平台的存在。按说老年人大多不会使用电脑或智能手机，拨打求助电话对他们来说应该最为方便，但各区居然都没有一个能及时提供老年人服务的求助电话，这对于生活不能完全自理的独居的老年人或空巢老人来说很不友好。

武汉市目前居家养老的老年人倘若生活不能自理多数并不能享受想要的专业的居家养老上门服务，原因之一是市场上提供专业居家养老上门护理的服务提供商很不足，目前主要是家政公司在做，但它们只能提供上门做饭、打扫卫生等服务，难以提供一些专业护理如术后康复、精神慰藉等服务；原因之二是上门服务价格多在40~50元/时，与老年人期待的20~30元/时有一定距离。

（二）社区养老

1. 社区老年人服务中心

自 2018 年起，武汉市便开始着力打造社区老年人服务中心，鼓励建设中心辐射式养老服务中心，每家养老服务中心拨给建设资金最高 100 万元（提供 20~49 张日间照料床位）；鼓励建设社区嵌入式老年人服务中心，每家老年人服务中心拨给建设资金最高 50 万元（提供 10~19 张日间照料床位）；此外还给每家中心每年 10 万元的运营资金支持，以为老年人提供休闲娱乐、康复护理、日间照料、健康咨询、法律咨询、紧急救护、心理慰藉、老年餐桌等服务，是居家养老的有益补充。武汉市目前有 400 家社区老年人服务中心，社区普惠养老床位 1709 张，有些社区老年人服务中心的日间照料中心提供 24 小时照料，供那些手术后需要短期照护才能康复的老年人居住，夜晚也不用回家，相当于短期入住养老院，减轻了子女的负担。如青山区"楠山有约"，设置了 20 张护理床位，能为社区老年人提供短期的 24 小时照护，如需住院，老年人还可以走"绿色通道"，但这种真正意义上的"托老所"，武汉市没有几家，更多的社区日间照料中心像是有床位的休息室。隶属于中国康养集团的"楠山有约"社区嵌入式智慧养老服务中心，真正实现了居家、社区、机构"三位一体"。

社区老年人服务中心尤其适合那些生活能自理又喜欢社交活动的老年人，老年人可以在社区参加各种丰富多彩的活动，如老年合唱团、模特队、书画班、手工班，有些有特长又热心的老年人主动充当志愿者，教其他有兴趣的老年人学习新技能，大家互帮互助，不仅丰富了晚年生活，还建立了深厚的友谊。比较典型的如百步亭社区，经过 20 年的探索实践，成立了多个志愿者服务队，把社区老年人的活动安排丰富多彩，建设了"互帮互助"的社区文化；江汉区花楼水塔街居家养老服务中心，也是社区退休老年人之家，为老年人提供老年食堂及其他各种活动场所和服务，不仅本社区老年人乐于前来参加活动，甚至吸引了武汉三镇有相同爱好的人。相比而言，位于蔡甸区的碧湖新村社区老年人服务中心开展的老年人活动就单调很多，这里没有老年食堂，老年人主要的活动是打麻将，有一家电影院，没有放多少好看的片子，座位经常空着。目前武汉市有127个"幸福食堂"，这是一个惠及所有老年人的项目，但由于成本控制有难度，有些前期经营不善的"幸福食堂"已经关门。

2. 养老公寓

另外还有一种养老方式，就是购买或租赁养老公寓居住。养老公寓通常是为50岁及以上的生活能自理的退休老年人提供的公寓，住在养老公寓的老年人能享受各项类似社区老年人服务中心提供的服务，如老年大学、公寓食堂、中医医院、24小时应答服务、贴心家政、志愿服务等，就连公寓的门都不用出。百步亭金桥汇就是这种养老公寓，是百步亭集团开发的项目，在一个新建的小区内选一栋楼专门卖给老年人，他们的子女可以选择购买同一个小区的其他楼盘，由于子女们住得不远，可以每天来探望，或者一起吃饭，兼顾老年人的养老、社交和天伦之乐。公寓三楼的老年大学，开设舞蹈、乐器、手工、理发、书法教学等十几门课程，均由社区及周边的老年人志愿教学。活动室摆满了老年人的手工作品，反映出老年人滋润充实的物质与精神生活。百步亭金桥汇养老公寓最突出的特点是秉承了百步亭社区"互帮互助"的社区文化，事实上有不少老年人就是从百步亭社区搬过来的，整个小区人文氛围浓厚，社区有一位罗姓老年人，是社区居民，也是手工课的志愿者老师，在她的帮助下，很多老年人学会了做漂亮的塑胶花和布贴画，感到很自豪。这种积极向上的社区文化非常值得推广。在资源配套方面，该公寓附近设立了中医院，为老年人提供养生和康复服务。

3. 社区嵌入式养老院和颐养中心

社区嵌入式养老院中有些是老旧小区的旧楼改造的，通常设施比较陈旧，收费也相对较低；有些是新建的，设施设计合理，服务到位，收费较高。如某社区养老院是一家民办社区嵌入式养老院，位于武汉市江岸区，由旧居民楼改造，成立至今已有10多年，床位约120张，每月收费1300~3300元，房间狭小、楼道拥挤，护工缺乏职业技能，服务较粗糙，但由于入住老年人的月均养老金只有2000元左右，他们住在这里还算满意，而且原来的家就在附近，子女来看望也十分方便；而位于某社区的嵌入式颐养中心，有18张床位，每月收费4800~9800元，现收住10位老年人，院内环境优美，老年人都得到了很悉心专业的照顾，其中还有几位患阿尔茨海默病的老年人，在这里安享晚年，极大地解除了子女的后顾之忧。这两家养老院都开在社区里，方便家人探望，使得老年人和子女能保持互动和连接，有益于老年人的身心健康，因而这种养老模式越来越受欢迎。但社区嵌入式养老院和颐养中心受场地限制，床位较少，难以形成规模优势，运营成本较高，如果没有来自政府的有力支持，维持长期运营的难度较大。

下面访谈的是居住在社区养老的几位老年人。

案例6：独自入住民办福利院的张婆婆

张婆婆，82岁，退休前在武汉柴油机厂从事检验工作，每月退休金3000多元。现住江岸区建设新村社区养老院，这属于民办的社区嵌入式养老院。这里是院长租下民房改建而成，房间比较窄小拥挤，采光也不太好。她说6年前家里房子拆迁，一家三代挤在一起，孙子谈恋爱时觉得自己像个"探照灯"，所以是自己主动提出要住养老院的（不依赖子女，善解人意替子女着想，主动安排自己的生活并能过得很好），当时儿子不让她来，怕人说闲话，但她到养老院后,吃喝不用操心,觉得很舒服,还常常带着其他老年人唱歌、跳舞,很是快乐,儿子这才放心。后来因为钱不够在附近买房子,大女儿搬去盘龙城,小女儿搬去谌家矶,张婆婆嫌太偏都不想去,觉得住社区养老院蛮好。张婆婆住了个单间,虽然面积小,但每月含水电费2200元,自己的退休金足够支付,并且从前的老街坊还有一起住进来的,有人跟自己聊天,儿子过来探望也方便。张婆婆非常健谈,又有幽默感,和老年人家聊天我也被逗得笑个不停,她说她还经常帮院长做调解员,调解老年人之间的矛盾,夸院长办养老院是行善。

案例7:独自入住养老院独立生活区(类似退休社区)的黄爹爹

黄爹爹,82岁,每月退休金3000余元,住在侨亚国际(汉阳)养生文化区。这里有五栋楼,围着一个小湖,包括独立生活区、辅助生活区和特别护理区。侨亚有麻将室、阅览室和书画室几个活动室,还有一个大食堂。黄爹爹住在独立生活区,相当于退休社区或老年公寓,月交房租1200元,400元包做卫生,中、晚餐费500元/月,早餐自己做,水电费单独算,每月总计费用约2200元。老年人原本住在武昌区,老伴10年前去世了,2年前自己放风筝摔断了腿,后跟子女住,久了不习惯就搬到侨亚来了。他说原来有套60平方米的房子拆迁,换到了一套80多平方米的房子,15楼,给儿子住了;后来和大女儿住一起,大女儿在汉正街做生意,每天回家很晚,第二天睡到中午,自己早晨起床必须小心翼翼,否则就会吵醒她。现在独自住一个15平方米带洗手间的大单间,也可以自己简单做饭,挺好的。老年人幽默地说,住这里每天有人查房,死了不会没人管,新鲜些(坦然面对死亡)。独立生活区的护工接受过一些培训,但也不是特别专业。黄爹爹说这里的湖里是臭水,夏天蚊子多,羡慕合众优年的环境,但是住不起。他说准备在侨亚一直住到死。

案例8:主动要求入住社区养老院的郑奶奶

郑奶奶,80岁,每月退休金4000余元,住在青山区"楠山有约"社区养老院。郑奶奶是3年前主动要求住到养老院来的,她说老伴走了一个人住没人说话,和子女一起住又怕影响他们的生活,干脆住养老院算了。她觉得这里一是可以和同龄人聊天,没有代沟,感觉很好;二是心静,少操心,原来和儿子住在一起,儿子上班没有按时回家就会担心,在这里就不用想那么多了。郑奶奶和家人关系很好,子女经常来探望。问她住这里不嫌不自由吗,老年人说自己本来就不喜欢出门,怕给人添麻烦,"70不留宿,80不留餐",而且在这里可以做做操、跳跳舞、打打小牌,挺好的。总是笑呵呵的郑奶奶还说"楠山有约"收费合理,一个月3000多元,可以自保。

案例9:与老伴同住养老公寓的罗老师

罗老师,68岁,每月退休金5000多元,罗老师和老伴退休前都是老师,住百步亭金桥汇养老公寓。6年前罗老师和老伴欧阳先生买了金桥汇的房子,从百步亭社区搬到了这个退休社区,因为这里有食堂和中医院,小区绿化也不错,更合适养老。百步亭社区有"互帮互助"的社区文化,罗老师就是在这里跟志愿者张老师学会了做手工花,她和老伴以及一起搬过来的老伙伴一起,把"互帮互助"的文化带到了百步亭金桥汇养老公寓,在这里,他们志愿教大家做手工花、画工笔画,老伙伴们和谐相处,亲如一家。在养老公寓,大家不为一日三餐忙碌,可以把更多时间花在感兴趣的事情上,除了画画班和手工花班,这里还有唱歌班、跳舞班、瑜伽班、模特班、电脑班、智能手机班等,每学期收费100~400元,老年人在这里的生活可谓丰富多彩。如遇紧急情况需要帮助,可以致电大堂的服务总台;公寓旁边还建有一家中医院,以满足老年人的理疗康复需求。养老公寓类似国外的退休老年人社区或CCRC的独立生活区。

案例10:和老伴同时入住社区颐养中心的张爹爹

张爹爹,90岁,退休前在工厂做后勤工作,后被提拔为中层干部,是湖北省劳动模范,每月退休金4000多元,和老伴一起住在常青花园爱照护颐养中心,该中心属于社区嵌入式养老机构。张爹爹耳朵有点背,但思维还较清晰,他说婆婆手术了要打包(穿尿不湿),"爱照护"的护工照护得不错,餐食也算可口,靠自己的养老金是住不起的,每个月两个人共要交费1万多元,需要子女贴补一部分。由于子女也是60多岁的人了,照顾90岁的父母有些力不从心,遂把父母送到这里短期康复护理。这里主要接收需要做康复理疗、短期过渡的半失能或失智老年人,一般住3~4个月,最长住1年多。目前有18张床位,现住10位老年人,有3位护工、1位护士。

武汉市区各街道下的社区老年人服务中心最主要的功能是组织文娱活动,最常见的是打麻将活动,也有少数社区老年人自发组织唱歌、跳舞、书画等活动。武汉市居家养老的老年人中过半数常去社区老年人服务中心参加活动或寻求服务,他们最满意的是社区组织的文体娱乐活动,最不满意的是紧急救护服务。具体来说,对文体娱乐活动蔡甸区和汉南区的老年人满意度较高,对日间照料、康复护理等服务青山区的老年人满意度最高(表示满意的老年人占比不超过30%);最常去社区老年人服务中心的是武昌区的老年人,其次是洪山区和蔡甸区的老年人,再次是江岸区和青山区的老年人,最后是江汉区和硚口区的老年人,其经常参加老年人服务中心活动的相对更少。常去社区老年人服务中心参加活动的老年人中,低学历水平的相对更多,很多人主要是去打麻将,而本科及以上学历的老年人相对较不满意老年人服务中心组织的活动。

Mark Granovetter的社会嵌入理论认为任何个人都不是孤立的,都是嵌入特定社会结构和关系网络之中的,通过特定的社会关系网络获得社会支持,以及信息、情感、服务等其他社会资源。社区居家养老产生自老年人适度社会化的需要,恰好满足了这种需求,增强了老年人在角色转变过程中的适应性,降低了其角色突然转变的失落感。

Michael 指出建设老年人友好型社区,譬如适合步行、附近有杂货店、图书馆、公共交通站点等——给老年人一个外出参与更多社会活动的理由,对老年人的身心健康很重要。

(三)独立机构养老

独立养老机构主要分为公办社会福利院、民办独立养老机构和公建民营养老机构(见表2-1)。

1.公办社会福利院

公办社会福利院有市级和区级的,设在相应的行政区域内。社会福利院以保障社会"三无"人员和特困老年人为主要责任,剩余床位可以代养社会老年人。主城区的社会福利院尤其是四星、五星及以上级别的,社会老年人入住性价比很高,但往往一床难求。如武汉市社会福利院,完全自理老年人每月的床位费800~1000元、伙食费700元,再根据老年人的身体健康情况和自理等级交纳不同价位的照料费(每月1000~3000元不等)。养老院大楼的一、二层是医院,中间楼层有老年大学、教室、阅览室、康复室等多个老年人活动场所,再往上是根据老年人自理等级划分的不同楼层的居住区。由于会聚了不少名医和专业护理人员,这里也是名副其实的医养结合型养老院。自理区老年人称赞这里有如家一般的宽松氛围、可口的饮食和周到的服务,但因床位有限(550张,其中200张给"三无"人员,350张给高龄、失能、失智老年人),几乎常年是爆满。

2.民办独立养老机构

通常规模较大,能提供200张以上的床位,占地面积也更大,离中心城区较远。民办独立养老机构里有一部分是医养结合型,如经济开发区(汉南区)的颐德养老院,配有专业医护人员和社区医院,根据老年人自理程度的不同,每月收费3000~7500元,共有床位200张,通过不同楼层将自理、半自理、失能老年人分开,较好地避免了

表 2-1　不同价位、不同性质养老机构提供服务的比较

月价格区间	社区嵌入式养老院（民办或公办）	公办社会福利院	公建民营养老机构	民办独立养老机构（医养结合型）	民办独立养老机构（普通养老,退休社区）
1300~3300元	如汇岸区建设新村社区养老院是一所民办养老院,由旧居民楼改造,居住环境拥挤;配套设施严重不足;生活自理、不自理老年人混居,护理员服务不专业。优点是价格低,老人离原来的家近	—	—	—	—
2000~3500元	如西马街恰馨养老院,居住环境一般,有一些养老配套设施,护理员相对专业,而且由于建在社区内,方便子女探望。青山区"楠山有约"社区嵌入式颐养中心(以下简称"楠山有约")提供24小时服务,可提供老年人住院后的康复护理,方便子女探望	如武汉市社会福利院,居住环境好、配套设施齐全、分区清晰,医养服务专业周到,价格低,结合,但主要针对特困人群,少有机会惠及普通老人	江汉区前进社区养老院有32张床位,入住率100%,楼下就是社区老年人服务中心,有多个活动室经常组织各种活动。武昌区阳光福利院建筑面积1万平方米,600张床位,居住环境尚可;伙食不尽如人意;有时会组织老年人做游戏或唱歌;护理员专业水平较高	—	如蔡甸区侨亚颐乐园,不严格区分自理区、半自理区和全护理区,老年人可自由选择租住单间或套间,根据老年人需求提供不同等级的护理服务

续表

月价格区间	社区嵌入式养老院（民办或公办）	公办社会福利院	公建民营养老机构	民办独立养老机构（医养结合型）	民办独立养老机构（普通养老、退休社区）
3000~5000元	—	—	东湖高新佛祖岭福利院建筑面积15000平方米，床位数550张，托管"三无""五保"老年人220位；是武汉首家集供养、医疗、康复、娱乐为一体的综合型福利机构	—	硚口区融济康养中心为华润置地旗下全国性专业养老服务机构。集融济老年公寓、融济中医馆于一体，床位数200~300张
3000~7500元	—	—	九州通人寿堂医疗养老院，建筑面积44850平方米，设置床位1207张，星级酒店装修，活动丰富，护理专业，医养结合	汉南区颐德颐养老院，居住环境较好，养老设施齐全，服务专业。常联系高校学生志愿者为老人开展一些有益身心智的活动，医养结合	—
5000~10000元	东西湖区常青花园爱照护颐养中心（以下简称"爱照护"）环境优美，设施齐全，服务专业，且建在社区内，方便子女探访	—	—	如泰康之家·楚园环境、设施、服务、专业性和医养结合方面都是最高级别的，老年人在园区可以参加各种有益身心健康的文体活动，提升技能，并无后社交	蔡甸区的合众优年退休社区居住环境相对更好，养老设施更齐全，根据老年人自理能力分层，服务更专业。为老年人开展一些老有益心智的活动，没有嵌入式养老院方便子女探望。距离市区稍远，不方便子女探访

活力老年人看到失能老年人产生的心理落差，由于毗邻江汉大学，常常有学生来做志愿者，陪老年人搞活动或聊天，很受老年人欢迎；而位于蔡甸区的合众优年则是一家有着600张床位的民办养老机构，院内环境优美，员工服务周到，唯一的缺点是没有医院；武汉市最高端的民办养老机构当属2020年才开业的泰康之家·楚园，无论硬件设备还是服务和文娱活动的丰富程度，都更上一个层次，但入住门槛很高，把很多中等收入水平的老年人挡在了门外。

3. 公建民营养老机构

江汉区前进社区养老院是一家公建民营养老机构，位于江汉区花楼水塔街居家养老服务中心的三楼，有32张床位，月收费2000~3500元，走廊的电子屏能实时监控老年人健康指标，总体来说地理位置比较方便，服务也较专业。不足之处是空间有些狭窄，老年人长时间聚集在楼道中活动，采光不好，且除楼道尽头的小阳台外，老年人活动区域无法接触外界新鲜空气，有些影响心情，尤其是有些老年人由于个人健康原因人身自由受限，甚至产生自我否定的情绪。这家养老院的楼下是社区老年人服务中心，能自由走动的老年人可以下楼参加各种活动，丰富日常生活。

佛祖岭福利院是公建民营性质，离市中心稍远，但与前进社区养老院相比占地面积更大，老年人有更多活动空间。佛祖岭社会福利院有550张床位，托管220位"三无"和特困老年人，剩余床位接受社会养老，老年人反映该公建民营模式构建后，服务内容和质量都有了明显改善。月收费3000~5000元。

而位于中心城区汉口火车站附近的九州通人寿堂医疗养老院也是一家公建民营的养老院，就在武汉市社会福利院的旁边，硬件条件与武汉市社会福利院相差无几，但房间略小，公共活动空间也更局促，设有1207张床位，也是医养结合型，刚开业时月收费是武汉市社会福利院的2倍左右，与泰康之家·楚园价格相当，属于高端养老机构，但估计现在已经意识到武汉市老年人的支付能力有限，调低了收费标准，现在每月3000~7500元的入住价格低于泰康之家·楚园和合众优年。

就不同价格区间的养老机构或社区养老而言，月收费在3000元以下的民办养老院，从环境上来看，建筑面积相对狭小拥挤；并且自理和不自理老年人常常混居，造成活力老年人的不满。从配套设施上来看，无论是医疗设施还是文娱设施都严重不足。从服务上来看，护工人数较少、年龄偏大且素质较低，而且完全没有专业的生活服务、基本的心灵慰藉服务等服务。但公办社会福利院收住的活力老年人支付的费用也在这个区间，他们得到了更优质的服务，只是中心城区性价比高的的公办社会福利院一床难求。

月收费在2000~7500元的养老机构，部分属于社区嵌入式养老院，如"爱照护""楠山有约"；部分属民办独立养老机构，如融济康养中心、颐德养老院等。在此价格区间的养老机构，建筑面积相对较大，环境也更宜人，加之养老设施齐全，服务专业周到，如果经济条件允许，是老年人更好的选择。

月收费起步价在5000元及以上的高档养老院，如合众优年、九州通人寿堂医疗养老院、泰康之家·楚园，从硬件到软件做到从舒适到舒心，满足了高收入阶层对养老品质的需求，这类养老院通常为活力老年人提供独立生活区，为半自理和不自理老年人设立协助生活区和配备专业护士，提供专业、系统的护理服务；除此之外，在保障老年人身体健康的基础上，还创办了老年大学或定期开展各种养心益智活动。但目前该类养老院普遍入住率只有30%~40%。

总体来说，公建民营养老机构如果在承担社会托底责任的基础上，以普惠价格利用剩余床位接受社会代养老年人，就像佛祖岭福利院那样，把最高价格控制在5000元以内，则可以达到近90%的入住率。而如果以追求更高利润为目标，设计得高端豪华，提供享受型养老服务，则可能如九州通人寿堂医疗养老院和汉阳区社会福利院那样，入住率一直上不去，结果是一方面老年人住不起，另一方面大量床位闲置，这样就背离了公建民营养老机构能提高运营效率的初衷。

这些年来，远洋、九州通、华润置地、招商局集团等资本大量涌入武汉市养老市场，布局高端或中高端养老项目。这些养老项目，有的设有专门的豪华 VIP 房间，有星级酒店的主厨团队提供膳食服务，配有骨质疏松治疗仪、中药熏蒸舱、脑波体感放松系统等高端康复设备，为入住老年人提供游戏机室、电影院、KTV 等活动室，并能为每位老年人提供一对一的照护服务，起步入住价格是一般养老院的2倍。

表 2-2 公建民营养老院与公办社会福利院、民办独立养老机构的对比分析

	公办社会福利院	民办独立养老机构	公建民营养老机构
优势	体现政府社会福利责任，保证服务的公共性；直接对服务过程、服务质量进行监督；市民认可度高；入住率最高	减轻政府财政负担；市场化运营，效率更高；关注市场需求，能提供更多样化和专业化的服务	减轻政府负担，节约政府资源；承担政府兜底低保、特困老年人的养老责任，同时提高空余床位使用率；市场化运营，追求专业化服务和运营效率；关注市场需求，提高服务质量
劣势	政府投入大量人力、物力、财力，财政负担重；缺乏市场竞争活力，竞争和成本控制意识，导致低效和浪费	追求经济效益，更关注高收入人群的需求，倾向于提供高端养老服务；服务过程较难监管，服务质量难以评估；政府支持力度小；高端养老院入住率较低	经济效益低；服务过程较难监控，服务质量难以评估
机遇	公众信任度高；性价比高；享受所有政府扶持和优惠项目	老年群体多样化养老服务需求日益增多；部分老年群体购买力较高	普惠养老服务需求日益增多；国家政策支持力度加大；市场对性价比高的专业养老服务需求更大；公众信任度较民营机构高
挑战	服务质量；管理水平；行业竞争；政策变化	公众信任度低；行业竞争加剧	行业竞争加剧；公益性质限制了获利空间；政府扶持、优惠力度较公办社会福利院小

以下是对几位住在养老机构的老年人的访谈。

案例 11：和老伴同住五星级养老院的黄老先生

黄老先生，85 岁，住武汉市社会福利院。清华大学毕业，老伴 83 岁，退休前是同济附小的老师，老两口属于 2017 年 3 月福利院刚建成时最早入住的一批高龄老年人，儿子在武汉市，女儿在美国。武汉市社会福利院属于五星级养老院，有中央空调，各种设施齐全，活动丰富，服务专业。他们的房费为每月 2000 元，服务费+餐费为每人每月 1500 元，二人每月总费用为 5000 元。儿子经常过来探望，女儿每天和他们视频。老年人会用智能手机点外卖买水果。这里开设有武汉市老年大学分院，各种兴趣爱好都能得到发挥和提高，不用另外交费。这里还有交谊舞厅，老年人随时可以回忆年轻时的时光，和老伴或朋友翩翩起舞。

案例 12：丧偶入住普惠型福利院的王奶奶

王奶奶，82 岁，住武昌区阳光福利院。初中未毕业，从前是一家国企的仓库保管员。王奶奶腰不好，自己照顾自己有些困难，子女也很忙，就搬来这里。王奶奶属于完全自理的老年人，每月交费 1000 多元，对这里的伙食不太满意。觉得这里生活太单调，以前经常打太极，现在也中断了，只是有时候跟着大家一起唱唱歌。逢年过节的时候，附近大学生志愿者会来这里陪老年人做做游戏。

公办社会福利院主要功能是提供"三无"人员集中供养，以及失能、失智、高龄独居老年人的代养服务，若这些人员的养老问题都已解决，剩余床位就可以提供给其他老年人，价格很便宜，但一床难求。武汉市现有五星级社会福利院 2 家，武汉市社会福利院就是其中 1 家，装修豪华、设施完备，堪比五星级酒店，且收费低廉，活力老年人每月每人只需交 2300 元（2～3 人间），还有医生提供免费的专业医疗服务，案例 11 中的黄老先生和老伴就住在那里，无论是对餐食、活动和服务，他们都相当满意。王奶奶所在的武昌区阳光福利院则属于公建民营普惠型福利院，设施条件比武汉市社会福利院差很多，无论是活动空间、养老设施，还是提供的服务水平，与武汉市社会福利院都有不小的差距。

案例 13：手术康复期入住养老院的赵先生

赵先生，70 岁，每月退休金 6000 元，住汉南区颐德养老院。赵先生 9 个月前因主动脉破裂手术后有康复需要来到这里。赵先生有 2 个女儿，经常来看望他。赵先生觉得这里的护工和市场专员很和气，还帮他去超市买水果。他会使用智能手机，但由于视力不好，微信玩得少了，朋友圈的同学朋友也没怎么联系了。由于自己年轻些，他不喜欢和这里的爹爹婆婆玩，觉得有代沟，常常在早晨 8 点跑到市场部办公室坐 1 个小时，跟年轻的工作人员聊天。这里伙食不错，服务也比较专业，赵先生现在算半自理，每月交费 5000 元。

案例 14：丧偶入住养老院的陈奶奶

陈奶奶，83 岁，退休前是高校行政人员，目前每月可支配收入 6000 余元，住合众优年。2008 年陈奶奶的老伴过世，女儿怕母亲长时间一个人待在家里太孤独，经多方考察，确定了离家比较近的蔡甸区合众优年是最适合自己母亲的。乐观开朗的陈奶奶听从了女儿的建议，搬到了合众优年。陈奶奶很喜欢合众优年丰富多彩的文娱活动，她参加了朗诵和唱歌班，交了不少朋友，和管理层、护工的关系也不错。陈奶奶住在活力老年人区中很宽敞的一居室，自己还养了一些植物。合众优年门口有公交车站，老年人出门很方便，自己提前申请后或子女签字同意后就可以出去。合众优年每天早晚有接送老年人去地铁站的班车，每周安排一次超市购物。唯一不方便的地方在于没有自己的医院，一旦生病就要通知家属送老年人去医院。6年前陈奶奶刚住进去的时候每月费用4400元，现在费用近5000元，自己也完全能够负担。

案例15：和老伴同时入住高端养老院自理区的刘女士

刘女士，64岁，住在泰康之家·楚园。刘女士和老伴退休前都在事业单位供职，退休金比较高，儿子、儿媳妇在澳大利亚定居了，刘女士和老伴属于空巢老人。半年前老伴到泰康之家·楚园长寿社区体验一天后就喜欢上这里，随即就搬进了楚园。楚园的入住是有门槛的，刘女士入住时先交了20万元押金，然后购买了50万元的乐泰卡，使用乐泰卡可以给月费打七折。就刘女士入住的标准间来说，如果一个人住，打折后月费为5833元，和老伴一起入住，第二个人只要加2200元，再加上每天的餐费（早餐16元/人、中餐28元/人、晚餐16元/人），刘女士夫妇二人住在楚园每月费用为11000元左右。刚入住楚园时，刘女士参加了好几个兴趣班，每天忙得不亦乐乎，现在基本固定参加唱歌、弹古琴、跳广场舞和打拖拉机（一种扑克游戏）等活动，每天过得很充实。楚园的餐食非常好，得到老年人广泛赞誉，还有一家二级康复医院，可以做理疗或者接诊一些常见的老年病患者，老年人有点不适不需要到外面的医院就诊。刘女士说这里最大的不方便是出门有些麻烦，不仅需要提前请假，而且园区每周只有一次班车外出，由于不会开车，这让经常回市区办事、会友的刘女士觉得很不方便。但她的老伴感觉很好，因为他不想出门，每天都待在楚园里觉得很自在。

以上5个案例反映了住在武汉市不同类型养老机构的老年人的生活和感受。不难发现，收入和财富水平决定了老年人能住进什么环境的养老院、获得什么水平的服务，同时影响了他们参与活动的丰富性和结交朋友的层次，进而也影响了老年人养老生活的质量。

实际上，依照提供服务的属性，养老服务可以有如下几种类型（见表 2-3）。

表 2-3 养老服务的类型

	服务对象	供给力量	内容界定/标准	受益范围性质	本质属性	公共服务属性	公共物品属性
兜底型养老服务	丧失自理能力、无人照料且无经济能力的老年人	政府	相对标准化	包容性	权利	基本公共服务	纯公共物品
普惠型养老服务	全体老年人	社会+政府	相对个性化	一定排斥性	一般需求	公共服务	准公共物品
享受型养老服务	少部分富裕阶层老年人	社会	个性化	排斥性	高层次需求	非公共服务	私人物品

案例中的老年人均属于自理或半自理的情况，除了价格合理，他们对于养老院的环境、服务质量、医养结合的形式、餐食的口味以及组织兴趣课程的内容都有自己的诉求，老年人不得不根据自己的支付能力反复权衡比较，如果财务状况不佳又没有子女支持，想要住进心仪的养老机构就比较困难。

根据前述武汉市社区养老的现状，我们不难发现目前可提供的社区养老服务与欧美发达国家还有很大的差距，我们现在的社区养老实际上是居家养老的补充，是社区老年人服务中心提供的日间照料服务，而且仅有极少数社区能够提供；我们虽然也有社区嵌入式养老院，但大多空间狭窄、服务质量没有保证；而如"楠山有约"这种中心辐射式养老照护中心数量还相当有限，难以满足老年人的养老需求；"爱照护"的环境和设施都不错，但价格又有些让大部分老年人望而却步。而环境、服务较好且性价比较高的养老院，有些离家远且价格贵，这使得老年人对去养老院更加抗拒。而欧美国家完善的养老服务体系、专业的护理团队、丰富多彩的活动和政府兜底的保障，使得老年人更愿意在身体状况逐渐变差时提前入住退休社区，或者美国持续照料退休社区（Continuing Care Retirement Community，CCRC）。武汉市目前有 2 家机构（泰康之家·楚园和合众优年）与 CCRC 非常类似，这 2 家机构都有独立生活社区、协助照料和专业护理区。楚园与合众优年相比，活动更加丰富多彩，合众优年的特色在于对阿尔茨海默病患者的照料更为体贴。

由于绝大部分武汉市老年人的每月可支配收入为 2001~5000 元，普惠型养老院是老年人生活不能自理时的首要选择。截至 2019 年 10 月，武汉市所有养老机构（含社区养老）提供总床位约 21700 张，入住的基本上是 80 岁以上的老年人。截至同月武汉市仅 80 岁以上的老年人就有 25 万人，如果按照国家倡导的"9073"工程，即使只考虑 3% 的 80 岁以上老年人享受机构养老服务，25 万老年人就需要床位数 7500（250000×0.03）张，而根据我们的调查，除了每月价格 4000 元以内的社区嵌入式养老院供不应求，当时武汉市稍大规模的民办独立养老机构普遍入住率为 30%~40%，多出的床位体现出明显不足的有效需求。因而，武汉市存在日益增长的养老院床位数与老年人有限的支付能力之间的矛盾。

本章小结

由于很多 20 世纪 30~50 年代出生的老年人为子女奉献很多，心理上期待子女养老的占绝大多数；再者，这部分老年人相对来说支付能力不如"60 后""70 后"，每月退休金在 3000 元左右的占绝大多数，因而大部分人也负担不起能提供良好服务的、环境好的养老院的费用，这使得选择居家养老的老年人占比 90% 以上。但老年人居家生活不能自理时主要由家人照料，如果长期卧床，更可能会导致家人身心疲惫，有些家庭成员甚至不得不提前退休回家照顾老年人。目前专业的居家养老服务公司十分匮乏，主要的服务提供者是家政公司，其工作人员主要做的是护工，无法提供专业护理服务。为了帮助老年人更好地寻求专业的居家养老服务，需要进行市场培育，一是要对老年人及其家属进行居家养老相关知识的培训；二是要由政府提供激励，使得市场上有更多公司愿意提供上门的专业护理服务；三是要给养老服务从业人员应有的职业认可和尊重，吸引更多有识之士加入。

武汉市现有多种不同的养老模式可供老年人选择，如居家养老、社区老年人服务中心、养老公寓、社区嵌入式养老院、公办社会福利院和民办独立养老机构等。老年人在身体健康、完全自理的情况下可以居家养老，参加社区老年人服务中心开展的文体娱乐活动，部分社区老年人服务中心还提供健康咨询、老年餐桌甚至日间照料、康复护理等服务，满足老年人的不同需求，武汉市政府倡导的"互联网+居家养老"智慧养老服务平台也在积极改进，以确保未来能服务更多的老年人。

当老年人生活不能完全自理，愿意选择入住养老院时，每月可支配收入在 3000 元以下的老年人只能选择居住环境、养老设施和养老服务都不尽如人意的由老旧小区居民楼改造成的民办独立养老机构，尽管如此，由于离家近，方便家人探望，这些养老机构往往还一床难求。而一旦可以接受每月起步价 3000 元（通常是自理老年人的入住价格）以上的价格，有些养老院居住环境会有所改善，管理更规范，性价比比较高，这时需要多方考察，找到相对更合适自己的养老院，但如果失能、失智，加上服务费每月可能支付超过 5000 元。每月可支配收入达到 6000 元的老年人选择面会更宽，能选择更好的环境和提供更好的服务的养老机构，这些机构通常设施齐全，将自理、半自理和完全不能自理的老年人分区照料，还根据不同需求定期给老年人开展丰富多彩的文娱活动，关注老年人的身心健康，在这些养老机构,失能、失智老年人每月费用可能升至 8000~10000 元。每月收费 3000~10000 元的养老机构有一部分号称医养结合,但并非都能提供保证质量的医疗服务,有些是离公立医院不远,养老院无法诊治的病患可以直接送到医院治疗。每月可支配收入达到 10000 元以上的老年人选择养老机构就比较随心所欲了,如泰康之家·楚园,从硬件到软件做到从舒适到舒心,满足了高收入阶层对养老品质的需求,但鉴于武汉市居民达到这一收入标准的老年群体有限,或者他们并不是都有入住养老院的需求,楚园至今只有 30% 的入住率。

参考文献

高传胜:《老有所依,当问谁?——人口和家庭结构新情境下养老服务模式再审视》,《甘肃社会科学》2017 年第 3 期。

张立斌、段亚梅、邓庆等:《公立医院医养结合养老模式的运行分析及思考》,《中国医院管理》2017 年第 4 期。

王梦苑、王方、曾东汉等:《医养结合养老模式下武汉机构养老资源配置的公平性分析》,《中国卫生统计》2018 年第 3 期。

林雷、刘黎明:《北京市老年人口结构与养老模式研究》,《社会保障研究》2018 年第 1 期。

陈坤、李士雪:《医养结合养老服务模式可行性、难点及对策研究》,《贵州社会科学》2018 年第 4 期。

边恕、黎蔺娴:《积极老龄化视角下的我国多维养老服务体系研究》,《辽宁大学学报》(哲学社会科学版)2019 年第 2 期。

郑娟、许建强、卓朗等:《养老模式对城市老年人生活满意度的影响研究》,《中国卫生事业管理》2019 年第 5 期。

龚志文、李丹:《从模式到服务:城市社区养老认知的重构——超越养老模式,从养老服务的角度深化养老服务体系》,《河南社会科学》2020 年第 11 期。

戴洁、肖益丹:《地缘养老模式下大城市社区体系建设与优化——基于武汉市 13 个社区的实证分析》,《中国行政管理》2020 年第 8 期。

第三章　与国外相关养老模式的对比与思考

一　Right at Home 的居家养老服务

国外有没有好的居家养老服务值得我们参考借鉴呢？

Right at Home 由 Allen Hager 于 1995 年在美国内布拉斯加州创立。Hager 曾是一名医院管理人员，他说他多次目睹患者出院后又返回医院，他认为患者回家后并没有得到足够的护理。据 Hager 说，该公司的第一位客户是一位退休的农民，他希望有人开着他的 1958 年的雪佛兰卡车载他四处走动，Hager 找到了一位合格的护理人员，这位护理人员会驾驶老式手动变速箱车辆，由此 Hager 创办了这家公司。2000 年，该公司开始在美国开设特许经营办事处，之后 Right at Home 的特许经营店开到了英国（2009 年）、中国（2011 年）、加拿大（2012 年）、爱尔兰（2012 年）、日本（2013 年）、澳大利亚和荷兰（2014 年）等国家和地区。Right at Home 已获得多项行业认可，2014 年，Right at Home 被列入福布斯"美国最佳特许经营权"名单的第 2 位，Mary Hartsock 被美国家庭护理协会授予年度护理人员称号；2015 年 5 月，Right at Home 荣获美国商务部颁发的优秀企业总统"E"奖，该奖项旨在表彰通过出口对美国经济做出贡献的企业，由肯尼迪总统于 1961 年创立。

那么 Right at Home 是怎么做好居家养老服务的呢？

您知道您爱的人需要帮助，您也很乐意给他们提供帮助，但是……有时您就是没有足够的时间和精力为他们做好所有的事情。为他们做饭、洗衣、打扫房间，陪他们去医院看病、做护理、理发、购物——您的压力太大，甚至影响正常的家庭生活。要知道，跟您同样处境的人有很多，这时候您需要居家养老的服务来帮助您解决所有的问题。无论您爱的人住在隔壁或千里之外，居家养老服务都可以帮到您。

这是 Right at Home 服务指南的介绍语，按照指南中的操作步骤进行可以确保客户年迈的父母、配偶或朋友获得他或她需要的正确护理。

（一）检查老年人居住环境的安全性，了解是否存在一些可以被清除的障碍

居住环境的便利性：安全、方便、附近有亲戚或朋友。

住处的安全性：居屋年龄、屋顶维修良好、窗户使用状态良好、屋子看起来是维护良好且安全的、从外门可以锁死、门内有窥视孔、窗户有围栏、窗外视线未被遮挡、安装有烟雾报警器、过道通畅没有堆积杂物。

地面：浴室厨房地面不打滑、没有松垮的地毯。

家具：沙发和椅子易于使用、桌子高度合适、床容易上下。

照明：灯具开关触手可及、重要区域光线充足、从窗户照射进的光不炫目、通道有夜灯。

厨房：水槽上有把手、水槽下有橡胶垫，经常使用的东西是方便够得着的，炉子上没放东西。

浴室：马桶、浴缸或淋浴间有扶手，浴缸或淋浴间有防滑条、手持花洒、防滑浴垫或地毯。

做好居室的适老化改造可以让老年人在家里感觉更安全,降低老年人自己在家中跌倒的风险。

(二)判断您家里的老年人是否需要护理

是否有迹象表明您家里的老年人的需求正在发生变化?有时候很难判断衰老何时会影响家里的老年成员。请不要忽视这些变化,因为小问题可能是一个警告,可以以惊人的速度发展成为更大的挑战。如果有如下现象发生,可能是时候寻求外部帮助了。

(1)老年人退出社交互动,或者对这些活动失去兴趣。

(2)出现异常行为,例如情绪激动、大声说话或根本不说话。

(3)出现营养不良或家里不再保持卫生。

(4)健忘,家里出现成堆未洗的衣物、餐具,脏的或烧焦的炊具。

(5)财务管理不善,不支付账单或购买不需要的东西。

为了更好地了解老年人出现的变化,请回答如下问题,以了解是否该聘请专业护理人员了。如果是,工作表还可以帮助您的护理员了解老年人的日常需要。

起床、沐浴、更衣、打扮、如厕、从座椅上站起来、吃一顿营养餐、走路这些活动能独立完成,还是需要协助完成,或是完全不能独立完成?

打电话、购买生活必需品、乘坐公共交通、管理财务、洗衣服、做简单家务、做饭这些活动能全部独立完成,还是有一些能独立完成,或是全都不能独立完成?

听力、视力、知觉、方向感、思维、记忆、做决定、判断、身体灵敏度、平衡能力等哪些因素影响了正常身体功能的运行?

力量、精力、膀胱/肠道控制力、关节炎、高血压、心脏病、糖尿病、身体畸形、沮丧等哪些身体机能下降和疾病引起了有些身体功能的正常运行？

（三）找出老年人需要的护理项目

当您注意到老年人的变化时，最好召开一次家庭会议，讨论老年人需要的居家护理清单，务必在清单中加入老年人自己的愿望。使用需求评估工作表作为指南。

如果老年人的思维和推理能力明显下降，请首先预约医生测试老年人的认知功能，不要假设认知能力下降是衰老不可避免的一部分，有些病是可以通过药物治疗和改善的。

弄清老年人可以享受的医保或社保福利，譬如医疗保险政策以及老年人及家庭是否满足领取高龄补贴或困难家庭补贴的标准。

要求居家养老机构专门根据老年人的身体需求、认知需求和目标制定护理方案。

尽可能多地陪伴老年人去医院就诊，充当老年人的另一双眼睛和耳朵，在必要的时候代表老年人表达诉求。

使用家庭安全清单来确保老年人的日常生活安排尽可能对老年人有益，使家居的装修和家具的摆放等都方便老年人行动。通过家庭安全清单，您可以在选择护理方法时显著地减少可能对老年人造成的伤害。

通用项

观察老年人的日常

视力检查

与医生讨论老年人的用药，确定对健康平衡的影响

确立简单的身体锻炼方式

洗手间

靠近浴缸、淋浴和厕所的扶手安装正确

浴缸或淋浴间的防滑表面

夜灯

地板上有防滑垫的地毯或浴垫

淋浴/浴缸长椅或座椅

所有房间

地面平整，没有缺少防滑衬底的松散的地毯或地垫

通行区域没有家具

墙上的电线和其他线紧贴墙面

配有开关和功能良好的灯泡的明亮照明

电话放置在可以从地板上触及的高度

卧室

床头柜带无头灯，有放下眼镜的空间

从卧室到浴室无任何行走障碍

舒适、坚固的椅子，方便穿脱衣服

厨房

物品放置在不需要用凳子就能拿到的地方

准备食物时有坐的地方

地板无裂缝、豁口或翘边

（四）在需要的时候寻求帮助

一旦确定老年人需要外部帮助，Right at Home 就可以帮老年人做评估，并创建一个定制的护理方案。确保由训练有素、忠诚、富有同情心的护理团队给老年人提供朋友般的专业护理，致力改善老年人的生活质量。

护理协调员在接到老年人第一个电话时，会做一个基本的需求评估，然后安排上门访问。

第一次拜访后，护理协调员会为老年人制定满足老年人特别需求的护理方案，并对服务提出详细的建议。

双方一起详细审查护理方案，并根据老年人及其家属的具体要求调整和修改方案，直到老年人及其满意为止。

一旦老年人同意了定制的护理方案，护理协调员将在综合考虑许多因素——如需要的服务、兴趣，以及护理员和客户的个性——后为老年人匹配最合适的护理员，如果老年人对某个特定的护理员有任何不满，可以马上安排替换。

1. 护理质量

每名护理员均经历过资格考试和多次面试，包括教育背景和社会关系调查。护理员都是经过培训并且在上岗之前获得担保的。护理方案开始实施之后，监管人员会定期到老年人家中拜访，确保护理工作进展顺利，并且护理员遵循的是定制的护理方案。

2. 需要特别护理的情况

照顾一位因生病或受伤而有特殊需要的病人可能会让人手足无措，这使得 Right at Home 成为全天护理或短期护理的最佳选择。Right at Home 充满爱心的、受过训练的专业护理员能照顾好各种有特殊身体和精神状况的病人，会在病人需要的时候提供正确的护理。这些特殊照顾情况包括以下几类。

（1）阿尔茨海默病和其他痴呆症

大多数阿尔茨海默病患者——尤其是那些处于疾病早期和中期的患者——可以居家接受护理。事实上，超过一半的阿尔茨海默病患者继续住在家里。Right at Home 为阿尔茨海默病患者提供的服务包括以下内容。

让老年人继续从事日常活动，并觉得安全

在熟悉的、不受限制的空间里自由活动

尽量缓解可能加重症状的压力

让老年人了解每天的时间和地点，认识身边的人和物

（2）骨关节炎

不能轻松地完成简单的日常任务会导致沮丧和抑郁，但在大多数情况下，骨关节炎患者可以通过适当管理关节过上充实而积极的生活。Right at Home 可以帮助患者减轻一些日常生活的压力，包括提供以下服务。

简单的家务和洗衣服务

准备娱乐活动

准备用餐

陪伴购物

（3）高血压/中风恢复

改变生活方式是控制和预防高血压的最佳策略，对于老年人来说，这通常意味着轻度锻炼和药物治疗结合。Right at Home 可以制定一个针对控制和预防高血压的方案来促进客户形成更健康的生活方式，包括以下内容。

制订一个轻松的锻炼计划

健康饮食计划和准备

监控日常和健康提醒

购物和杂事处理

（4）糖尿病

通过开展关于血糖水平影响因素的教育来帮助老年人控制病情，包括以下内容。

  制订一个轻松的锻炼计划
  陪伴购物或"跑腿"
  做好有利于糖尿病患者的健康膳食计划和准备
  监控日常和健康提醒

（5）心脏病

Right at Home 在心脏病的预防和护理方面有丰富的经验，可以为老年人定制一个方案，包括以下内容。

  制订/实施有益于心脏健康的饮食计划
  陪伴购物或"跑腿"
  协助日常活动
  监控日常和健康提醒
  协助进行医生指定的锻炼

（6）神经肌肉疾病和功能失调

神经肌肉疾病很复杂，因为它们会影响运动功能和认知。无论病情到了何种程度，护理人员都可以提供以下帮助。

  安全监督
  日常活动的协助
  帮助准备郊游
  监控日常和健康提醒

简单的家政服务

认知刺激

（7）癌症康复/姑息疗法/临终关怀

许多癌症患者觉得在家接受治疗更舒服，这样他们就不会被迫与家人、朋友和熟悉的环境分开。但癌症是一种会改变人际关系的疾病，需要家庭解决新的问题。

无论是只想减轻老年人在重病期间的痛苦，还是想提供临终关怀，都会给家人和护理员带来很大压力。当涉及癌症时，家庭护理通常是减轻家庭压力的好方法，Right at Home 可以让客户及其家人从繁重的日常活动中得到喘息的机会，从简单的家政服务到准备膳食，Right at Home 护理员可以在老年人的困难时期提供各种支持。此外，与临终关怀和姑息治疗机构合作，进一步满足客户及其家里老年人的需求。

（8）心理健康

无论年龄和身体健康状况如何，一些患有心理健康障碍的人在康复期间变得居家。焦虑、创伤后应激障碍（PTSD）和抑郁很容易影响整个家庭，而不仅仅是那些被确诊的人。

Right at Home 可以提供各种服务，帮助患者及其家人做更多的事情，而不仅是使患者在与精神健康障碍的斗争中活下来。当老年人需要应对居家现实的心理健康问题时，Right at Home 也可以提供帮助。

（9）外伤性脑损伤

家人有时会发现自己要应对大脑突然受伤的意外后果。这些创伤可能是轻微的，需要时间来治愈，也可能是严重的，会成为终生的伤害。无论是帮助一个家庭在有家人受伤后立即建立新的日常生活，还是为那些已经建立了护理体系的家庭提供喘息的机会，Right at Home 都可以提供很多服务。

（10）截瘫或四肢瘫痪

这些残疾（无论是先天的，还是事故或疾病造成的）对残疾人及其家庭照顾者会产生终生的影响。在这些情况下，照顾的负担通常是巨大的，需要外部援助。护理员可以以临时护理的形式为家庭照顾者提供支持，帮助脊髓受伤的人适应新的生活环境，他们也可以协助残疾人及其家人开展许多日常生活中的工具性活动。

如上就是一个有着20余年丰富居家养老服务经验的公司可以提供的居家养老服务。武汉市曾经也有一家提供居家养老服务的机构——护明德公司，其是美国一家连锁的特许经营养老机构，但开业6年并没有真正形成规模，且已经停业。可以说武汉市居家养老服务离真正的专业和可持续还有很长一段路要走。湖北省政协领导2021年5月8日在"构建居家社区机构相协调医养康养相结合的养老服务体系"月度专题协商会上指出，要大力发展居家社区养老服务，使老年人居家就能享受养老机构的专业服务。由于家庭养老床位节省了养老机构的建设和土地费用，有的城市试点发现，当达到一定规模后，投入1张家庭养老床位的费用是投入1张机构养老床位费用的1/5，居家养老服务机构提供越来越专业的且老百姓购买得起的服务未来可期。

（五）其他需要注意的问题

如果暂时找不到合适的居家养老服务机构，居家养老还有别的选择吗？

一位值得信赖的家庭成员、朋友或邻居可能是一个划算的选择，你也可以雇用一名非正规居家养老服务机构的工作人员来做护工。如果你要雇用民营家政公司的工作人员，请要求家政公司提供证明，证明它们对护理员进行了背景调查，以及具备必要的资质。家政公司应该告诉你它们是如何培训员工的，以及它们是否有24小时紧急调度服务。

如果你家里的老年人不需要太多的身体和医疗照护，可以咨询社区老年人服务中心是否有日间照料服务，这些往往是比私人家庭护理服务成本更低的选择。

1. 医疗授权委托书

很多老年人在意识清醒的时候没有签署医疗授权委托书，可能造成最后的医疗处置并不符合老年人的心愿。因此，建议老年人在意识清醒的时候签署一份医疗授权委托书，这样能确保在老年人失去意识的时候由其信任的人来代理其做决定。即使患者在意识清醒的情况下签署了医疗授权委托书，在签署相关医疗文书时也应当请患者本人签字，同时请受托人签字。

患者签署了医疗授权委托书并不代表患者自己放弃权利，治疗过程中的知情选择权应当由患者及其受托人共同决定。当患者与受托人意见不一致时，应当尊重患者本人的意见。但应让患者明确，受托人超出授权范围的代理行为无效。例如，如果某人陷入昏迷，则其受托人有权为其做出医疗决定。同样，如果一个人患上阿尔茨海默病，其理解能力和判断力会降低，这时则需要遵照医疗授权委托书以做出决定。

一份有效的医疗授权委托书有利于医生的决策。当涉及生命支持或绝症等问题时，澄清变得非常重要。可以指定多个顺序受托人，当发生紧急情况时，按指定的顺序决定联系对象的先后。

2. 财务授权书

财务授权书允许一个人提名一个（或多个）人来管理法律和/或财务事务。一旦签署了财务授权书，该人及其受托人都可以查询其的财务状况，他们分享管理财务的权利，但授权人保留资产的所有权。

3. 雇用护工时要问的问题

如果你决定接受上门护理服务，有几个问题你应该问居家护理机构，以确保家人的安全、健康和幸福：

如果指定的护理员生病了、离开这座城市了，或者出于其他原因无法继续提供服务，替代方案是什么？

谁来缴纳护理员的社会保险和医疗保险？

你能证明护理员是具有合法资质的吗？

你如何证明其护理服务已经完成了？

如果护理员在客户家中受伤，应该由谁负责？

你是否进行过护理员的犯罪背景调查？你了解护理员之前的工作经历吗？

如果家里发生伤害或盗窃事件，你是否有保险？

由于武汉的合众优年和泰康之家都是模仿CCRC设计建造的，您或许很想知道美国一个普通的退休社区能提供什么样的服务、老年人们日常都做些什么、和我们养老院老年人的生活是否一样，我们现在就来了解一下。

二 美国北卡的一个退休社区

Stoneridge Gracious Retirement Living（简称"Stoneridge"）是美国北卡罗来纳州（简称"北卡"）的一个退休人员社区。这个社区不仅仅是由墙壁和窗户构建的场所，它还是一个让老年人恢复独立性的地方，同时能使老年人享受厨师精心准备的饭菜、参与活动或与家人和朋友共度一个宁静的夜晚。Stoneridge让生活变得轻松、安全和有保障，同时减轻了居家生活的负担。这里专业且富有同情心的工作人员明白，每位老年人都是独一无二的，除了通过消除独居的困难来帮助居民重新独立，他们还认识到需要帮助居民发现或找到新的目标。作为一个活跃的老年人社区，Stoneridge是一个让人感到被爱和被需要的地方。居民在随心所欲地独立生活的同时，如果需要帮手，也可以利用社区提供的各种日常生活的外部帮助，例如洗澡、穿衣和用药提醒。

（一）社区的设施和服务

以下便利设施和服务让 Stoneridge 的居民过上他们应得的快乐、健康的生活。

每天供应厨师精心准备的三餐美食

贴心的 24 小时（含周末）住家经理服务

每周家政服务和更换床单

最先进的剧院

设施齐全的健身房

可预定的交通和购物

主题活动、事件和一日游

免费洗衣设施

无须进场费或设施租赁费

住家经理和管理团队

Stoneridge 有一个住家管理团队，每周 7 天、每天 24 小时提供服务。为了兑现对居民优雅生活方式的承诺，经理夫妇住在社区内。老年人若有紧急需求，可以使用公寓里的报警器，管理团队随时待命。管理团队包括如下人员：经理夫妇、助理经理、行政总厨、活动协调员、设施维护人员、巴士司机。

餐饮服务

在 Stoneridge，居民每天享用的三餐是由厨师精心准备的餐厅式菜肴。厨师几乎总是从头开始制作汤、意大利面酱和面包等所有食物。为确保饭菜既美味又营养，团队会安排营养师在开饭前试菜。用餐结束，厨师还会给每张桌子的老年人倒咖啡，了解大家的反馈。此外，厨师定期和居民开会，以收集建议和大家喜欢的食谱，以便为居民制定符合口味的菜单。居民除了可以通过特殊餐点和精美自助餐与大家一起庆祝感恩节、圣诞节、母亲节和父亲节等假期，还可以在私人餐厅与家人一起享受具有家庭风味的菜肴以庆祝生日和其他特殊纪念日。

专业护理和辅助服务

专业护理人员：护士、足科医生、理疗师、职业治疗师、语言治疗师。

生活服务：居民膳食、宾客用餐、专业厨师、餐厅风格的用餐、低/无钠餐、无糖餐。

交通服务：提供居民停车位、免费交通、方便抵达公交车站、露天停车场。

其他服务

家政、美容、洗衣服务/干洗、艺术课、烹饪班、教育演讲/终身学习、一日游和郊游、现场音乐表演、现场舞蹈或戏剧表演、伸展课、瑜伽/椅子瑜伽、健脑课、园艺俱乐部、小游戏、Wii 保龄球、活动现场、场外活动、社区服务项目、代际计划、烧烤或野餐、生日派对、舞蹈、节日派对

在 Stoneridge，社区为居民提供各种促进其形成积极生活方式的途径，使其享受优雅的退休生活。除了健身和体育课程，居民还有参与艺术活动、学习新技能、讨论现实问题以及旅行的机会，目的是不仅让居民能继续他们过去喜欢的活动，而且向他们介绍他们可能会喜欢的新活动。社区还提供各种智力和文化活动，包括创意写作课程、读书会和园艺俱乐部、各种讨论小组、创意艺术项目、烹饪示范等。定期组织户外活动，居民可以外出参观博物馆、画廊或观看音乐会和戏剧表演，鼓励居民利用各种机会继续学习和成长。

无论居民想参与针织、绘画或加入园艺俱乐部，尝试餐厅大厨推出的新菜，弹钢琴还是学习新事物，他们都将有机会在 Stoneridge 重新发现自己的目标。社区可为居民量身定制活动计划，表 3-1 为 Stoneridge

表 3-1 Stoneridge 2021 年 6 月 20~26 日一周活动安排

时间	周日	周一	周二	周三	周四	周五	周六
9:30		跟着 Legacy 锻炼身体	健身:太极	郊游活动	轻柔的椅子瑜伽	单车运动	
10:00		Ted 演讲	电视节目				棒球游戏
10:30	保龄球				厨师教做菜	每日面包祈祷	
11:00		《圣经》学习与圣餐/词语接龙游戏	画画		纪录片	纪录片	自选游戏
14:00		麻将/纪录片	拼字游戏/纪录片		填字游戏	地掷球	宾果游戏/拼字游戏
15:00	教堂活动/父亲节花车	椅子排球	艺术和手工艺		保龄球	宾果游戏	
16:00	话题讨论:地球天使	宾果游戏		玫瑰圣经和圣餐		Stoneridge 小夜曲	步行俱乐部
18:30			Blackjack 扑克游戏/电影	电影	电影	扑克牌/电影	
19:00	系列音乐会(现场)	电影		国际粉红日,穿粉红色			电影
备注	父亲节,夏天开始						

2021年6月20~26日的一周活动安排。

如果老年人开始感觉自己的房子空荡荡，并且在独自完成一些任务时感到力不从心，就该考虑搬迁到更舒适、更安全的地方了。这时候人们通常会考虑是不是该卖掉自己的房子，也可能害怕做出改变，这时Stoneridge可以提供帮助，和老年人一起解决问题，确定要实现的目标。

（二）社区提供的住宿价格和设施条件（所有房型都带小厨房和卫生间）

大单间（2595美元/月）

一间卧室的套房（3145美元/月）

两间卧室的套房（4445美元/月）①

房间设施：无障碍淋浴间、浴缸、无线网络/高速互联网、小厨房、私人露台或阳台、有线或卫星电视、空调。

宠物：允许带狗、允许带猫。

公共区域：户外公共区域、室内公共区域、主要街道商店、室内中庭、理发店、美容院、计算机或媒体中心、中央壁炉、图书馆、会议室、室外露台、电视休息室、休闲区、工艺美术中心、台球室、健身中心、游戏厅、电影室或剧院室、钢琴或风琴室、高架花园床。

月费包括每日三餐、交通、精彩的活动和每周的家政服务费用，如果需要其他帮助，例如药物提醒，可以使用第三方家庭医疗保健提供者提供的专业服务。

（三）日常活动

住在Stoneridge最大好处之一是有机会与他人互动和享受生活，

---

① 资料来源：Stoneridge的宣传资料。

这里提供各种各样的娱乐活动，鼓励居民进行社交。无论是玩刺激的纸牌游戏、欣赏现场音乐表演，还是尝试餐厅的新菜肴，社区的目标都是建立友谊、积极生活并尽情享受。

Stoneridge 定期组织文化活动以及一日游、博物馆游和其他名胜古迹的特别游览等。居民可以独立地享受私人空间，也可以随心所欲地社交。每天都有各种安排好的活动和机会与朋友和邻居一起玩耍。

（四）社区内的交通

Stoneridge 的居民交通服务可以做到随时准备好带居民前往想去的地方，无论是前往预定的约会地点、购物场所还是其他有趣的郊游地点，只要按要求提前预约就可以。车上还提供免费咖啡和点心。

> 每周的交通服务
> 周一上午 9：30～11：00　沃尔玛
> 周二上午 9：00～下午 3：00　医生访问
> 周三：郊游
> 周四上午 9：00～下午 3：00　医生访问
> 周五上午 9：30～11：00　Target 购物

三　澳大利亚墨尔本一家养老院

Victoria by the Park（简称"Victoria 养老院"）位于澳大利亚墨尔本，是一家拥有 70 张养老床位的老年护理机构（也称为疗养院、养老院），可俯瞰墨尔本埃尔斯滕威克美丽的 Hopetoun 花园，拥有符合最高国际标准的优质家具和装饰。Victoria 养老院鼓励居民携带珍贵的纪念品入住。社区的刺激活动计划是由 Diversional Therapy 团队策划的，旨在通过鼓励持续的家庭参与和积极的社区团体参与，使有不同护理需求的居民保持充满活力和充实的生活方式。这些计划在与居民和工作人员协商后定期修订，以确保居民对计划保持兴趣。这里提供各种活动，包括音乐疗法、刺激游戏、手工艺活动以及体育锻炼。每周 Victoria 养老院都会邀请特别嘉宾或演艺人员和老年人聊天、表演节目，还为居民提供专用巴士开展郊游活动（见表 3-2）。

（一）护理和生活方式服务

Victoria 养老院提供以下设施和服务：24 小时现场护理、现场准备新鲜营养餐、园景庭院和花园、刺激活动计划、美发沙龙、每日读报、理疗、足病治疗、图书馆。

这里的所有居室设备齐全，当班的都是合格注册护士且全天 24 小时值班，能提供永久性和临时（短期）护理。当老年人的护理需求发生变化时，无须搬家，可以原地升级护理服务。Victoria 养老院分为三层，以其豪华的家具和设施闻名。与澳大利亚老年护理设施的标准不同，这里的老年人不住在单间，而是住在套房里，套房包括起居室、阳台、小厨房、衣柜、卧室和浴室。这里是一个宽敞豪华的生活区，可更好地满足老年人的需求，并为澳大利亚未来的老年护理树立了标杆。套房的大小决定了住宿费用的高低。

Victoria 养老院的设计反映了当地老年人像生活在家里一样的愿望，老年人离原先居住的地方不远，方便家人和朋友来访，可以随时邀请家人和朋友前来共进晚餐。工作人员还教授老年人学习使用现代技术，使他们可以通过互联网与家人和朋友交流。

Victoria 养老院护理团队的所有成员都有联邦政府颁发的正式的资格证书，老年护理三级证书是最低要求，因而能确保提供优质的护理服务。团队尤其对物理治疗、言语病理学、足病学和营养学有丰富的知识储备和相关疾病护理经验。用药管理也仅由注册护士执行。护

表 3-2 Victoria 养老院的一周活动计划

时间	周一	周二	周三	周四	周五	周六	周日
9:30	团体健身	团体健身	美发			电影俱乐部	电影俱乐部
9:45			团体健身	巴士郊游	团体健身		
10:00		和××聊天					
10:30	早茶	早茶	早茶		早茶	早茶	
11:00	读报	谈话时间	填字游戏		绘画时间		天主教居民的"圣餐"
13:45	拼图游戏	猜谜	与××娱乐		与××娱乐		
14:00		记忆通道	手工/陶艺		欢乐时光		拼图游戏
14:30	下午茶	下午茶	下午茶		下午茶	下午茶	下午茶
15:45	大学生志愿者活动				瑜伽/冥想		
16:00	休息时间	休息时间	休息时间	休息时间	休息时间	休息时间	休息时间

注：××是当地的名人或者演艺人员。

理团队还与专职医疗人员保持紧密联系，在老年人需要的时候，能快速提供医疗建议。

（二）活动和生活方式服务

在 Victoria 养老院的生活方式和休闲协调员为每位护理对象制订个性化的日常生活计划。通过每天的团体活动、每周的巴士郊游、转移治疗和每月聚会，不断激发大家的活力和社会参与热情。

（三）额外服务和费用

Victoria 养老院提供经卫生和老龄部批准的额外服务。额外服务包括提供"酒店"类型的生活方式，如更高标准的住宿，更多的活动、娱乐和食物选择。

护理费：老年护理评估小组（Aged Care Assessment Team，ACAT）是由医疗、护理和专职卫生人员组成的团队，他们免费评估老年人的身体、心理、医疗、康复、文化和社会需求，并帮助他们及其照顾者获得适当水平的支持。ACAT 可能会推荐人们接受澳大利亚政府资助的居家养老服务包或社区养老服务包，因而，在进入养老院之前，需要联系老年人的全科医生评估并获得 ACAT 评估结果。老年人要交纳每日基本费用，由评估中心根据老年人的经济状况和需要支付的护理费及额外服务费来评估确定补贴标准。

住宿费：除每日基本费用外，入住老年人还需支付住宿费。住宿费的金额将根据套房的大小和位置设定。居民可以选择以可退还的住宿押金（RAD）、每日住宿费（DAP）或两者的组合形式支付住宿费。可退还的住宿押金是一次性支付的，每日住宿费每天结算；组合付款包括部分一次性付款和每日付款。当客户离开时，扣除相应金额后，住宿押金的余额将退还给客户。澳大利亚政府保证偿还所有可退还的住宿押金。

如果老年人因为搬家而导致私人医生无法再探望，Victoria 养老院可以帮助老年人从当地的医生名单中选择一位新医生，只需将老年人的病历并附上当前的医疗和用药情况发送给新医生即可，以便新医生与 Victoria 养老院讨论制订老年人的护理计划。

四　泰康之家·楚园长寿社区及其与国外养老机构比较

我们来看看泰康之家（楚园）长寿社区老年人的日常活动与国外养老机构有什么不同。

2020 年 7 月，泰康之家（楚园）迎来了第一批居民，这是一家民办连锁退休社区，是董事长陈东升率领团队在西方多国考察后建设的。泰康保险公司有雄厚的资金实力，泰康之家（楚园）走的是高端路线。这里环境优美、服务专业，一共有 4 栋楼，第 1 栋是康复医院，第 2 栋是护理区，第 3、4 栋是独立生活区。若入住的老年人或其子女购买了泰康的人寿保险，则无须交纳押金，否则入住前要交押金 20 万元，然后要办理 50 万元的乐泰卡，使用乐泰卡可以给月费打折。如果不打折，单人入住楚园独立生活区每月共需要约 1 万元（房费 8000 元左右/月+餐费 1800 元左右/月），打折后的每月费用为 7000~8000 元，倘若有家属同时入住，则两个人每月共需要 11000 元左右。

楚园的特色除了环境优美、设施齐全、服务专业、餐食可口之外，还有入住的居民整体素质较高（主要是高干高知），这个群体对精神生活的需求很高，楚园以丰富多彩的文体活动和兴趣班满足他们的需求。图 3-1 是楚园长寿社区 2021 年 6 月 28 日至 7 月 4 日的一周课程活动表。

对比楚园与 Stoneridge 和 Victoria 养老院的一周活动，发现有如下区别。

时间	6月28日 星期一	6月29日 星期二	6月30日 星期三	7月1日 星期四	7月2日 星期五	7月3日 星期六	7月4日 星期日
8:30~9:00	健康早操（经络操/八段锦）　四季花厅楚辞墙区						
◆参加课程活动请佩戴口罩,保持1米的距离	课程: 形体与舞蹈基础 (形体室) 10:00-12:00 活动: 党史学习 (视频) (活动室) 10:00-11:00	课程: 器材公开课 (运动健康馆) 10:00-11:00	课程: 书法(楷书)入门 (梧桐教室) 9:30-11:30	课程: 瑜珈课 (形体室) 10:00-11:00	课程: 趣味桥牌 (乐智游戏室) 9:00-11:00	活动: 党史学习 (视频) (活动室) 10:00-11:00	
◆如果您对课程活动有任何意见、建议或鼓励,欢迎联系活动部,感谢您的支持与信任	活动: 音乐疗愈 (观呷吧) 16:00-17:00	活动: 居民大会 (东湖厅) 15:00-16:00	课程: 乐活不倒翁 (运动健康馆) 15:00-16:00	七一庆祝活动: 致敬初心,接力奋进 (东湖厅) 14:30-16:00	课程: 心灵手巧 手工小组 (艺术工坊) 15:00-17:00 课程: 门球课 (门球场) 15:30-17:00	活动: 佳片有约 《钱学森》 (欢唱吧) 15:00-17:00	活动: 花厅交谊舞会 (四季花厅) 16:00-17:00
18:30~19:00	健康晚操（十二功法/八段锦）　四季花厅楚辞墙区						

图 3-1　楚园长寿社区 2021 年 6 月 28 日至 7 月 4 日一周课程活动表

（1）楚园的老年人早上 8:30 就开始早锻炼了,Stoneridge 和 Victoria 养老院的老年人 9:30 才开始早锻炼；楚园的老年人晚 7:00 就结束了一天的活动,Stoneridge 的老年人晚 7:00 开始看电影、看音乐会等,而 Victoria 养老院（这里是疗养院,老年人的年龄偏大）的老年人下午 4:00 以后就没有安排任何活动了。

（2）楚园的老年人上课比较多,课程多是兴趣班,老年人们可以通过学习提升技能；Stoneridge 的老年人参与游戏比较多,老年人们通过游戏促进互动；Victoria 养老院的老年人与特别嘉宾或演艺人员聊天、娱乐比较多。

（3）楚园的活动多是娱乐活动,如唱卡拉 OK、跳交谊舞等；Stoneridge 的活动更偏知识性,如观看 Ted 演讲、纪录片等；Victoria 养老院老年人们定点的早茶、下午茶时间最多。

（4）Stoneridge 每周举行一次现场音乐会、一次郊游、一次话题讨论，以及每周组织两次购物活动，有新成员加入时还组织欢迎会，让新成员向大家介绍自己；Victoria 养老院尽管居民多在 80 岁以上，同样每周组织一次郊游活动，还有一次大学生志愿者的活动，三次与当地名人或演艺人员的互动活动，类似的活动在楚园没有。

通过对比我们不难发现，Stoneridge 开展的活动更注重老年人的自主性、独立性和参与性，Victoria 养老院组织的活动注意促进老年人的交流，这两个机构一个是退休社区、一个是养老院，每周都组织老年人外出活动，保持老年人与外部世界的连接，而不是将其关在一个美好的"大盒子"里，这些更符合"积极老龄化"倡导的理念。

Melissa J. Minney 对澳大利亚阿德莱德一家老年人院的 13 名老年人进行访谈发现，尽管他们原来对入住养老院有着远离家人、不自由、丧失主动权和感觉被照顾会失去自尊等刻板印象，但他们在离开自己漂亮的房子住到养老院后，获得了很好的服务，过着舒心的生活，保持了身心健康，还能开展有质量的社交等，让他们感觉从居家到养老院生活的转变并不那么恐怖。

Melissa 指出根据运营主体划分，美国的养老地产有两种类型，一是由各州房屋管理局（Housing Authority）负责的面向低收入老年人的公共住房，社区中配有养老服务协调员，提供一定的养老服务支持，62 岁及以上的低收入老年人可以申请入住，租金约占退休金的 30%；二是由营利性或非营利性机构运营的面向中高收入老年人的养老社区，入住的老年人需要支付一次性会员费、每月固定设施使用费以及所需服务项目的费用。按照服务类型和护理程度的不同，养老地产又可分为四种类型，即独立生活社区（Independent Living Community，前面说的活跃退休社区属于此类）、协助生活社区（Assisted Living Community，提供一日三餐，打扫房间，亦可选择帮助洗浴、穿衣、喂药、如厕等服务，价格通常在 2500~5500 美元/月）、专业医疗护理养老院（Nursing Home/Skilled Nursing Facility，类似我们的医养结合型养老院，价格通常在 4000~12000 美元/月）和一站式的持续护理退休社区（Continuous Care Retirement Community，如始建于亚利桑那州的太阳城）。对于中风、失智或术后需要半护理服务的老年人，可以入住有特殊服务的协助生活社区或专业医疗护理养老院，选择临时看护（Respite Care）、记忆恢复（Memory Care）、护理康复（Nursing/Rehab）等服务。体系化的适应不同需求的养老地产已经成为美国老年人选择养老模式的重要保证，老年人可以根据自己的经济能力和需求选择不同的社区，甚至可以去往其他州选择适合自己的养老服务。

美国的养老机构分为公立和私立两种，公立机构比较便宜，但申请人数较多，等待时间较长；私立机构价格偏高，但条件较好。位于波士顿的 Beacon Hill Village，由社区居民于 2002 年建立，是一种会员制的邻里互助型养老模式。A Village to Village Network，即一个村对村的网络，宗旨是自己照顾自己，目前有来自数十个州甚至世界各地的老年人加入。BHV 作为其管理机构，是一个非营利组织，对会员收取少量费用，以保持老年人在村里的交通便利、各种运动设施的维护、草坪修剪等，他们为数百名 50 岁以上的居民提供教育娱乐、运动保健等各种服务，支持其居民积极、健康、独立地生活，提高其居民的社会参与度，并满足其表达的需求和愿望，使其成功地适应变老，现在全球已经有 350 个这样的村庄。

北欧的福利国家瑞典主要养老模式有三种，即居家养老、服务型公寓养老和公立或私立养老院养老。政府为缩减养老投入大力提倡居家养老。当老年人患有需要护理的慢性病时，可以向政府申请居家养老护理服务，服务内容由一个包含医生在内的健康管理团队根据老年人具体需要确定，个人只需支付上门服务费用的 6%，其余由地方和中央政府支付；当老年人需要更多专业护理但家庭护理不足以满足需求时，服务型公寓是更好的选择；而至完全失能失智时，老年人就会选择去私立养老院。李丹指出荷兰生命公寓里的工作人员被鼓励认同老年人的主张，反对过度照顾老年人，让老年人做自己生命的主人，同时让老年人获得更高的价值感。

五　完成从独立生活到辅助生活的过渡——辅助生活社区

辅助生活社区适合需要一些个人护理帮助的不能完全自理的老年人，通常需要护工在洗澡、穿衣、如厕、转移床位等方面的帮助。当老年人逐渐不能完全自理又不想入住备感束缚的养老院时，子女或其他亲属可以帮助老年人入住能提供辅助生活的社区作为过渡。

住在辅助生活社区的老年人通常有一种或一种以上的疾病，这限制了他们独立生活的能力，但他们通常很活跃。辅助生活社区居民的常见病包括高血压、关节炎、心脏病和早期痴呆症。如果老年人在个人护理方面例如洗澡和梳洗、用药提醒、防止跌倒，甚至参加社交、外出活动、防止孤立等方面需要帮助，但又不需要 24 小时护理，辅助生活社区可能是最好的选择。

（一）入住辅助生活社区的通常的流程

（1）查看老年人的病史，以全面了解老年人的健康状况。

（2）进行身体功能评估以充分了解潜在居民的健康状况和护理需求。

（3）制订护理计划，说明将提供何种类型的护理服务。

（4）填写入住表格。

（二）什么时候是入住辅助生活社区的最佳时间？

一些家庭可能会为让年迈的亲人搬到老年辅助生活社区的决定而挣扎，但总会有一天，年迈的亲人独自生活不再安全。当打电话或拜访年迈的亲人时，请注意其可能需要帮助的迹象。认知能力（清晰思考、学习新技能和记忆的能力）下降可能导致不安全的行为，有时甚至危及生命。在探望父母时，应寻找认知障碍的迹象：

老年人看起来更健忘还是更困惑？

您是否注意到老年人的情绪波动或变化？

他们是否经常在谈话中失去思路？

他们会在熟悉的地方迷路吗？

他们看起来更焦虑或更烦躁吗？

他们是否开始缺乏活力？

他们抑郁了吗？

还有可能老年人的外表和卫生状况发生了变化，这表明可能是时候谈谈不同的生活安排了。譬如老年人无意中突然迅速减轻了体重，这可能是严重健康问题的征兆，但也可能预示着抑郁、认知问题，或妨碍良好营养吸收的行为改变，例如行动不便或经济拮据。

如果通常衣着整洁的老年人看起来凌乱不堪，或者他们通常干净的房子看起来肮脏或杂乱无章，这些可能表明是时候搬家到辅助生活社区了。

（三）是否真的必须搬到辅助生活社区？

在家中照顾年迈的亲人可能会发现与其同住并不顺利，并可能意识到这种生活安排正在损害与其关系，甚至有些家庭照顾者感受到的压力影响了照顾者自身的健康。照顾年迈的亲人是一项重大责任，有时会引起矛盾。作为护理人员，重要的是考虑以下几个问题。

（1）您能提供父母需要的照顾吗？有些人可能愿意洗衣服和打扫卫生，但可能不愿意为父母提供所需的个人护理，例如洗澡和如厕。

（2）照顾父母是很费时间的，为父母提供照顾是否会使您的其他关系紧张？看护父母会影响您与配偶和孩子的关系吗？

（3）您是否感到筋疲力尽？您觉得一直忽视自己的健康吗？照顾年迈的父母会使照顾者面临压力和患抑郁、慢性病（如糖尿病或心脏病）的风险。

如果您不能再照顾年迈的亲人，可能就是时候考虑辅助生活社区了。许多家庭照顾者对他们让老年人搬到辅助生活社区的决定感到内疚，但实际上这可能会改善和提高其与年迈的亲人的关系、老年人的健康和生活质量。

在为年迈的亲人选择辅助生活社区时，请考虑以下问题。

（1）地点。是否最好在您父母目前居住的同一区域选择一个辅助生活社区？或者是否将他们重新安置到离您或其他家庭成员更近的地方？

（2）服务。列出老年人的优先需求，并评估辅助生活社区能否提供满足这些需求的服务。请务必询问辅助生活社区提供哪些服务以及哪些额外费用。

（3）膳食。每天提供多少餐？每月基本费用是否包括零食？膳食设计是否考虑了老年人的营养需求以及老年人特定的饮食限制？

（4）护工资质。护工有哪些培训或证书？护工看起来友好且专业吗？现场有医生和护士吗？护工与老年人的比例是多少？

（5）便利设施。哪些便利设施对老年人很重要？例如，社区有花园、健身房或游泳池吗？多久提供一次家政服务？洗衣费包括在月费里吗？提供哪些交通服务？

（6）社交活动。您家的老年人有什么爱好或特别的兴趣吗？请务必询问辅助生活社区是否提供这些特定活动，并索取社区活动和安排的日历。

（7）健康。辅助生活社区提供哪些健康和锻炼计划？行动不便的居民是否有可以替代的方案？

最好的了解途径是找一天访问辅助生活社区并体验其生活，访问辅助生活社区可以让您有机会看到建筑物、评估清洁度、见证员工与居民的互动、尝试用餐、参加活动以及与其他居民交谈。在访问之前，可创建一个问题列表，其中包括安全协议、便利设施、员工培训等主题。如果无法亲自访问，大多数辅助生活社区提供虚拟游览。

（四）如何将老年人转移到辅助生活社区？

老年人可能会对转移到辅助生活社区感到内疚或紧张，采取循序渐进的方法可以缓解其焦虑，并使行动更加顺利。

1. 与老年人谈论辅助生活社区

很多人害怕与年迈的亲人谈论搬到辅助生活社区的问题，养老往往是一个困难但重要的话题，家庭最终无法回避。在紧急情况出现之前定期就老年护理进行对话通常是最好的，提前计划将使老年人有时间考虑各种养老模式并讨论需要做哪些准备工作。如果老年人的心理健康，尽量让他们参与讨论，最好留出专门的时间，不受干扰地讨论他们的需求和可能的解决方案，最终达成一致意见。

2. 与老年人谈论辅助生活社区的技巧

选择合适的时间，安排一次家庭会议，明确想讨论的内容。

要有同理心，提出开放式问题并倾听老年人的回答。例如，当老年人正在努力管理他们的健康问题时，询问他们对此有何感受，让他们知道您关心他们，只是担心他们的幸福。

设置正确的基调。强调家人作为老年人的健康和安全倡导者的角色。讨论潜在的问题解决方案，并列出利弊。

事前做足"功课"。在召开家庭会议之前寻找与老年人的需求和兴趣相匹配的潜在辅助生活社区选项，与老年人分享宣传手册、图片和信息，让他们参与决策。

重温对话。通过对话可能不会立即与老年人达成共识，在为老年人找到合适的护理解决方案之前，请准备好进行多次对话。

（五）搬家之前的"断舍离"

在搬到辅助生活社区之前帮助老年人"断舍离"可能是一项艰巨的情感任务。家里所有物品可能充满了老年人不想放弃的珍贵回忆。但在决定带走或留下的物品之前，重要的是了解老年人搬家后将拥有的空间。在搬家前查询辅助生活社区的平面图和尺寸可能会有所帮助。

辅助生活社区通常配有家具，但许多社区允许居民携带个人物品，带上一些珍贵的物品可能会让老年人感觉新的居住空间更像一个家。

打包时，可考虑携带以下物品。

（1）个人物品，如药物、洗漱用品、衣服、照片和纪念品、珠宝和眼镜。

（2）娱乐用品，例如书籍、业余爱好用品、电脑或 iPad。

（3）家庭用品，如衣架、毛巾、床上用品以及少量盘子、杯子和炊具。

（4）装饰品，如植物、镜子。

（5）家具，如最喜欢的躺椅、书桌或梳妆台。

（6）清洁用品，如洗洁精、纸巾和面巾。

（六）获得搬家帮助

计划搬家当天的交通。让老年人搬迁到离子女或其他家庭成员更近的辅助生活社区，这一点尤其重要。考虑谁将陪伴他们，使用哪种交通工具最舒适，如果老年人行动不便，一定要安排额外的时间。

在老年人到达之前整理好他们的房间，可以摆放他们熟悉的物品以及家人和朋友的照片等，让他们产生家的感觉。以一种让他们想起以前的家的方式放置他们的物品，营造一个平静、舒适的空间。

在搬家前一天，还要记得做以下几件事。

（1）使用邮政服务设置邮件转发。

（2）取消当前的公用事业（水电气）服务。

（3）通知其他家人和朋友老年人的新动向。

（4）将辅助生活社区联系方式添加到联系人通讯录。

（七）如何缓解老年人向辅助生活社区过渡的紧张感？

一是要乐观。关注搬家后的积极方面，例如辅助生活社区开展的各种活动、安全和社交互动，但不要忽视老年人的担忧。可以通过与社区工作人员交谈了解应做些什么来改善老年人的住宿条件。

二是鼓励参与。如果老年人参与社区活动，他们会感到更愉快和自在。与他们一起查看社区的活动日历，看看哪些内容符合他们的兴趣。

三是定期访问。制订经常访问计划可以减轻老年人对被遗弃的恐惧。与其他家人和朋友一起制定面对面或在线访问时间表，但也要留出时间让老年人结交新朋友并独立参与社区活动。

四是参与照顾老年人。与社区工作人员保持联系，了解什么进展顺利、什么不顺利，并积极参与老年人的护理。

目前国内还缺少为老年人建设的专业的辅助生活社区，前文提到的百步亭金桥汇养老公寓就是一个辅助生活社区，罗女士因为不想自己做饭且热爱社交活动选择了养老公寓。辅助生活社区在武汉市通常是作为养老院内的一个区域而存在，但一旦住进了养老院，尽管是活力老年人，也要遵守各种规章制度，便没有那么自由，这对于那些对自主性要求比较高的老年人来说是难以忍受的。

随着未来 10~20 年内 "60 后" "70 后" 独居的老年人和空巢老人逐渐增多，父母独自生活的安全性无疑是无法伺候在侧的独生子女最为关注的问题。辅助生活社区或者叫养老公寓、退休社区既能使老年人保持相对独立的生活空间，又能使其随时得到专业、及时的护理和照顾，还能使其投入丰富多彩的社交和兴趣活动，可以有效延长老年人独立、有质量的生活的时间，使他们在不能完全自理时依然保持某种程度的自由，而不是使他们过早进入养老院接受一种完全被监管的状态。

本章小结

美国有独立生活社区、辅助生活社区，也有大型的太阳城那样的退休社区，退休老年人搬进去以后可以一直住在那里，根据需要选择独自生活或照护服务，是居家养老之外的另一个选择，尤其适合那些独居又觉得被孤立因而渴望社交的老年人。独立生活社区是为一些活力老年人设计的；而辅助生活社区是为需要人协助生活却又不需要 24 小时护理的老年人设计的；住在退休社区的老年人能找到志同道合的同龄人，分享兴趣爱好、参与社交互动，比独自居家养老的老年人生活更丰富和容易。

本章介绍了深受美国家庭欢迎的著名品牌和三大护理服务商之一 Right at Home 提供居家养老上门服务的内容、流程、注意事项。从家居如何进行适老化改造，到如何确保养老服务人员能规范服务，避免可能发生的安全隐患等，无论是对有居家养老需求的老年人，还是服务提供商，都具有很好的实用价值和借鉴作用。继而介绍了美国北卡州卡里市的一个退休社区 Stoneridge，以及澳大利亚 Victoria 养老院里老年人的养老生活，并与武汉市的泰康之家·楚园进行了对比，发现国内退休社区老年人的生活和美国老年人同样丰富多彩，但 Stoneridge 和 Victoria 养老院开展的活动更注重老年人的自主性、独立性和参与性，并且更多考虑帮助老年人保持与外部世界的连接，如组织郊游和与名人互动，而泰康之家·楚园每周仅有一次班车可以让老年人选择出园。与外部世界更多互动更加符合世界卫生组织倡导的"积极老龄化"的理念。

当老年人自理能力下降，需要从原来自己的家或独立生活社区转向辅助生活社区时，老年人的家人有很多问题需要认真考虑，以帮助老年人渡过难关。辅助生活社区的好处在于，既能帮助老年人尽可能保持独立性，又能在需要的时候给予其及时的帮助。生活在辅助生活社区的老年人能得到整个护理团队为社区居民打造的专属服务，又有机会享受活跃的、充分社交的老年生活，这是患有慢性病、生活不能完全自理的老年人最好的选择。美国的退休社区遍布全国，辅助生活社区也越来越流行。在武汉市，虽然泰康之家·楚园和合众优年里都设有辅助生活区，但并非真正意义上的老年人享有很大独立性和自主权且与外部世界依然保持充分连接的社区。在不久的将来，随着有消费能力的"60后""70后"逐渐老去，他们的子女又多是独生子女，难以担负家庭养老的重任，对这种关注老年人内在需求和独立性的辅助生活社区必然会有更大的需求。

本章最后系统介绍了辅助生活社区可以提供的服务、与独立生活社区和养老院的区别、选择辅助生活社区的必要性，并为子女帮助老年人完成好从独立生活到有人辅助生活的过渡给出了详细的建议。

参考文献

Y. Minne, J. Melissa, et al., We Had a Beautiful Home. But I Think I'm Happier Here: A Good or Better Life in Residential Aged Care, *Gerontologist*, 2016, 56（5）：919-927.

李丹、张晶晶、杨小仙等：《荷兰生命公寓对我国养老模式的启示》，《中国护理管理》2018年第9期。

第二部分　关于老年的认知

第四章　老年人的身份认同与整合

理想状态下，老年人应该成为一个社会中传统的传递者、先祖价值标准的保护者以及延续性的承载者。在科技高度发达的今天，老年人保守的价值观受到质疑，也难以继续提供延续性，他们会发现自己正在被社会淘汰。如果他们缺乏技术知识，也得不到子女和孙辈给他们提供的一些科学训练和新设备使用知识，从而不能与社会保持同步，他们所传授的经验性知识常常会显得过时，他们也会感到被社会遗弃，没有用处。到了老年，对自己处于生命周期的什么位置以及这个在位置的巨大优势是什么应该做出成熟的评估。

有些老年人的自我认同建立在自我优越感上，他们一辈子都在与同龄人比较，一旦那些标志自己身份认同的特征丧失，他们会感到惊恐和绝望，因为这是他们一直以来自尊与自信的根源，这就导致一种认同感混乱——我不再是原来的我，那我现在是谁？

退休是一个艰难的心理调适过程，很多人会面临重新认识自我的问题，尤其是那些组织归属感特别强，把职业身份作为主要身份的人，更不用说退休前担任单位要职或者处于领导岗位的人了——比如说，我不再是局长、高工、师傅，那我是谁？那些从重要的拥有权力的岗位上退下来的人会经历更严重的混乱。这种身份认同的缺失带来的后果往往是对自身价值的否定，不少人会因此产生心理上的巨大落差，变得郁郁寡欢、焦躁、敏感。同时，退休还常常伴随原有社交网络的中断（对于主要社交圈限于职业相关范围的人来说更是这样）

以及作息规律的改变，这些变化让不少老年人无所适从，产生被社会抛弃的感觉。

不仅职业身份没有了，也随之戴上了"老年人"的帽子，"老了不中用了"的想法始终在他们脑子里转，常常羡慕年轻人，还有那么多时间、那么多机会……

一　老年是生命周期的一个重要阶段

老年（old age）一般指人类自60岁开始的生命周期的一个阶段，生物学上可以指接近当前时代的预期寿命的年龄。一般来讲进入老年的人生理上会表现出新陈代谢放缓、抵抗力下降、生理机能下降等特征。头发、眉毛、胡须变得花白也是老年人最明显的特征之一。通常衰老过程被描述为一种不可避免的生理和心理衰退的过程，老年人经常被贴上体力下降、身体虚弱、缺乏控制（身体机能方面）和智力下降、健忘、思维僵化（精神方面）等标签，但这是一种刻板印象。

Seligman在发现被电击多次而无法逃脱的狗会放弃继续尝试逃脱，躺着不动接受痛苦后，提出习得性无助（Learned Helplessness）的理论，他认为当动物（或人类）心理上认为自己无法控制某件事情时，就会产生被动的消极行为。但也有越来越多的直接证据表明，衰老是由个人能够控制的心理、行为和环境因素共同作用的结果；对衰老有更多积极自我认知的人比那些对衰老有更多消极自我认知的人拥有更好的功能健康，平均多活7.5年。另有研究表明，记忆衰退的自我认知和对衰老的刻板印象是实际记忆衰退的可靠预测因素；同样的，对年龄的积极态度可以预防老年痴呆，即使这是遗传因素造成的。Pagnini的研究表明，一旦参与者经历了一个不受衰老自我认知和自我实现预言限制的不同的自我，他/她可能会意识到，自己定义的"衰老"实际上源自自己的心态（mindset）。

Erikson 将人的生命周期分为 8 个阶段，每个阶段个体都要面临和克服新的挑战，每个阶段都建立在成功完成前一阶段任务的基础之上。如果未能成功完成本阶段的挑战，则会在将来再次造成问题。65 岁以后是第八阶段（老年阶段），这一阶段的冲突是整合感与绝望感间的冲突，即个体要在整合感与绝望感之间取得平衡，并且运用智慧直面死亡，在身体和心理功能逐渐衰退的情况下，不断学习并将自身经验传递下去。中心任务是反思并接受自己的一生，以超然的态度对待生活和死亡。Erikson 于 1994 年去世，20 世纪 90 年代发达国家人们的平均寿命为 73 岁，因而他没有过多阐释个体 80 岁以后面临的情况。Erikson 之后提出了生命的第九阶段（老年晚期，80 岁以后）理论，认为个体会再次面临先前已解决的危机，人生第九阶段的绝望在很大程度上取决于个体对第八阶段人生的评价，它可以意味着最后的绝望和厌恶。根据 Erikson 的理论，在生命的第九阶段，由于精神分裂或感官敏锐度的丧失，人们可能会失去反思自己生活的能力，这意味着老年人将专注于他/她的日常生活，无论以前的成就如何。如果老年人勇于表现个性，则是对生命的彻底肯定。因为这有助于他们相信，如果某些愿望由于从前背负着许多与职业、家庭或子女教育相关的责任而不能达成，那么老年阶段依然有机会去实现，故而老年不仅意味着面对死亡，还意味着可以继续生活。Cynthia Brown 指出生命第九阶段的存在表明人类在其整个生命周期中都处于潜在的心理和精神成长状态，无论这可能持续多少年。对于正在经历整合感与绝望感这两个对立面冲突的老年人来说，应对这种冲突最重要的方式不是反思和回忆，而是对生活中的人、物、活动、想法、制度等的重要参与。社会需要老年人的勇气和他们参与维护世界的道德。

马斯洛认为，人的需求是有层次的，当一种需求得到相当好的满足时，下一个"更高的"需求就会出现，进而支配有意识的生活。

Goebel 的研究发现，所有年龄段的人都需要爱，爱相对于其他四种需求具有最高的表达水平，9~80 岁均未发生变化；老年人自我实现的需求略有减少，生理和安全需求则略有增加。这些发现反映的趋势与发展主义者如 Buhler 和 Havighurst 的理论相似，他们认为老年人的需求满意度会下降，老年阶段的任务更倾向于维持现状而不是继续探索。但是，Erikson 和皮亚杰等关于人格、道德和认知发展的观点已扩大到包括承认老年阶段进一步增长的潜力。

二 生命新阶段的任务

事实证明，大多数人并不害怕失去生命，但他们害怕失去人格尊严。活着，和健康地活着，和健康且有意义地活着，差别很大。2001 年，世界卫生组织公布了健康预期寿命（healthy life expectancy 或 active life expectancy）统计数据，健康预期寿命是指一个人在"完全健康"的情况下可预期的平均寿命，不包括由于疾病或受伤而导致的健康状况不佳的时间。2019 年中国人均整体预期寿命为 77.4 岁（男性 74.7 岁，女性 80.5 岁），健康预期寿命为 68.5 岁（男性 67.2 岁，女性 70.0 岁）。也就是说，当生活不能完全自理时，男性平均还可以继续活 7.5 年，女性则可以继续活 9.5 年。按现行规定女性 55 岁、男性 60 岁退休算，男性退休后有 7.2 年完全健康的时间，而女性则有 15 年完全健康的时间。

如果能采取适当的措施延缓衰老，人们的健康预期寿命会更长，这意味着人们可以有更充分的时间解决一些过去的人生中未能解决的问题，实现未曾有机会实现的心愿，获得更满意的晚年生活。

老年人或许能用几十年的工作经验来指导年轻人，成为领导者，就像电影《实习生》里那样；也有些已经退休的老年人重新回到工作岗位上，做一些他们一直想做的事，他们的可支配收入比以往任何时候都高；或者他们可以为社区做志愿者；或者自行创业；抑或帮子女带孩子；他们也可以重新回到学校，学习他们从前一直想学却没有获得的知识，这些是他们因年轻时选择错误或迫于其他原因而不得不放弃的。随着对角色转变的逐渐适应，他们或许能弥补过去生命中的一些遗憾，与自己达成某种和解：接受过往的不可更改和未来的有所期许，承认曾经犯下的错误或导致的疏漏，在随之而来的绝望感与整合感之间达成平衡，通过积极的参与和努力让生活继续。

老年人的智慧可以体现在他们能做到共情而非自私纵容，提供帮助而不具有冒犯性，为自己感到骄傲而非自以为是。很多老年人觉得自己随着年龄增长更加包容了，能从两面看问题了，但也有一些老年人似乎更加固执了。更加包容的老年人，实际上对自由观念进行了持续的整合，从而也在某种程度上加深了对他人固执风格的理解；有些老年人对自己的长寿感到歉疚，但他们作为家庭成员应尽的责任与其离开这个世界的意愿之间的冲突，便成了其想法中需要整合的一部分；有许多老年人同时和多种疾病做斗争，即使如此他们在脑力劳动、写作与表达、领导能力方面都远远超过年轻人；老年人可能通过关注孙辈的前程来实现自己关注未来的一部分意愿；年轻时就与长辈建立起连接的个体，譬如有些人曾经与自己喜爱的祖父母保持良好关系，能更好地适应老年生活。

（一）通过关怀下一代的成长获得繁殖感，又或者重新燃起曾经的愿望，沉浸于自己的创造力

有些老年人能够通过子女的成年来成功地确认自己的繁殖感。繁殖感包括生殖性和创造性两个维度，生养了子女的老年人会为子女的成就感到骄傲，同时也可能不无嫉妒，尤其当有些人因为养育子女而耗尽了自己的精力，不得不将个人的创造性让位于生殖性时。老年阶段是重新燃起个人愿望，沉浸于自己的创造力的时候了。例如，有些

老年人开始发展自己青少年时期就已经蛰伏的艺术创造力,如果做不到,其就体会到停滞感。人们越是找不到个人成就感,就越会把精力放在子女身上,与子女的关系对他们尤为重要。

祖父母的身份会给老年人提供获得繁殖感的第二次机会,老年人在养育孙辈的过程中可以学会表达支持性的关爱,并有助于修复与已经长大成人的子女之间的关系。指导和爱护孙辈能使老年人体验到关怀感和作为家庭中长者的价值感,同时不必具体担负养育责任。很多老年人还与自己的兄弟姐妹和堂表兄弟姐妹以一种交互性更强的方式互敬互爱,彼此经常走动和探望照料。

(二)通过与配偶的关系或与朋友或子女的替代性关系获得亲密感,并以此抵抗孤独感

老年人要面对和接受整个生命周期内曾经表白或未曾表白的爱。在对过往关系的回忆中,有的老年人会自发修改自己与早年配偶的亲密性(或许没有那么亲密,甚至经常闹离婚),把两人的关系描述成一直彼此相爱,为自己抵抗孤独提供一种令人欣慰的陪伴感。不能从配偶处获得亲密感(或没有配偶)的老年人,也可以与朋友或子女发展出替代性亲密感。

老年人因为身体健康状况发生改变,将不得不应对日常生活中的各种变化,包括日渐衰减的精力、职业生涯的终结和新兴趣、新活动的产生。强烈的自信心和能力感能够促进个体克服和调解丧偶后的孤独感;而强有力的孤独感与个体一生之中与配偶的亲密感相结合,则可以增强个体晚年的能力感和身份认同。

青年时期因为相爱而缔结的婚姻意味着个人认同与交互性亲密的融合,这种融合和彼此承诺是永久性的,甚至能够超越死亡和时间。治愈晚年孤独感的亲密关系的要素之一是以共同经历为基础的相互理解。可以通过友情替代缺乏的配偶亲密关系,但有些人所渴望的朋友似乎无处可寻。对周围人和社区的活动抱有更开放的态度，有助于老年人认识到不同人身上的优点，以寻求和他人之间相互支持，从而克服孤独感，改善不甚满意的生活环境。

（三）接受不断变化的自己，并调整和认同新的身份

在生命周期的最后阶段，老年人对自我的定义不仅来自自己一生中的选择和作为，还来自那些要送走他们并在日后追忆他们的后辈。老年人会关注自己的外在形象，因为这可能代表了离世后人们对他们的记忆。

一方面，要接受不断变化的自己——不能继续拥有过去一直以来给自己提供自我意识的外表和活动，有时候不得不按捺住跃跃欲试的冲动，做动作要照顾自己逐渐脆弱的身体，这意味着要与过去一生中长久存在的自己进行调和。另一方面，要积极参与生活——当身边的人逐渐离世，需要以积极的参与方式去结交新朋友、参加新活动，而不是与这个世界隔绝。

老年人要对身份认同做相应调整。必须思考一个问题：自己希望百年以后以什么形象和身份留存在亲朋好友的心中，是成功人士、好丈夫、父亲和公公，正直的、友好的、刻薄的、幽默的、古板的？认同感混乱会使得代际角色身份出现严重问题。

有些人在生命即将结束之时，会因为自己被列入家族世代史而倍感荣光，在思考过去的成就和满足感时，他们会审视自己的认同感。几十年来形成的信仰和价值体系使他们成为某种独特的存在，他们乐于接受自己现在的身份吗？如果不接受，有没有机会在剩余时间改变自己的身份？只有在生命的尽头，在做出选择并且选择的结果真实呈现在现实中而不是仅仅存在于想象中之后，人们才能确切地知道早年的选择对晚年的影响。在生命的最后阶段，有些老年人会思考家族的传承问题，确保自己的特殊身份——某种天赋或者企业家基因得以在子孙后代中发扬光大，甚至自己未能达成的身份认同以辅助子孙达成的方式获得替代性认同的满足感。

不断发展、日趋成熟的终生认同感也会引导老年人观察到自身随时间推移而发生的变化，有些老年人变得更富有同情心，在自己家族逐渐发展壮大的前提下，开始关注他人，把自己一生之中的关怀转化为同情那些与他生活条件完全不同的人；有些老年人可以享受孤独，有些老年人则害怕面对不得不独自度过的时间。

作为老年人，他们是有经验的，但有时候那些经验是跟不上时代的。必须重新面对认同感和认同感混乱的问题，将当下体验与在早年生活中形成的价值观、信念和承诺进行整合，这对于老年人巩固和加强终生的自我意识是必不可少的。老年人利用这期间的新体验有助于促进自我治愈、成长和改变，与新一代的良好关系也可能唤醒和释放源自过去的关怀、爱和忠实。

（四）使自己的技能找到新的应用领域，或发展自己的勤奋感以学习新的技能

老年人在生理和感觉方面的退化，使得个体曾经长期依赖的体力、感觉敏锐度和精细运动协调性等技能慢慢衰减。于是，生命前期形成的自我效能感成为一种必不可少的心理资源，使人们在面对自己不再轻松自如或完美无缺的活动表现时，可以保持自我完整感。老年退休人员面临的挑战就是如何超越不可避免的自卑根源，通过回顾和调和这些早期的工作经验，老年人试图整合自己终生的能力感，并借此安度余生。老年人在职业生涯中获得的良好的社交技巧和管理能力，有助于其在退休后通过做志愿者重获信心，感受到自己的价值；对有些家庭生活不幸福的老年人来说，从工作中获得的自豪感和成就感能弥补在家庭生活中的失望和不足；而对于那些在家庭生活中感到沮丧，却又无法通过工作发挥自己其他优势的老年人而言，他们的心

理优势的储备要薄弱许多，这种整合感的不足会导致绝望感。

较低的受教育程度和自我效能感会引发自卑，有些人会谴责是环境因素或运气不好从而造成自己如今陷入贫困和孤独的处境，由此导致的不满会影响个体与家人的关系，甚至造成与子女的疏离。有时候通过转换工作领域，依靠勤奋努力实现财务目标会降低这种自卑感。有更高成就需求的人往往不满足于实现较低的财务目标，尤其由于自身选择领域而导致的职业成就感不足造成其在与他人比较的过程中产生失望感，进而会严重削弱几十年工作之后其本应获得的自豪感。而当科技进步和时代变迁导致某些职业变得不再重要，那些依靠这些职业技能获得控制感的老年人则会更加心酸。

那些拥有某些技能的老年人，退休后可能为他们的技能找到新的应用领域，从而很享受退休生活。出于个体内部动机或靠自律驱动，他们还可能发展出新的勤奋感，表现在乐于学习新技能或运用自己的技能为社会服务。相反，有些退休人士由于不能继续追求毕生的兴趣，或者无法找到新的出口而陷入对过去曾获得成就的无限回忆。

开始居家养老新生活的老年人，可能发展出一套全新技能以使自己的居家生活井然有序，譬如重新装修自己的房子，从而让自己的能力得以再次展现，或许能因此获得新的成就感；老年人因身体疾病和受限的社会机会而难以继续展示自己的能力，产生的最根本的伤害是他们在成年世界的持续参与中遭到挫折。子孙后代的成就可以抵消部分老年人因自己现在和过去的失败所产生的失望感。承认自己对后辈的坚定意志力和严格自律性负有一定的代际责任，可以提升老年人自己的终身成就感和能力感。

（五）选择一个想要实现的目标，主动参与活动，有助于弥补从前因为不够主动而造成的遗憾

进入老年期后，由于有些身体机能的衰退，有必要在有目的的活跃性和必要的休止状态之间找到令人满意的平衡。

有些人在缺乏外部力量和要求的情况下，没有能力自主开展任何令人满意的活动。退休后，有些人不再有足够的兴趣去参加聚会，与老同事和距离较远的亲朋好友逐渐失去联络。还有些人很难接受精力日渐消退的现实，他们终生的自我认同感使得他们无法认识到新的局限性，也就无法形成新的令人满意的活动能力，或者不能形成新的内在的自我认知。

继续工作、重新装修房子、发展新的艺术爱好和积极运用感官进行审美活动等都是主动性的体现。保持活跃地以自己的动手能力去解决生活中遇到的各种问题，或创造出一些有用的东西，都是愉快的消磨时光的方式，同时保持了与社会的连接。

还有些老年人向孙辈学习智能手机应用、去旅行、拜访老朋友等，这些活动比在家里经常翻看老照片有更强的对日常生活的参与感。

有些人对过去生活中没有发挥主动性的事件有异常强烈的内疚，以至于他们很难在当下的生活中表现主动性，尽管这对获得令人满意的毕生目的感至关重要。例如，电影《野草莓》中的男主角，由于年轻时没有对自己喜欢的女性主动示爱而让自己的表兄横刀夺爱，这种情绪在其老年期重新出现，造成其挥之不去的内疚感。

如果还有想实现的目标，应该主动争取，当下积极参与有目的的活动，有利于整合从前因为不够主动而产生的内疚感，尽力而为总会少留遗憾。

（六）利用自己的意志力保持自主性，以抵抗逐渐不能自理而产生的羞愧感

对于大多数老年人而言，有能力利用自己挣得的财富保持独立的生活是老年期自主性的重要体现。有一定的经济基础也能使老年人在

家庭代际相互依存的经济系统里体验到价值感。老年人会为他们意志坚定、自力更生的生活状态感到自豪。

有些人相信自己的努力可以抵抗衰老，比如严格控制饮食、保持良好的健康状态，从而可以继续以相对年轻的状态参与自己喜爱的活动，并视之为保持生活独立性的必要条件。

当生活不能完全自理时，入住养老社区是一个解决方案，这样老年人既能获得一些帮助，同时也能保持相对的独立性。有些老年人认为，除了自身努力，适当争取援助在生活中也是极为必要的。对于他们来说，在现实的无助和尴尬与长期的意志和自信之间取得平衡，需要将援助视为促进个体发挥自主性而非威胁或取代个人独立性的手段。

面对种种新的限制，老年人必须努力争取最大限度地保持意志力和独立性。在寻求固执和妥协之间平衡的过程中，他们努力符合社会对老年人的期望从而获得内心的安宁，同时又不愿放弃自我决定意识，因为它决定了人在整个生命周期内的自主性。

而当出现认知困难，即从恼人的记忆减退到广泛性的认知障碍，有些人可以坦然面对，承认疾病对自己造成的现实障碍，同时也仍参与可能的活动，并形成适当的、新的、自主的参与方式。对于参加不了的活动，则代之以阅读更多有关历史文化类的书籍、为期刊撰写专栏或短篇小说，又或者写一本自传。也有人会随身携带一部收音机，努力保持与世界的同步。

尽管老年人不可避免地会出现身体的缺陷和某种程度的失能，但不一定会导致功能性障碍，并对其心理健康产生必然的消极影响，有些人能依靠终生养成的意志力，通过坚韧不拔的努力，继续保持基本的自主性。对于有些人而言，认定自己的健康状况好于平均水平就能产生一种自主幸福感。

相反，有些老年人会屈服于不确定感，他们因为害怕摔倒，能不动就不动，日益降低的独立性和减少的社会生活使他们对自己的能力愈发怀疑。另外一些老年人则表现出一种僵化的独立性，在他们看来，任何形式的援助都是一种危及自主性的让人感到羞愧的失败。他们拒绝帮助，坚持不用轮椅，除了看医生基本不出门，把自己不能走路这件事看成一种无法忍受的耻辱，这反而给他们的生活带来不必要的麻烦，使他们在更大程度上丧失了自主性。

（七）建立良好的经济条件和健康状态以及对周围环境能提供支持充满信心，形成对新的人生阶段生活的希望

有些刻板印象认为，人进入老年后就不可能学会解决问题的新技能和新方法，人会变得呆板，丧失求知欲和好奇心。但根据 Marian Diamond 的报告，老年人的大脑如果处于刺激和丰富的环境中，就能够发生令人惊讶的成长。良好的经济条件和健康状态是支撑创造性的老年期的前提。

老年人的信任感来自其一生所体验的信心和谨慎的怀疑主义，对于坚定稳固的信念来说，其本身无须置疑。

亲密关系有助于形成老年期的信任感；遇到过善良友好的人有助于产生对整个世界的善意，从而产生对世界的根本的信心；有些人随着身体机能和精力的衰减以及感官敏锐度的降低，会产生对身体可靠性的怀疑，从而影响主动性，并可能开始对世界持怀疑的态度，甚至对医生也缺乏信任。

对环境的信心和对自己身体的依赖是个体晚年为获得独立感而做出的各种选择中不可缺少的一部分，而独立感又是在自主感和羞愧感之间的张力中获得平衡的关键。

经济条件是另一个与自主感有关的问题，老年人必须将他们对未来的安全感与适度接受支持的顾虑和怀疑整合起来。有的老年人担心退休后养不起自己，担心自己不能应对可能出现的紧急情况，经济条

件影响了他们对未来的希望。

只有自身有一定经济保障，对依赖下一代有一定的信心，才不会过多焦虑，不会担心自己在晚年得不到很好的照料。

本章小结

退休以后，步入生命周期的老年阶段，离开原有熟悉的工作环境，有些老年人会产生身份认同问题，对新生活显得有些无所适从。本章列举了老年阶段即将面临的焦虑、困惑和绝望，并提出产生新的身份认同的方法，引导老年人运用智慧整合过往生命中遭遇过的各种问题，完成老年阶段的角色过渡。通过关怀下一代的成长重新燃起曾经的愿望，沉浸于自己的创造力；通过与配偶的关系或与朋友或子女的替代性关系获得亲密感，并以此抵抗孤独感；接受不断变化的自己，并调整和认同新的身份；使自己的技能找到新的应用领域，或发展自己的勤奋感以学习新的技能；选择一个想要实现的目标，主动参与活动，有助于弥补从前因为不够主动而造成的遗憾；利用自己的意志力保持自主性，以抵抗逐渐不能自理而产生的羞愧感；建立良好的经济条件和健康状态以及对周围环境能提供支持充满信心，形成对新的人生阶段生活的希望。

参考文献

Ageism, *Stereotyping and Prejudice Against Older Persons*, MIT Press, 2004.

W. R. Miller, M. E. Seligman, Depression and Learned Helplessness in Man, *Journal of Abnormal Psychology*, 1975, 84（3）: 228-238.

C. Brown, M. J. Lowis, Psychosocial Development in the Elderly: An Investigation into Erikson's Ninth Stage, *Journal of Aging Studies*, 2003, 17（4）: 415-426.

S. Cook, M. Marsiske, Subjective Memory Beliefs and Cognitive Performance in Normal and Mildly Impaired Older Adults, *Aging Ment Health*, 2006, 10: 413-423.

C. Brown, M. J. Lowis, Psychosocial Development in the Elderly: An Investigation into Erikson's Ninth Stage, *Journal of Aging Studies*, 2003, 17 (4): 415-426.

H. Q. Kivnick, C. K. Wells, Untapped Richness in Erik H. Erikson's Rootstock, *The Gerontologist*, 2014, 54 (1): 40-50.

B. E. Bugajska, The Ninth Stage in the Cycle of Life-reflections on EH Erikson's Theory, *Ageing & Society*, 2017, 37 (6): 1095-1110.

A. H. Maslow, A Theory of Human Motivation, *Psychological Review*, 1943, 50 (4): 370.

B. L. Goebel, D. R. Brown, Age Differences in Motivation Related to Maslow's Need Hierarchy, *Developmental Psychology*, 1981, 17 (6): 809-815.

R. J. Havighurst, R. Glasser, An Exploratory Study of Reminiscence, *Journal of gerontology*, 1972.

第五章　长寿与老年痴呆

一　两位失智老年人

案例16：居家任性的汤老先生

汤老先生，86岁，退休前是某国企高级工程师，患阿尔茨海默病3年，一直由老伴照顾，患病后经常胡言乱语，怀疑某人要加害于他，有时候连自己的一双儿女都不认识，常常半夜三更要出门散步，对老伴做的饭菜也百般挑剔。后来老伴实在照顾不了了，经人推荐入住了武昌区卓刀泉的一家社区养老院，汤老先生经常和护工发生矛盾，有时候还殴打护工，甚至在护工办公室大便，不到一个月，养老院通知家属汤老先生生病了，带到医院一检查，发现他肾功能衰竭，住院一周后，汤老先生离世。

案例17：居住养老机构记忆照料区的张奶奶

张奶奶，86岁，住在合众优年的记忆照料区。跟张奶奶聊天，她说原来住解放路，问她是不是邮电三公司，她也说是的，总之就是胡言乱语，不知道自己年龄，不知道儿子名字，说自己不到66岁。张奶奶以前是党政干部，常常说要去团委开会，护理人员就劝说她，吃完饭再去。合众优年的记忆照料区有60张床位，全部住满了，价格为每人每月8000~12000元，阿尔茨海默病患者在这里得到了比较专业的照顾。

很多中国人对长寿有种执念，不少古代帝王醉心于炼仙丹以求长生不老，现在中国人的平均寿命已经达到近80岁，同时人们发现身边患阿尔茨海默病（俗称"老年痴呆"）的人越来越多了。据统计，老年痴呆发病率60岁为5%，但到了85岁可达30%，95岁以上可超过50%，可以说活得越久越可能患上老年痴呆（见图5-1）。

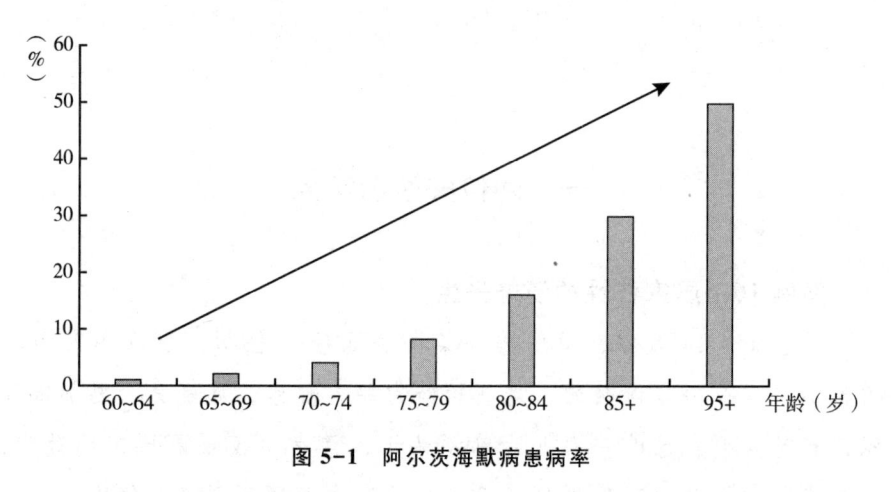

图5-1 阿尔茨海默病患病率

资料来源：中国科学院心理研究所李娟"一席"演讲"痴呆离我们有多远"。

老年痴呆已经是影响老年人健康的四大杀手（冠心病、癌症、中风、老年痴呆）之一，我们都想健康地老去，不想痴呆地老去，那么怎样才能健康地长寿呢？又该如何对待阿尔茨海默病患者呢？

二 老年痴呆及其成因

从全球范围来看，22%的老年人在中国，而中国患老年痴呆的病例已经超过1000万人，每12秒就增加1人。普通人的认知功能在20多岁达到顶峰，之后就开始"走下坡路"，通常人们在50岁以后视觉（对色彩的辨识）、嗅觉、听觉、记忆力都会下降。老年人逐渐变得动作迟缓、反应迟钝，而当他们发现很难听见别人说话，或者很难听懂别人说的话时,就会越发害怕与人说话,从而导致人际交往的减少,即社会退缩。而社会退缩和人际交往恰好与老年痴呆的形成密切相关。

阿尔茨海默病,俗称早发性痴呆、老年痴呆,是一种发病进程缓慢、随着时间推移不断恶化的神经退化性疾病。最常见的早期症状为丧失短期记忆(难以记住最近发生的事),当疾病逐渐进展,症状可能逐渐出现,包括语言障碍、定向障碍(包括容易迷路)、情绪不稳、丧失动机、无法自理和许多行为问题。当情况恶化时,患者往往会因此与家庭或社会脱节,并逐渐丧失身体机能,最终导致死亡。虽然疾病的进程因人而异,但诊断后的平均余寿为3~9年。

阿尔茨海默病的成因至今不明,但很多人50岁左右就表现出一些症状,却被误认为是正常老化而没有被重视;除了阿尔茨海默病,还有近20%的痴呆症是血管性疾病导致的。任何人都可能在老年阶段患上老年痴呆,尤其是有心脑血管疾病的人,或者有不良生活习惯如久坐、过食、长期吸烟等的人。早发性痴呆通常是有致病基因的,也就是遗传因素;晚发性痴呆是老年以后痴呆的,携带基因患病风险更高。目前没有实证证明特定药物或营养补充品对该疾病治疗有效,只有少数方法或许可以暂时缓解或改善症状。

三 老年痴呆的早期监测

中国科学院心理研究所的李娟指出,当老年人的知觉能力下降,譬如视力、听力明显不如从前,一定要更加有耐心地跟他们说话,尽可能给他们更多陪伴。而通过对老年人的行为的观察以及认知能力的监测可以更早识别出老年人是不是阿尔茨海默病患者的高危人群。

如果老年人经常在从前熟悉的地方迷路,或者更频繁地忘记一些事情等,就需要给他们更多关注了。也可以通过一些测试来识别老年人是否患有认知障碍，如通过让老年人画一个钟来识别认知障碍的程度（见图 5-2）。

图 5-2　通过让老年人画一个钟来识别老年人认知障碍的程度

或者通过生物学的检测，如中国科学院生物物理所的赫荣乔等人的研究，通过查验老年人晨尿中甲醛的含量来推测老年人认知障碍的程度（见图 5-3）。

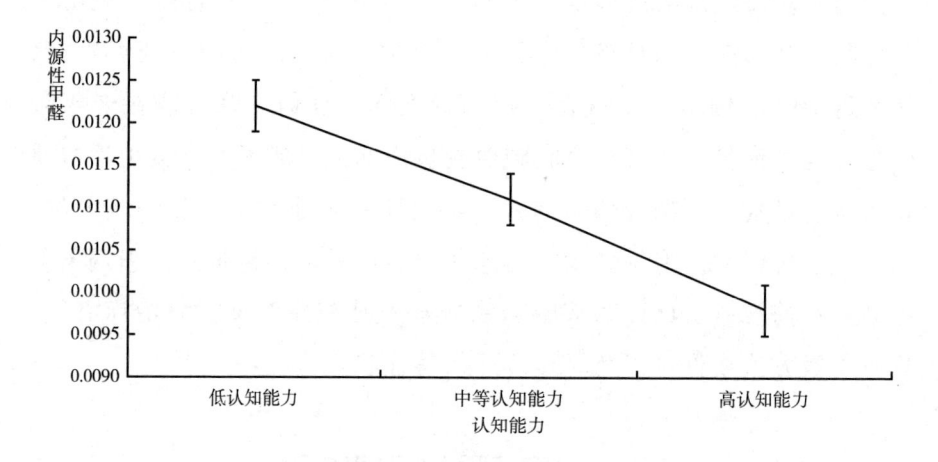

图 5-3　体内甲醛的含量与认知能力的关系

这些方式可以帮我们更好地观察和监测身边的老年人是否需要更多的照护。那么如何进行早期干预以降低阿尔茨海默病的患病风险呢？

除了遗传基因的影响，酒精的滥用、饮食过量、吸烟、肥胖、高血压、高血脂、糖尿病、血管堵塞、神经损伤等都可能成为诱发老年痴呆的风险因素。

四　如何有效降低老年人患老年痴呆的风险

日常认知活动、体育锻炼、社交活动以及老年人教育等能有效降低老年人患老年痴呆的风险。

（一）通过日常认知活动减少海马体的萎缩，甚至促进其生长

海马体位于大脑丘脑和内颞叶之间，是大脑边缘系统的一部分。海马体的主要功能，一是对暂时记忆进行巩固，形成长时记忆的存储转换；二是定向、储存与处理空间信息。而人在60岁以后，海马体通常以每年1%~2%的速率萎缩，但认知活动能改变海马体的大小，经常打牌（打麻将）、下棋、写毛笔字、读书读报及做其他任何能调动大脑活动的益智游戏的老年人患老年痴呆的风险下降67%。记忆力和执行控制能力的训练，如利用位置记忆法、联想记忆法、数字记忆法等认知训练方法能改善老年人的记忆力，对降低患老年痴呆的风险大有好处。

（二）通过经常性的体育锻炼，强身健脑

健康的头脑源于健康的身体（A healthy mind in a healthy body），这句著名的拉丁谚语表示身体健康是心智健康的关键。体育锻炼不仅能让我们身体更强壮、体型更漂亮，还能强健大脑。研究发现常做有氧运动（如快走）的老年人的大脑海马体非但没有减少反而增加了2%。中国科学院心理研究所的魏高霞博士还发现长期打太极拳的老年人甚至可以对抗风险基因的影响。由此可见老年人应该更多地进行体育锻炼。相当数量的研究证明打电脑游戏也有助于锻炼大脑，每天打3D版的超级玛丽30分钟，老年人的空间记忆力可显著提升。此外，舞蹈也是很好的体育锻炼。中国有1亿老年人经常跳广场舞，跳

广场舞不仅能锻炼身体,还是一种很好的社交活动,我们经常看到每天的傍晚时分,中老年女士高高兴兴地结伴去跳广场舞,跳完后聊着天各自回家,欢声笑语不断……

(三)社交活动

感到孤独和与社会隔离可能导致不健康的行为,如运动量少、吸烟和饮酒过量。孤独感也会激发人体的压力反应,使得老年人的炎症增加和免疫力下降,最终可能导致疾病发生。前文的调查显示,女性在参加老年合唱团,模特队/舞蹈队,唱歌、唱戏、玩乐器等,使用电脑、智能手机,烹饪,舞蹈、瑜伽、太极等,国内外旅游,欣赏音乐,做手工等活动中比男性踊跃;男性在书画、茶艺,下棋,养生保健,运动健身,读书看报等活动中比女性参与度高。总体来说,女性参与更多集体的、需要玩伴和对手的活动,男性则更多参与不需要队友可以独自完成的活动。我们的调查发现,老年女性比老年男性承担更多的家务劳动和照顾孙辈的任务,却比老年男性对生活的满意度更高,寿命也更长,这应该与老年女性普遍比老年男性参加更多社交活动不无联系。

根据我们的调查,独居的老年人和住养老机构的老年人中,经常感觉无聊的比例最高,均达到12.00%左右。而孤独感最强的是独居的老年人,占8.00%,其次是空巢老人占7.41%,住养老机构的老年人感到孤独的占5.88%。和老伴同住的老年人中55.70%有朋友常来往,空巢老人中有51.85%有朋友常来往,独居的老年人中有44.00%有朋友常来往,而住养老机构的老年人中只有21.57%有朋友常来往。住养老机构虽然没有那么孤独,却和朋友距离更远、来往更少了。

在前文中我们说过,与互联网的连接能在很大程度上促进老年人与现代社会的连接,因而,对老年人进行相关的互联网知识普及十分必要。我们的调查发现，和老伴同住的老年人，39.46%已经学会智能手机的一些应用，31.48%的空巢老人使用智能手机的能力较强；除居住在养老机构的老年人外（一般他们的年龄也偏大），独居的老年人、和子女同住的老年人、和孙辈同住的老年人，智能手机的使用水平相对较差，其中和子女同住的老年人使用智能手机的能力最差，只占23.61%。为什么会出现这样的问题呢？通过进一步访谈发现，老年人和子女生活在一起并不等于和他们有更多沟通，恰恰相反，和子女长期生活在一起矛盾反而更多，而且因为天天见面，老年人自己会不会使用智能手机变得不那么重要，这使得和子女同住的老年人与外部世界的连接反而不如其他老年人多，他们的时间更多奉献给了家庭，做更多的家务和照顾孙辈，而子女和孙辈却没有很好地照顾家里老年人的需求。

中国科学院心理研究所在北京朝阳区奥运村街道随机选取四个社区做了一个实验，第一个社区作为对照组，什么都没做；第二个社区进行了老年人的认知训练；第三个社区除了进行认知训练，还组织老年人打太极拳；第四个社区在进行认知训练、组织打太极拳的基础上，还进行心理辅导。结果发现认知能力和社会功能在第三个对照组都是提升最多的，利用核磁共振扫描老年人的大脑，经过记忆和执行控制训练之后海马和前额叶功能连接显著提升了，研究结果发现综合训练干预能使老年人的大脑变得更年轻，并且3个月后这个结果依然保持。

如果老年人长期没有社交活动，又不会通过在线的方式和家人朋友互动，很容易导致社交疏离，很多老年人因为独自居家或在养老院隔离而导致免疫功能下降、语言功能退化、反应迟钝、身体健康状况恶化。

五　改变生活习惯

《柳叶刀》的一份由全球 24 名专家撰写的报告显示，生活习惯是导致患病风险的关键因素之一。一篇文章总结了导致老年痴呆的 9 个可以人为干预和改变的行为。

（1）中年听力耗损，占致病风险的 9%。

（2）没有完成中等教育，占致病风险的 8%。

（3）吸烟，占致病风险的 5%。

（4）没有对抑郁症进行早期治疗，占致病风险的 4%。

（5）缺乏体育锻炼，占致病风险的 3%。

（6）社交孤立，占致病风险的 2%。

（7）高血压，占致病风险的 2%。

（8）肥胖症，占致病风险的 1%。

（9）2 型糖尿病，占致病风险的 1%。

研究人员表示听力耗损会导致人们无法接触丰富的认知环境，从而导致社交疏离和抑郁，而这两项也属于痴呆症的可控因素。显然，在发现听力耗损的时候应该及时治疗或选择合适的助听器。

我们已经发现高学历的老年人比低学历的老年人有更多的兴趣爱好，他们中会使用电子设备的比例更高，与社会也保持更多的连接。因此，应该培养和保持学习习惯，不断提高认知，降低老年痴呆的患病率。阿尔茨海默病协会（Alzheimer's Society）主任布朗（Doug Brown）说，尽管痴呆症不是不可避免的，但目前看来它会成为 21 世纪最大的健康杀手，我们需要认识到它的危害并开始改变自己的生活方式，并认为从现在开始行动改变生活习惯可以极大地改善痴呆症患者及其家人的生活质量，同时也可以为未来的社会带来改变。

北欧近年来老年痴呆发生率明显下降与老年人生活方式的改变有

很大关系，他们更加注重规律地吃饭、睡觉、运动和营养膳食。

体育锻炼也不容忽视，应该尽可能改善家居和社区环境，让老年人能在有安全感的情况下多做运动，刺激海马体的生长，预防老年痴呆。

是时候更多地关注我们身边的老年人了，教老年人使用智能手机是一个很好的反哺机会。教会老年人更好地使用智能手机的一些功能，不仅能锻炼老年人的大脑，还能促进老年人的社会交往。我们发现，很多家庭建立了自己的家庭微信群，老年人可以在群里和亲友视频聊天、分享一些资讯，并及时表达自己的需求；同时，老年人还可以通过朋友圈了解朋友的动态，在朋友圈发表自己创作的摄影、书画作品并接受亲人朋友的点赞，这些互动对提高老年人认知能力和自我价值感很有帮助，可以有效缓解和抑制孤独感带来的一些负面情绪，减少老年人的焦虑和抑郁。

总之，营养膳食、体育锻炼、社交活动、持续学习，以及对高血压、冠心病、肥胖症、糖尿病、抑郁症等的管控，培养健康良好的生活习惯，能有效提高老年人的健康水平，延缓或降低罹患老年痴呆的风险，使老年人真正做到健康长寿。虽然参与打游戏、打麻将等活动对老年人来说有很多好处，但也要有节制，因为久坐对健康的伤害很大。

本章小结

中国是患阿尔茨海默病人数最多的国家，阿尔茨海默病已经成为导致老年人死亡的四大杀手之一。导致该疾病的原因不明，目前也没有特效药可以医治，但是通过体育锻炼、认知功能训练、增加社交活动和老年人教育，可以有效地提高老年人的健康水平，延缓和降低老年人罹患阿尔茨海默病的风险。每个家庭、社区乃至全社会都应该给老年人更多关爱，让他们尽可能健康地度过晚年生活。

参考文献

李娟:《痴呆离我们有多远》,《健康指南》2018 年第 9 期。

G. Livingston, J. Huntley, A. Sommerlad, et al. Dementia Prevention, Intervention, and Care: 2020 Report of the Lancet Commission, *The Lancet*, 2020.

叶丽莎:《认知功能训练在老年痴呆症患者中的应用研究进展》,《中西医结合护理》(中英文) 2020 年第 7 期。

第六章 直面死亡

死亡是什么？肉身消亡意味着人就不存在了吗？Robinson 对死亡的定义是不可逆的脑昏迷或脑死亡；Kastenbaum 认为，当一个人没有思想、没有感觉时，可称为死亡。

也有人认为人死后会以另一种形式存在。长期研究阿尔茨海默病的哈佛大学教授 Rudy Tanz 认为，根据现有研究，一个人的身份认同局限于其神经网络，也就是说其做的任何事、学习的任何知识仅与其已经了解的事情发生关联，因而当一个人死了，大脑不活动了，一切也就消失了。但对意识和记忆是否可以储存以及存在哪里神经学科还不能回答。从科学的角度来看，个体的身份认同和自我意识是否能独立于死亡之外尚未有答案，它更像是一种精神信仰，但 Tanz 教授坦陈，直觉告诉他，可能真是这样。

一 死亡焦虑

为什么人们会害怕死亡？是对未知的恐惧还是舍不得现有的一切，抑或是害怕死前的痛苦？有些人会害怕失去这个世界所有的一切，亲人、朋友、名誉、权力或者是用一生挣得的物质财富，即使有来生，还能拥有这一切吗？

Durlak 发现，生活有目的及有意义的人有较低的死亡恐惧，对死亡也有更正向的态度，即接受死亡的自然性。也就是说，认为自己的人生有意义的人会更加坦然地面对死亡，并对必将来临的死亡做出提前安排。

孙梦霞认为，死亡教育有助于改善养老院老年人对死亡的不良认知及行为，提高其生命意义感，改善其生存质量。李永红等的研究认为，对晚期癌症患者进行死亡教育能有效缓解他们的焦虑情绪，减少他们对死亡的恐惧，使他们能更坦然面对人生的自然规律，走好最后一程。许倩研究发现老年大学学员的死亡态度影响其生命质量，科学客观的死亡观有利于老年人的身心健康。

许多人害怕死亡，谈论死亡在很多文化背景下是一种禁忌，似乎那是只会发生在别人身上的事，讨论、思考或计划自己的死亡会让他们感到不适，这种恐惧可能会导致他们推迟财务计划、准备遗嘱或请求临终关怀组织的帮助，但事实是，最后我们每个人都得死。

英国临终关怀医生凯瑟琳·曼尼克斯（Kathryn Mannix）说，

很多时候人们不知道如何谈论死亡这个词，所以干脆缄口不言。结果大家在面对亲人死亡时往往不知所措，呈现一片悲伤、忧虑和绝望的景象。他们经常错过和亲人表达自己遗愿的最佳时机。

死亡就像出生一样其实就是一个过程。通常因为跟疾病抗争，病人逐渐变得更加疲倦。随着时间的推移，睡的时候多，醒的时候少……有时，病人在睡眠过程中处于昏迷状态，当他们醒来时会说他们睡得很香……最终他们会一直处于无意识状态，这种昏迷对病人来说并不可怕。

当大限逐渐来临，病人处于一种放松状态，这时他们的喉咙就会发出异响，有点像人们平时所说的"垂死挣扎"（death rattle），有些人觉得这很恐怖。但其实，病人此时是处于深度放松和昏迷状态，当空气经过肺部呼出呼进时，穿过喉头黏液的气泡发出这种声响，他们自己并无知觉。在生命的最后时光还会出现一段浅呼吸，最后是呼出一口气，不再有进气。有时这一切发生得非常安静，家人都没有留意到。

曼尼克斯说，正常的死亡过程非常平和，我们可以提前感知，并为之做准备。

二 直面死亡的现状和应对

根据笔者调查，60~70 岁的老年人中考虑过身后事的比例不超过 45%；71~80 岁的老年人中该比例不超过 55%；81~90 岁的老年人中该比例不超过 65%；而 91 岁及以上的老年人中该比例才达到 84%。这意味着很多老年人离开人世的时候，可能没有立下遗嘱，这不仅可能造成遗产分配的纠纷，也可能没有让自己的真实意愿得到满足。可见提前安排身后事真的很有必要。

那么如何正确地面对死亡，提前做好安排呢？

（一）了解濒死体验，消除对死亡的恐惧

住在加州的一位先生描述过他的濒死经历。

我当时坐在那里手握电话，闪电沿着电话线下来击中了我头部的侧面，接着沿着脊椎向下，然后我被狠狠地抛到空中，悬在那里，又被摔回到床上。电话被烧熔化了，我也被烧得很厉害。突然间我起来了，低头看到我自己在床上，这时桑迪从客厅跑过来，我电话那头的朋友听到爆炸声也赶过来了，他给医护人员打了电话。我发现我处在这个世界和另一个世界之间，这种感觉真是太酷了。然后我上了救护车，听到人们说，他死了，他死了。

经历过唐山大地震的很多中国人也有类似的濒死体验。如果死亡只是转变了一种生存状态，那么这种改变又有什么值得害怕的呢？为什么不在死神来临前，做完一切该做的事，准备好新的旅程呢？

英国临终关怀护士 Macmillan Palliative 送走过无数老年人，她说："有些老年人自己离世前会有预感，有位老年人曾说，再过两个星期我就 80 岁了，我要举办一个生日派对，之后我就可以走了。"两个星期后，这位老年人果真就离世了。还有些老年人在半昏迷状态下表示，他们愿意死去，他们说自己已经看到天堂，那里非常美好。

死亡还有治疗意义——了结所有恩怨情仇，了结所有痛苦。如果以上都无法消除恐惧，可以尝试做一些灵性或冥想练习。

（二）提前安排好身后事，尽量减少遗憾

既然死期将近，就应该好好计划一下，让最后的日子过得能顺自己的心愿，平静地迎接死亡。那么，怎么才算"好死"（a good death）呢？

有调查显示，在家中离世，有家人亲友陪伴，安详地死去应该算是"好死"，这在中西方文化背景下似乎没有太大差别。然而，事实上有超过一半的人最后死在医院里。许多病人临终前饱受疼痛煎熬，特别是癌症病人。因此，病人能够用上吗啡等止痛药物（opioids）缓解疼痛至关重要。无痛死亡关系着病人最后时光的生命质量，也成为"好死"的一个关键因素。过多的医疗介入不但无法令病人起死回生，同时还可能让家属经历一系列心理和情感折磨，甚至让他们卖房、卖车，倾家荡产，最后仍然人去财空，受尽苦难。

有位护士说，人们临终前关于人生"后悔"谈得最多的是退休。

> 辛苦地工作，好不容易盼到了退休却发现身体不好了，不能再做自己想做的事情了。生命太短暂，一定要早点做自己希望做的事，做使自己开心的事。

Irvin David Yalom 强调人的一切痛苦是当下造成的，如果无法处理当下的问题，如何面对死亡？如何理解自由？如何抵抗孤独和寻找生命的意义？因而他主张停止逃避，对当下的处境负责。可以通过提升自己的意志和愿望，学会分辨心中杂乱的声音，并寻找对自己最重要的愿望来实现。

（三）最后的阶段，亲友能做些什么

濒死的感觉会发生在死亡前的 1~14 天，治疗手段应该由恢复健康转向减轻痛苦。

病人若身体冰凉，不是因为冷，不要给他们加毯子，他们会觉得太重，承受不起。

呼吸困难，不用给氧。可以打开窗户和电风扇，减轻病人呼吸困难状况。

病人不会感到饥饿，不要打糖水，或者强制给病人喝水，影响病人在归途的愉快感。

病人若减少与亲友的交流，那是在与自己的心灵对话。记住，在生命的最后 6 小时，保持神志清醒的病人不多，如果想和亲人交流，不要等到最后。

如果出现去世咆哮，不要吸痰。可适当使用止痛药。此时他们听得见其他人说话，不要说一些会让病人不快的话。

倘若过度治疗，或生命最后一刻仍对病人进行创伤治疗，要考虑是不是病人所愿；倘若病人疼痛加剧，用药又不够，则更不可取。

若病人想拔管，就满足病人的心愿。

三 临终关怀

通常是针对癌症末期患者使用的治疗方法，由于医学治疗对末期

患者逐渐失去效果，令患者的生命延长反而只会使他们饱受更多的痛苦，因此便提倡以临终关怀的方式对患者进行护理，令患者能够以更安详和有尊严的姿态离开人世。临终关怀可以在家中或医疗机构进行。

（一）临终关怀的目的

消除病人对死亡的恐惧，减少痛苦和忧虑；帮助病人建立新的心理平衡，以平静的心态面对死亡；使病人感到舒服，保护他们免受不快问题的侵扰。

（二）临终关怀的方式

美国马萨诸塞州有个小型合唱小组，他们用歌声为即将离世的病人送去温暖、带去安慰，为病人生命的最后一程增添色彩。

不回避谈生死，将医生的诊断坦白告诉临终的病人，让其有所准备，提前交代，完成未竟之事。

通知那些病人在乎的亲友，让他们抽时间过来陪伴，亲友的陪伴对临终病人很重要。

给临终病人创造道谢、道爱、道歉、道别的机会，让他们走得不留遗憾。

可以依病人的要求举办最后的告别，让其把自己想表达的话说出来，也让亲友把想说的话说出来。留下自己的痕迹，给一些人留下影响和记忆。

给病人搞好个人卫生，保持最后的体面。

尽量帮助病人减轻痛苦。

倾听他们埋藏在心底的秘密，帮助他们满足最后的心愿。

关注病人的情感和精神需求，帮助病人减轻担忧、压力和恐惧。

四 最好的告别

当生命只剩下最后几个月，我们应该怎么做？

大多数人对此缺少思考，没有很好地面对这个问题，死到临头只能把命运交给医学、技术和一群陌生人来掌握。那么如何自主、快乐、有尊严地活到生命的终点呢？

哈佛医学院教授阿图·葛文德写过一本题为《最好的告别》的书，从病人的医生、朋友、亲属等角度进行观察和思考，提出如下建议。

（一）失去了自理能力时，生命该怎样继续？

越来越多老年人不和子女住在一起，觉得自己还行，意识不到什么时候应该寻求帮助、结束独居生活，直到有一天崩溃突然来临。也许是经历了一次严重的跌倒，终于被告知再也不能独立生活了。因而，了解自己的衰老状态，知道什么时候该寻求帮助很重要。如果老年人不再能够自行购物、做饭、清理房间、洗衣服、吃药、打电话、处理财务和独自旅行，就说明其不能再安全地独立生活。对有些人来说，这可能比死更可怕。有些高龄老年人，当他们丧失听力、记忆力，失去最好的朋友，无法维持现在的生活方式时，会因为害怕改变而对自己身体的变化视而不见，自我欺骗，一步步陷入更加糟糕的境地。

因而，当面临逐渐丧失自理能力的境遇时，要制订一个计划，过尽可能体面的生活。有一位老年人有以下做法。

第一，一直努力工作，82 岁才退休，拥有足够的存款，不陷入财务问题。

第二，注意饮食，坚持锻炼。每周骑行 3 次，每年坚持看牙医 2

次。做到监测自己骨骼、牙齿和体重的变化,给干燥的皮肤抹润滑油,尽可能维持身体机能。保持大脑活跃,经常主动记忆一些东西。

第三,与朋友保持交往,发展兴趣爱好。退休后他和妻子选择入住退休社区,有一套自己的两居室,把自己的钢琴也搬进去了。老两口在新社区结交了新朋友,经常聚会,一起欣赏音乐。退休社区提供家务和晚餐服务,也可提供每天一日三餐和 1 小时的个人护理。

第四,做有意义的事。他指导社区改进了保健服务,组建了一个退休医生俱乐部,还指导年轻医生完成了一项独立调查。

(二)在生命的最后阶段,怎样才是真正的活着?

很多养老机构不主动展开这个问题,养老机构一般宣传它们那里是安全的,让老年人的子女相信那里是最好的,却很少有人真正关心老年人需要的是什么。斯坦福大学的研究发现,老年人真正在乎的是简单的愉悦与亲密的关系。年轻人可能会延迟享受、花时间学习知识,会搞资源、交朋友、扩大关系网,而不是和家人待在一起,他们在乎的是成就、创造和自我实现。但是当人们觉得未来时日不多,就会开始关注此时此地,开始关注日常生活和最亲近的人。时日不多的人大多希望有更多的时间和亲近的人一起度过,死亡的威胁让他们不得不把生活的重点重新排序,友情、亲情、日常生活、美味的食物和阳光照在脸上的温暖是他们最关注的东西。有了亲密的关系和简单的快乐,老年人会感受到存在的意义,这才是真正的生活。

养宠物和侍弄花草是老年人喜欢做的事。老年人在照顾动物和植物的过程中,也赋予自己的生命新的存在。研究发现,让老年人自由养宠物的养老机构处方数量下降一半,死亡率下降 15%,老年人的心灵得到滋养,健康状况大大改善。

自我决定和主动选择的机会对老年人意义非凡,譬如自己决定饲养宠物，选择喜欢的家居，确定日程安排，以及自主决定是否愿意承担的风险，比如医生建议老年人少吃甜点，但吃不吃仍由老年人自己决定，但要承担多吃甜点的后果，如果身体产生不良反应，就证明老年人自己无法理性做决定，那就再商量下一步的决定，这样老年人的自由意志就得到了尊重。因为有护士24小时处理紧急状况，社区居民没有因为自由而牺牲健康，他们的满意度提高了，重度抑郁症发生的概率下降了。

（三）如何做最后的告别？

对于大多数人而言，死亡是经历了漫长的医疗斗争才慢慢到来的。当与病痛做过很长时间的搏斗后，很多人插上了管子，入住重症监护室，甚至没有机会跟亲人说"再见"、"别难过"、"我很抱歉"或者"我爱你"，这显然是最糟糕的告别。研究显示，住进重症监护室的病人在生命末期的生活质量下降很多，甚至其亲友患抑郁症的比例也较高很多。最好的告别可能不仅对病人重要，对活着的人更重要。

1. 为自己选择一个可以信任的医生

医生有家长型、咨询型和解释型，第三种最理想。解释型医生愿意倾听病人的想法，了解对病人来说什么最重要，帮助病人实现优先目标。

2. 与信任的人做临终讨论

信任的人可以是医生或自己的亲友。可以对其坦诚表达自己对死亡、痛苦、所爱的人和资金的焦虑，进而做出决定，如当健康状况恶化时，愿意做哪些取舍；希望怎么利用剩下的时间；如果自己做不了决定，最希望谁帮助自己做决定；为了一个活命的机会，可以承受的极限是什么；等等。有一位女儿曾和自己重病的父亲讨论这个问题，父亲说："如果我能吃巧克力冰激凌和看电视足球转播，那我就活着。"这显然不像从前那个熟悉的父亲说的话,所以不要自以为是地为病人做决定。结果证明这个由父亲主动选择做出的决定至关重要,手术使父亲在轮椅上多活了10年。如果没有这次谈话,女儿可能会让父亲放弃做这个手术,然后一直怀疑自己做这个决定的正确性。

3. 医生、病人和亲属一同协商最佳方式

治疗到了关键时刻需要进行决断时,需要讨论是继续治疗还是转向,即什么时候停止治疗,转而去做其他事,如去旅行、陪伴家人、完成未了的心愿,或者是吃一个巧克力冰激凌。最好能由病人选择自己最看重的方式来结束自己的故事,比如终止治疗、回家,从而有尊严地迎接死亡。

标准治疗和善终(临终关怀)服务的区别在于优先顺序的不同,标准治疗的目标是延长生命,善终则更尊重病人的选择权,重视生命的质量。让患致命疾病的病人在当下享有更有质量的生活可能比延续其生命更为重要。选择善终服务,服务人员将为垂死的病人提供照顾,尽量减轻病人的身心痛苦,努力帮助他们用自己最希望的方式安详地走完终点。临终关怀团队由医务工作人员、社会工作者、神职人员和心理咨询师组成。当生命快走向终点时,人们通常希望分享回忆、传承技艺、解决关系中的问题、与过往的不快和解、确定自己爱的人能好好活着,这对逝者和生者都很重要。老年人可以在团队的帮助下完成自己最终的愿望,对自己的人生做最好的告别。

死亡是自然法则,每个人都会死,因而考虑太多死亡的事是没有必要的,应该尽早思考如何让自己过有意义的人生,有意义的人生会带来内在的幸福与满足。即使生命无常,下个礼拜就要死去,也要好好利用剩余的几天,努力与亲友分享人类更深层的价值,这样临终才可能没有遗憾。

本章小结

生死本是自然规律,但很多人恐惧死亡,不敢直面死亡。有些人甚至因为走得匆忙,不仅来不及立遗嘱,还不能与挚爱的亲友做最后的告别,这本是可以避免的遗憾。

本章分析了死亡焦虑产生的原因与应对办法;介绍了现在日渐被老年人及其亲属接受的临终关怀服务;并对如何帮助老年人完成遗愿、安排好最后的告别,从而体面从容地离开这个世界提出了建议。

参考文献

R. G. Robinson, K. L. Kubos, L. B. Starr, K. Rao, T. R. Price, Mood Disorders in Stroke Patients: Importance of Location of Lesion, Brain, 1984, 107 (1): 81-93.

R. Kastenbaum, V. Derbin, P. Sabatini, S. Artt, The Ages of Me: Toward Personal and Interpersonal Definitions of Functional Aging, Aging and Human Development, 1972, 3 (2): 197-211.

J. A. Durlak, Relationship Between Individual Attitudes Toward Life and Death, Journal of Consulting and Clinical Psychology, 1972, 38 (3): 463.

孙梦霞、李国平、廖桂香、张颖杰、姜娜:《差异化死亡教育对养老院老年人不良死亡态度的影响》,《中国老年学杂志》2014年第19期。

李永红、江智霞、高晓霞、王章琴、王彦哲:《死亡教育对晚期癌症患者死亡态度的影响》,《重庆医学》2014年第2期。

许倩、王占坤、潘琳玲、吴兰花:《老年大学学员生命质量和死亡态度的关系》,《中国老年学杂志》2014年第17期。

S. Knud, R. Larry, Klar, et al. Attitudes Toward Death: A Desensitization Hypothesis, Psychological Reports, 2016.

K. H. Pohl, Life and Death in East and West-Montaigne's Views on Death Compared to Attitudes Found in the Chinese Tradition, 2018.

〔美〕阿图·葛文德:《最好的告别:关于衰老与死亡,你必须知道的常识》,彭小华译,浙江人民出版社,2015。

第三部分　积极老龄化

第七章 预防衰老——衰老是一种病

一 衰老是一种可以预防的疾病

随着退休和进入老年阶段，有些人会产生对衰老的恐惧，对自己生命的价值感产生怀疑，从而变得消极；另外一些人则不存在这样的焦虑。现实生活中我们不难发现，同样是60岁的年纪，人们的健康状况大不相同，有些人仍有着30岁的健康体魄，有些人则身患各种疾病垂垂老矣。人们通常盲目接受50岁时身体衰退是自然现象、活到80岁就心满意足的观念。随着很多老年人打破了这种刻板印象，我们发现年龄的增长并不必然伴随着各种身体功能的减退。D. Gems认为衰老不是生命中无法避免的事情，而是一个具有广泛病理结果的疾病过程。当人们能保持健康和活力，感到身心年轻时，其实际年龄其实无关紧要，无论是30岁、50岁还是90岁。

2018年6月18日，世界卫生组织发布了《国际疾病分类》第11版（ICD-11），新增了一个疾病代码MG2A老年（old age），也就是把"老年"视为一种疾病，包含没有涉及精神病的老年、没有涉及精神病的衰老以及老年性衰弱。David A. Sinclair等发现二甲双胍、白藜芦醇等可以有效预防衰老，由于衰老几乎是所有疾病的最重要风险因素，衰老研究不仅有望延长寿命，且能消除因衰老而引发的疾病本身。2018年8月，花旗银行将抗衰老药物列入其十大"颠覆性创新"。

既然衰老是可以延缓的，那么健康的生活方式和饮食习惯就更值得推崇和实践，准备退休的 50 岁以上的人士可以考虑如下医生的建议。

二 开发抗衰老药物的意义

（一）缓解社会保障压力

2005 年兰德公司戈德曼的研究发现，预防糖尿病的创新药的成本是约 15 万美元，治疗癌症的成本是约 50 万美元，心脏起搏器的成本是 140 万美元，而一种能将健康寿命延长 10 年的抗衰老化合物的成本仅为 8790 美元。数据说明解决医保危机最廉价的方法莫过于解决其核心问题——延缓衰老。如果延缓衰老，所有致命性和致残性疾病的患病风险都将同时降低。

（二）缩小贫富差距

2018 年，美国 10% 最富有的人比 10% 最贫穷的人多活 13 年。

在中国，因病致贫对很多经济状况欠佳的家庭来说十分常见，很多中国人省吃俭用一辈子的钱最后都被"送进了重症监护室"，而延长的是没有任何质量的寿命。延缓衰老、延长健康预期寿命能推迟人们罹患疾病的时间，让穷人也能过上更久且有质量的生活。

（三）享受老龄化红利

受过教育的老年人使用现代科技的频率与 65 岁以下的人一样高。沃顿人力资源中心主任 Peter Cappelli 发现，随着年龄的增长，人们在各方面的工作表现变得越来越好。目前，在美国和欧洲 50~74 岁的人群中，约50%的人有行动障碍、33%的人患高血压、超过10%的人患心脏病或糖尿病、超过5%的人患癌症或肺病，更有许多人正同时与多种疾病做斗争。即便如此，他们在脑力劳动、写作与表达、领导能力方面都远远超过年轻人。有多人担心，如果没有人退休，年轻人将会被挤出工作岗位。事实却是，国家之所以发展停滞，是因为没有创新，没有充分利用人力资本，而不是没有足够的就业机会。故而，充分开发老年人力资源大有可为。

三 中国健康老年人的标准

中华医学会老年医学分会、全国老龄委于2013年发布的中国健康老年人标准共有5条（适用所有大于60岁的人群，相关高危因素指心脑血管疾病的相关危险因素，主要有高血压、糖尿病、血脂紊乱）。

1. 重要脏器的增龄性改变未导致功能异常；无重大疾病；相关高危因素控制在与其年龄相适应的达标范围内；具有一定的抗病能力。
2. 认知功能基本正常；能适应环境；处事乐观积极；自我满意或自我评价好。
3. 能恰当处理家庭和社会人际关系；积极参与家庭和社会活动。
4. 日常生活活动正常，生活自理或基本自理。
5. 营养状况良好，体重适中，保持良好生活方式。

四 关于延缓衰老的建议

（一）坚持少吃

限制卡路里的摄入不仅可以延长寿命，还可以预防心脏病、糖尿病、中风和癌症，因而控制每日摄入的卡路里总量很重要。可以通过每日跳过一餐，或者每餐减量20%～30%的方式来实现。广西壮族自治区巴马瑶族自治县是世界著名的长寿之乡，有69位百岁以上的"寿星"，其中年龄最大的135岁，每10万人中有百岁以上长寿者30.8人，居世界第一。这里有些老年人一生都不吃早餐，他们通常在中午时段简单吃一顿，然后在黄昏时分与家人享受一顿丰盛晚餐，这样24小时内有16小时以上不吃东西，即现在流行的"16∶8饮食法"；也有人采用每周2天减少摄入75%卡路里的"5∶2饮食法"。

（二）经常锻炼

美国疾控中心2017年得出一项研究成果：经常锻炼的人比久坐的人年轻近10岁。

2011年，英国政府发布了新的抗癌计划《改善治疗结果：抗癌新策略》。该计划认为，40%的患癌症的英国人的致病原因与其生活方式有关。在癌症预防方面，该计划认为吸烟依然是导致癌症的首要因素；排在第二位的，男性是果蔬吃得少，女性则是超重。世界癌症研究基金会公布的一项科学实验成果显示，人们每天进行至少半小时的适当运动，如走路，就可以预防癌症。为此该基金会在英国发起了"一起走路"运动，鼓励人们和家人及朋友一起进行户外运动，养成每日走路等适度锻炼的习惯。雷切尔·汤普森博士表示："人们不必每天去健身房，只要在上下班途中走路，或者在公园里散散步，就会有效地预防许多癌症的发生。"

（三）远离辐射、香烟和亚硝酸钠

DNA的损伤会严重破坏人体基因组，影响身体健康。

紫外线、X射线、伽马射线以及吸烟产生的氡都会造成额外的DNA损伤，因而有必要减少机场扫描、医院X射线检查，尽量寻找可供替代的其他方案。

另外，二手烟中损伤 DNA 的芳香胺的含量是一手烟的 5~60 倍，因而为了自己和家人的健康应尽量早点戒烟。

亚硝酸钠常常在食品行业作为添加剂使用，用以防腐、防止细菌生长、延长肉制品的保质期，亚硝酸钠可以和红肉中的肌红蛋白、血液中的血红蛋白发生反应，让肉呈现诱人的红色。卤制品、路边烧烤摊通常也会添加过多亚硝酸钠，不能多食。

塑料杯和外卖餐盒在微波炉里加热时，会释放多氯苯胺，从而造成 DNA 损伤。

（四）穿少一点，偶尔冻一下

研究者发现，让身体暴露在不太舒服的温度环境下，可以有效开启和激活长寿基因。例如，极寒天气能开启沉默信息调节因子，从而激活背部和肩膀中的保护性棕色脂肪，这种脂肪随年龄的增长而减少，冻一冻有助于其中线粒体的激活，开启长寿基因，对身体健康大有益处。

（五）增加蔬菜和植物蛋白的摄入

素食者患心血管疾病和癌症（结肠癌、直肠癌、胰腺癌和前列腺癌）的概率明显低于肉食者，喜食加工后的红肉的人则更为糟糕。植物蛋白里富含对身体有益的丰富的氨基酸，亮氨酸水平却大大低于哺乳动物肉类中的含量。对于希望通过锻炼增加肌肉的人来说，亮氨酸能激活 mTOR，mTOR 与肌动蛋白细胞骨架的控制和维持有关。换句话说，摄入更多红肉有助于增肌，但由于 mTOR 同时是一种能促进胰岛素受体和胰岛素样生长因子受体激活的酶，摄入过多会提高血糖水平。故而，低水平的亮氨酸有助于长寿。除非需要锻炼增肌，应该减少红肉的摄入，这有利于控制血糖水平，减少心血管疾病和某些癌症的发生。

（六）智慧医疗

通过 DNA 测序可以了解一个人的基因，在不了解基因的情况下给病人开药将变得过时。在不久的将来，可穿戴生物传感设备、家庭小型设备和体内植入设备将可提供饮食建议，同时可监测跌倒、感染和疾病以拯救生命。一旦发生异常，可以召开人工智能视频会议，在医疗专家指导下将救护车、护士或急救药品直接送到病人家门口。

老年人耗损的器官可通过自身的干细胞由 3D 打印机打印出的新器官代替；修复骨折、接种脊髓灰质炎疫苗或鼓励女性补钙和锻炼可以预防骨质疏松；接种流感和肺炎疫苗等能有效预防一些容易夺去老年人生命的疾病。如果能延缓衰老，所有致命性和致残性疾病的患病风险都将同时降低。

梅奥中心的詹姆斯柯克兰曾经做过一个实验，在一个很短的疗程内清除了老鼠的衰老细胞，将其寿命延长了 36%。Bruce Ksander 和 Meredith Gregory Ksander 通过 OSK 重编程病毒实现了年迈老鼠的视力恢复。这意味着重新获得年轻的表观基因组、实现"返老还童"是可以实现的。如果细胞重编程技术日趋成熟，那么将来人们可能在一周内服用一个疗程的药物，然后恢复活力，到 10 年后再来一个疗程。这意味着到 21 世纪末，人活到 150 岁不再是遥不可及的事情。

本章小结

根据哈佛医学院 David A. Sinclair 教授等的最新研究，衰老可以是一种被治愈的疾病，并且已经有抗衰老药物上市或正在研究开发之中，这意味着人们可以通过服药和采取健康的生活方式来抵抗衰老，从而避免或最大限度降低或推迟罹患癌症或其他致命性、致残性疾病的风险，有效延长健康预期寿命。这不仅有助于缓解国家社会保障压力，更为确保老年人获得更有质量的老年生活、实现自己的未了愿望提供了机会。最后，提出了延缓衰老的建议。

参考文献

D. Gems, The Problem of Aging: To Treat, or Not to Treat?, *American Scientist*, 2011, 99: 278-280.

D. A. Sinclair, M. D. LaPlante, Lifespan: Why We Age—And Why We Don't Have to, *Atria Books*, 2019.

L. A. Tucker, Physical Activity and Telomere Length in US Men and Women: An NHANES Investigation, *Preventive Medicine*, 2017, 100: 145-151.

P. Allard, M. P. Colaiácovo, Bisphenol A Impairs the Double-strand Break Repair Machinery in the Germline and Causes Chromosome Abnormalities, *Proceedings of the National Academy of Sciences*, 2010, 107 (47): 20405-20410.

A. Caron, S. M. Labbé, S. Carter, et al., Loss of UCP2 Impairs Cold-induced Non-shivering Thermogenesis by Promoting a Shift toward Glucose Utilization in Brown Adipose Tissue, *Biochimie*, 2017, 134: 118-126.

第八章　思维模式与养老选择

　　观察身边的老年人，常常会发现两种截然不同的类型，一类老年人对周围发生的新鲜事很感兴趣，喜欢和晚辈交流，乐意学习新知识，穿着也比较时尚，不太在意别人的评价，对年龄问题不敏感，甚至忘记自己是个老年人。另一类老年人有自己一套固化的认知，常常看不惯现在年轻人的所作所为，只喜欢自己年轻时代的东西，对于新生事物天然抵触，观念老旧，穿着保守，特别在意别人的评价，常常有年龄焦虑。他们低估自己的学习能力，觉得自己时日不多，学习新知识没有必要，以至于虽然身处互联网社会，他们既不会用电脑又不会用智能手机，成为与时代脱节的人。

　　Dweck 在研究人们的思维模式以及对待学习的态度时发现，人的成功以及他们成长、适应、直面和应对挑战的能力最受他们对自己思维模式的影响。她认为人们有两种思维模式——固定型思维（fixed mindset）和成长型思维（growth mindset）。拥有固定型思维模式的人认为自己的智力、人格和道德品质是与生俱来的、不变的生物学事实，他们所做的是不断证明这些；拥有成长型思维模式的人则相反，他们认为自己的智力、人格和道德品质是可塑的，因而能通过努力来培养和改变。拥有固定型思维模式的人会限制自身的机会，避免风险和害怕挑战；拥有成长型思维模式的人则会充分利用机会并寻求挑战。Dweck 认为人们对自己的看法深刻影响着他们的生活方式。拥有成长型思维模式的人，即使在事情进展不顺利的时候，也有自我发展并坚持下去的热忱。具体来说，当人们认为能力是固定的时候，那么验证他们的能力（通过追求绩效目标或避免挑战）会变得更加重要，做越多努力可能越容易被视为能力低下，而挫折更容易被归因于能力低下，因而会降低持久性。相比之下，当人们将能力视为可以提高的东西时，发展这种能力（如制定具有挑战性的学习目标）会变得更加重要，努力可能被视为一种工具，在这个过程中，挫折更容易被看作学习过程的一部分，这时候就可以坚持下去，这种心态让人们在生活中最具挑战性的时刻仍能努力成长。

从医学的角度来看，成功老龄化意味着患病和残疾的概率低，保持高水平的身体和认知功能，以及在老年时继续从事社会和生产活动。Evans 等人的元分析表明，参与社交活动和拥有相对较大的社交网络与认知呈正相关，这里的认知包括整体认知、记忆和执行功能。Peter A. Heslin 提出成长型思维模式能促进成功老龄化，即随着年龄的增长，维持和发展良好的生活状态，并建议通过习惯性的重复、愉快的活动在身体、情感、心理、社会和精神领域培养个人资源，来提高成功老龄化的可能性。自我效能感、较高的适应性和积极人格等因素有助于使用成功老龄化策略。一个有成长型思维模式的人比有固定型思维模式的人更加相信并有可能通过健身和合理饮食改变自己的身心健康状态。Gopinath 等人的一项纵向研究发现，年龄在 49 岁以上的澳大利亚人的身体活动水平较高，没有慢性病、认知障碍和功能障碍的状态可延长 10 年。与拥有固定型思维模式的人相比，拥有成长型思维模式的人会降低经历心理困扰的概率，因为拥有成长型思维模式的人相信可以通过调整自己的情绪来应对生命中的变化。这很可能是因为成长型思维模式预示着更大的韧性，即更强的从逆境中恢复的能力。那些有成长型思维模式的人将挫折视为学习的机会，从而培养出更高的适应力。成长型思维模式还会影响一个人的心理能力，譬如，对于喜欢音乐并想学一门乐器的人来说，他们不相信音乐能力只是一种固有的天赋，而是会以更专注和系统的方式练习乐器，从而从根本上改变自己的音乐天赋，他们会找到更有效的"练习方法"来激发自律，培养心智能力，并通过尽量减少干扰和定期休息来切实达成预期目标。

21世纪，老年人越来越要求承认他们在世界上的地位。为了支持老年人的发展，需要给老年人提供充分的教育，以使他们保持与时俱进的知识更新。勇气老年学提醒老年人有责任填补他们获得的自由空间，使老年人充分相信他们的理想更有希望实现。承认老年人融入不同生活领域的权利，让人们意识到老年人的多样化需求和自我决定权，能帮助老年人重新体验真正的生活。

一　研究设计

本研究假设老年人的思维模式影响了他们的养老选择，并采用问卷调查和深度访谈的方式加以验证。我们对居住在武汉市内的440位60岁以上老年人通过实地访谈和在线填答相结合的方式进行了问卷调查，共回收有效问卷412份，调查对象均为居住在武汉市内、年龄为60~99岁的老年人。问卷调查中，以"您对衰老感到焦虑吗？""随着年龄的增长，您是否对很多事情感到越来越力不从心？""您自己的事情是不是能自己说了算？""您是否乐于学习新东西？"等问题的回答来区分固定型思维模式和成长型思维模式的老年人，以"您会使用智能手机的哪些功能？""您经常参与哪些活动？""您是否有朋友常来往？""您是否经常锻炼身体？""在身体健康状况允许的情况下，您是否愿意为社会做一些有益的事？"等问题的回答来分析不同思维模式老年人的养老现状和行为选择。同时，通过对11位选择不同养老模式（居家、养老公寓或养老机构）老年人的深度访谈，从做出养老选择的自主性、乐观豁达或是保守抱怨的态度、和子女的关系、社交活跃度、有没有坚持做自己喜欢的事，以及是否常为他人考虑或乐于助人等方面与老年人进行了广泛交流，发现老年人的思维模式的确影响了他们的养老选择。

二 研究发现

(一) 问卷调查情况

本次调查的 412 位老年人中,女性占 66.00%,男性占 34.00%;最大年龄 99 岁,最小年龄 60 岁,平均年龄 72.1 岁。就受教育水平而言,初中及以下学历的占 36.59%,高中或中专学历的占 29.02%,大专及以上学历的占 28.54%,不识字的占 5.85%。91.02%的老年人收入来源是自己的离退休工资或养老金,由子女供养的老年人占 8.25%;5.83%的老年人有积蓄或投资收入,配偶提供养老金的老年人占 1.70%,靠劳务收入的占 2.18%,另有 2.91%的人由政府提供最低生活保障补助。就老年人的每月可支配收入而言,每月 2001~3000 元的占 36.52%,3001~5000 元的占 29.66%,5001~10000 元的占 16.42%,1001~2000 元的占 8.33%,1000 元及以下的占 6.86%,10001 元及以上的占 2.21%。

412 位老年人中,有 6%认为自己"总是为衰老感到焦虑",11%的老年人认为自己"从不为衰老感到焦虑",其他人处于两者之间。这两类老年人参加活动的情况见表 8-1。

表 8-1 "总是为衰老感到焦虑"和"从不为衰老感到焦虑"的老年人参加活动的情况

单位:%

	坚持锻炼身体	经常户外活动	经常朋友聚会	保持房间整洁	结交新朋友	参加合唱、舞蹈	学习新技能	到外地旅游	精心打扮自己	投资理财
A	30	22	26	15	7	7	7	4	18	11
B	54	44	31	44	15	15	23	19	10	4

注:表中 A 为自评"总是为衰老感到焦虑"的老年人,B 为自评"从不为衰老感到焦虑"的老年人。

在回答"随着年龄的增长,您是否对很多事情感到越来越力不从心?"这一问题时,认同"越老做很多事越力不从心"的老年人中会使用智能手机的占36%,他们中经常锻炼身体的占48%,他们中经常去社区参加活动的占14%;而不认同这个说法的老年人中会使用智能手机的占64%,他们中经常锻炼身体的占71%,他们中经常去社区参加活动的占29%。

412位老年人中有104位认为自己"乐于学习新东西"(占比25%),34位(占比8%)认为自己"不太接受新生事物",其他老年人未作答。这两类老年人使用智能手机的能力见表8-2。

表8-2 "乐于学习新东西"和"不太接受新生事物"的老年人使用智能手机的能力

单位:%

	微信	拍照修图	欣赏音乐	购车票机票	打车	在线购物	手机支付	GPS导航	备忘录	浏览新闻	在线学习	手机炒股	点外卖	手机KTV	应用软件下载
C	92	49	52	29	31	40	60	34	27	58	22	14	24	20	28
D	29	9	6	6	3	6	6	3	3	17	0	0	0	0	3

注:C为自评"乐于学习新东西"的老年人,D为自评"不太接受新生事物"的老年人。

显而易见,自评"乐于学习新东西"的老年人使用智能手机的能力大大超过了自评"不太接受新生事物"的老年人。

"乐于学习新东西"的老年人,在参加合唱团、模特队、健身、旅游、学习各种技能等活动的比例大大超过了"不太接受新生事物"的老年人。"不太接受新生事物"的老年人只在打麻将、做手工这两项活动的参与度上比"乐于学习新东西"的老年人高(见表8-3)。

表 8-3 "乐于学习新东西"和"不太接受新生事物的老年人"过去一年中做过的事情

单位：%

	参加合唱团	参加模特队	学习书画、茶艺	学习声乐器乐	使用电脑、智能手机	投资理财	练习瑜伽、太极	国内旅游	出国旅游	坚持健身	创业	读书看报	养生保健	烹饪	打麻将	做手工
C	30	28	14	31	50	13	28	48	19	25	3	43	23	14	27	6
D	12	0	3	9	20	6	9	23	3	12	0	35	21	12	32	18

注：C 为自评"乐于学习新东西"的老年人，D 为自评"不太接受新生事物"的老年人。

在被问到"在身体健康状况允许的情况下，您是否愿意为社会做一些有益的事？"时，34%的"乐于学习新东西"的老年人回答"愿意并且正在这么做"，"不太接受新生事物"的老年人中则只有11%的人回答"愿意并且正在这么做"。

在被问到"是否经常去社区的老年人服务中心参加活动？"时，44%的"乐于学习新东西"的老年人回答"是"，30%的"不太接受新生事物"的老年人回答"是"。

另外，"自己的事情总是自己说了算"的老年人、自评"健康状况很好"的老年人的比例比自己的事情"很少自己说了算"的老年人高7个百分点，他们参加各种兴趣爱好活动的更多，会使用的智能手机应用也更多。学历越高的老年人，认为"自己的事情自己说了算"的越多。自己的事情"很少自己说了算"的老年人多数评价自己的生活很一般。调查还发现，老年人的学历与智能手机的应用能力高度相关，而年龄和性别与智能手机应用能力没有明显相关性。

（二）对11位老年人的访谈

从没想过这个问题，女儿喜欢怎样就怎样，而且我们经常微信视频，虽然她不在身边也能相互问候、彼此关心。疫情开始之前，每年不是我去德国，就是她回中国，这样也不错。养女儿不是为了照顾自己的，希望她能选择自己最喜欢的生活。

——女儿旅居德国的丧偶空巢老人刘女士

刘女士，现年 65 岁，大专学历，退休前在高校实验室工作，每月退休金 6000 余元。女儿是钢琴博士，旅居德国。老伴去世后，刘女士一直独自照顾现年已经 101 岁的音乐教授婆婆。刘女士性格开朗，做的一手好菜，也善于打理家务，把婆婆伺候得无微不至。刘女士最大的爱好是旅游，一年要境内外旅游 2~4 次，经常把国内外旅游见闻发抖音和"美篇"等与朋友分享，这期间婆婆就由她"亲自培训"的保姆照顾。问她有没有后悔过因让女儿出国留学而成为空巢老人，她说了上面一席话。

我昨天又写了一首诗发到网上，好多人点赞，你要不要看看？

——独自居家的骆老先生

骆老先生，现年 77 岁，大专学历，每月退休金 6000 余元，有 2 个女儿，老伴已经去世多年。12 年前，女儿送他一台电脑，教会他怎么打字、收发电子邮件和 QQ 聊天，他很快就学会了，还教给了自己的老同学。骆老先生热爱书画和摄影，常把自己写的字、画的画和拍摄的照片上传到 QQ 群与老友分享。过了几年，智能手机开始流行，女儿又给骆老先生买了一个华为手机，教他用微信，他很快又学会了，还自己琢磨学会了用手机拍照、修图、做电子相册……刚开始他不敢使用手机支付，怕被骗，但出门买东西觉得没别人方便，遂同意让女儿绑定了自己的银行卡，限定了每日最大支出，便开始慢慢用了，现在他常在拼多多买菜、上淘宝购买笔墨纸砚，甚至偶尔像年轻人一样叫外卖。家庭聚会的时候，外孙女讲话用的一些网络语言他甚至也能听懂；朋友聚会的时候，骆老先生也是大家羡慕的时尚老年人。武汉市新冠疫情暴发期间，骆老先生一个人待在家里好几个月，通过视频和女儿、外孙女互动，大大缓解了精神压力。

> 从未考虑过入住养老院，听说那里照顾得不好。
> ——瘫痪多年的李教授

李教授，现年82岁，大学学历，每月退休金8000余元，有2个女儿。瘫痪在床3年多，得过2次褥疮。由老伴和大女儿轮流照护，大女儿为此与丈夫分居，住到父母家。

> 姑姑没时间上微信的，我用它联系谁嘛？
> ——与女儿同住的彭老师

彭老师，现年88岁，大学学历，30多年前与妻子离婚，退休前是中学数学老师，每月退休金8000余元，现和女儿居住在深圳。年轻时多才多艺，因弹得一手好钢琴退休后曾是武汉市老年大学的风云人物。但75岁以后不再去老年大学，与外界的联系越来越少，曾被卖保健品的骗去10多万元，亲戚中只有一个妹妹有来往。女儿想教他用微信，方便和亲戚朋友联系，他却拒绝学习，把手机丢在一边。

> 住在这里好，一是可以和同龄人聊天，没有代沟，感觉不错；二是心静，少操心，原来和儿子住在一起，儿子上班没有按时回家就会担心，在这里就不用想那么多了。有些人住养老院觉得不自由，我呢本来就不爱出门，怕给人添麻烦，"70不留宿，

80不留餐"嘛，而且在这里可以做做操、跳跳舞、打打小牌，挺好的。收费也还合理，一个月3000多元，可以自保。

——主动要求入住青山区"楠山有约"的郑奶奶

郑奶奶，现年80岁，每月退休金4000余元。老伴去世后一个人住，没人交流，和子女一起住又怕影响子女的生活，于是郑奶奶3年前主动要求住到养老院。郑奶奶和家人关系很好，子女经常来探望。

我和老伴都是退休教师，原来住在百步亭小区，后来听说他们建了金桥汇养老公寓，就买了房子搬过来了，一起来的还有原来社区的老朋友，因为这里有食堂和中医院，不用为一日三餐忙碌，可以把更多时间花在感兴趣的事情上，这里有唱歌班、跳舞班、瑜伽班、模特班、电脑班、智能手机班等各种兴趣班，每学期收费100~400元。如遇紧急情况需要帮助，可以致电大堂的总服务台。

——与老伴同住老年公寓的罗老师

罗老师，现年68岁，退休前是小学老师，每月退休金5000余元，她在百步亭金桥汇养老公寓志愿教姐妹们做手工花，老伴则教大家画工笔画，老伙伴们和谐相处，亲如一家。

我原来家里有一套60平方米的房子拆迁，换到一套80多平方米的房子，给儿子住了；后来和大女儿住一起，大女儿在汉正街做生意，每天回家很晚，第二天睡到中午，我早晨起床必须小心翼翼，否则就会吵醒她，很憋人。现在独自住一个带洗手间的大单间，也可以自己简单做饭，挺好的。这里还有个好处，每天有人查房，死了不会没人管（笑）。

——独自入住侨亚国际（汉阳）养生文化区独立生活区的黄爹爹

黄爹爹，现年 82 岁，老伴 10 年前去世，为了不打扰孩子们的生活，他主动选择入住养老公寓，每月房费、餐费、服务费总计约 2200 元，可以自给自足。黄爹爹说话很幽默，能坦然聊生死，他说自己的收入也只能住在这家养老公寓，准备一直住到死。

6 年前家里房子拆迁，一家三代挤在一起，孙子谈恋爱，我觉得自己像个"探照灯"，是我自己主动提出来要住养老院的。当时儿子不让来，怕人说闲话，但是我到养老院后，吃喝不用操心，觉得蛮舒服的，还常常带着其他老年人唱歌、跳舞，很快活，儿子这才放心。

——独自入住江岸区建设新村社区养老院的张婆婆

张婆婆，现年 82 岁，退休前在柴油机厂从事检验工作，每月退休金 3000 多元。现住的社区嵌入式养老院是由旧民房改建而成，房间比较窄小拥挤，采光也不太好。张婆婆住的单人间，面积虽小，但每月含水电费约 2200 元，自己的退休金足够支付，并且从前的老街坊还有一起住进来的，有人说话，儿子过来探望也方便。张婆婆非常健谈，又有幽默感，她还经常帮院长做调解员，调解老年人之间的矛盾。

这里真的好，不仅能享受各种美食，能上老年大学的免费兴趣班，时不时还能在舞厅跳跳交谊舞，我和老伴都很满意。我们的两个孩子都在美国定居了，我们经常视频联系。想吃水果，可以用手机点个外卖，连大楼都不用出。

——和老伴同时入住五星级养老院的黄老先生

黄老先生，现年 85 岁，大学毕业，教授级高工，和 83 岁的老伴一起住在武汉市社会福利院，两人每月需交纳的总费用约为 5000 元。武汉市社会福利院属于五星级养老院，包括中央空调在内的各种设施齐全，活动丰富，服务专业。

刚搬进楚园时，我报了好多兴趣班，每天忙得不亦乐乎，现在基本固定参加唱歌、弹古琴、跳广场舞和打拖拉机（一种扑克游戏）的活动，每天过得很充实。楚园的餐食非常好，还有一家二级康复医院，可以做理疗或者接诊一些常见的老年病患者，身体不舒服不用跑到外面的医院去看病。就是外出有些麻烦，不光是需要提前请假，由于不会开车，又没有公交，只能等园区每周一次外出的班车，很不方便。

——与老伴同时入住泰康之家·楚园的刘女士

刘女士，现年 64 岁，住在泰康之家·楚园长寿社区。刘女士和老伴退休前都在事业单位供职，退休金比较高，儿子和儿媳妇在澳大利亚工作并定居了，属于空巢老人。除了交押金 20 万元，还办了一张 50 万元的乐泰打折卡，刘女士夫妇二人住在楚园每月费用为 11000 元左右。老伴很喜欢这里的环境，自从住进来就没怎么外出，成天都待在楚园里，各种活动和美食令他相当满意。

我的腰不好，自己做饭有些困难，子女也很忙顾不上我，就住进这里了，这里的伙食一般，生活也有些单调，除了有时候组织大家唱唱歌，加上逢年过节的时候大学生志愿者来陪我们做做游戏，没什么活动。我以前经常打太极的，现在也中断了。

——丧偶后入住武昌区某福利院的王奶奶

王奶奶，现年 82 岁，初中未毕业，从前是一家国企的仓库保管员，每月退休金 3000 元，现在住的是一家公办民营的普惠型福利院，每月交费 1800 元。

三 分析与讨论

今天，中国 60 岁以上老年人已经超过 2.64 亿人，据人力资源和社会保障部公布的数据，2018 年中国人平均每月养老金为 3153 元。根据笔者调查，91.02% 的武汉市老年人靠退休金生活，但退休前从事不同工作的老年人，退休金的数额差别很大，最多相差 10 倍以上，武汉市老年人每月可支配收入在 2001～3000 元的最多，占 36.52%；在 3001～5000 元的其次，占 29.66%；但也有 10001 元及以上的，占 2.21%；1000 元及以下的，占 6.86%。

尽管收入水平在一定程度上限制了老年人的养老选择，但老年人的价值感和幸福感与他们的思维模式更相关。如 88 岁与女儿同住的彭老师，虽然退休金比 65 岁的刘女士和 77 岁骆老先生高，但是他在 75 岁以后就逐渐拒绝学习新东西，也减少了社交，对于女儿的一些劝诫和主动帮助很抵触。彭老师的妹妹建议他和老邻居一起去住养老院，也被拒绝了，现在和女儿一起常住深圳，宅在家，又没什么朋友，渐渐地衰老得更厉害了。同样有固定型思维模式的还有 82 岁瘫痪在家的李教授，每月退休金 8000 余元，瘫痪在床 3 年多，从未考虑过入住养老院（事实上有些养老院照顾瘫痪老年人很专业），他一直觉得养老院是很恐怖的地方，去了会受虐待，由于李教授是个大高个，老伴和大女儿却个头矮小，帮着翻身都很费劲。自从李教授生病，老伴和大女儿就没怎么出过门，大女儿的家庭生活都受到了影响。反观 65 岁的丧偶空巢老人刘女士，在老伴去世后承担起照顾坐轮椅的高龄婆婆的责任，至今已经 6 年。她不仅不自怨自艾，支持女儿留在德国的选择，还在安排好婆婆生活的前提下，经常出去旅游，并把自己的旅游见闻通过抖音和"美篇"等分享给亲朋好友。除此之外，她还参加老年大学学习声乐和绘画，总能感受到她对生活的热情。77岁的骆老先生和刘女士一样，退休金只属于中等水平，基本够用，关键是他们都有广泛的兴趣爱好和好学精神，和子女相处良好，不仅能获得子女的支持，而且有自己的社交圈，常常和朋友分享美好事物，获得朋友的认同，他们还能从自己做的事情中获得亲友的尊重和自我价值感，这样的心态使得他们比同龄人更加活跃和健康。

老年人通常在不能完全自理的情况下才会考虑入住养老院，因为住进养老院意味着让渡了一部分自由处置权。如热爱自由的刘女士，倘若住进养老院，想来一场说走就走的旅行可就难了，必须得提前打报告请假，所以她宁愿每天做饭辛苦一些，也要保持自己的独立性。但现在有些老年人已经改变了看法，如另一位64岁的刘女士及其老伴，两人都很健康，但是不想把时间都花在做家务上，于是早早住进了泰康之家·楚园，泰康之家·楚园有两栋楼住的都是活力老年人，相当于退休社区，他们的子女不在身边，也不用带孙辈，可以尽情享受生活，把愿望清单上的条目一个一个完成。85岁的黄老先生和老伴与刘女士夫妇除了年龄差距倒是有很多相似之处，第一，都是高学历，机关事业单位退休，养老金比较高，生活无忧；第二，外向热情，觉得住养老院很自在，且都报名参加了各种兴趣班学习新技能；第三，都是空巢老人，都很会使用智能手机和远在国外的子女联系，尤其是像黄老先生这样的高龄老年人智能手机用得这么好的并不多见，这显然与老年人的高知背景、热爱学习不无关系。居家养老的刘女士、入住养老院的刘女士和黄老先生都属于空巢老人，他们尊重子女旅居海外的选择，没有传统的对子女的依赖心理，把自己的生活安排得井井有条。

82岁的张婆婆、80岁的郑奶奶、82岁的黄爹爹有共同的特点，第一，他们都特别善解人意，理解子女的不易，他们主动提出要住到养老院，这与大部分有"养儿防老"、住养老院别人会觉得自己子女不孝顺很没有面子的传统观念的老年人有本质上的不同，与迫不得已被子女安排入住养老院的老年人也不一样，他们牢牢掌控生命的主动权，根据自己的能力和现实处境审时度势做出选择，既保存了自己的独立性和尊严，又为子女保留了面子，还和子女保持着融洽的关系。第二，他们都不在乎别人的看法，做对自己更有利的选择，而不是关注别人怎么说、怎么看。第三，他们都很开朗健谈，凡事看积极面，有幽默感，到了新环境能主动融入，与周围人搞好关系，尽量参加一些对自己有益的活动。相比之下，82岁的王奶奶的退休金和张婆婆、黄爹爹一样，都是每月3000元左右，选择入住一家每月收费不到2000元的养老院，她有些爱抱怨，由于伙食一般且没有自己感兴趣的太极活动，显得很沮丧。王奶奶显然是持固定型思维模式的人，她的随机应变能力不够，因而生活满意度低。

通过问卷调查和对11位老年人的访谈，笔者发现老年人的养老选择在很大程度上取决于他们的思维模式。有固定型思维模式的老年人，更多表现为认可关于"衰老"的刻板印象，如身体机能和记忆力、智力水平的下降，不认为积极锻炼身体能改善健康状况，不认为自己还能学会新技能，心理上已经接受自己是没用的人了，社交活动也逐渐减少，而且因为固执己见，与子女沟通常有问题，相处也不太愉快，容易抱怨，生活进入了被动"等死"模式。有成长型思维模式的老年人，把老年阶段视为人生的一个新的发展阶段，相信这个阶段也能有不一样的精彩，他们直面年龄的增长和身体机能的变化，积极进行自我调整，他们以自己喜欢的方式锻炼身体；保持活跃社交，有自己的朋友圈，与朋友常来往；乐于学习新东西，善于使用智能手机保持与互联网社会的连接；乐于助人，为家人或社会做力所能及的事；还有一点，他们保持对生命的掌控感，而不是凡事依赖子女，尽量保持生活的独立性，尊重子女的选择，与子女相处融洽；他们还坚持发展自己的兴趣，把实现自己从前未了的愿望作为生命的乐趣，并不断接受新挑战。表现在养老选择上，有固定型思维模式的老年人倾向于居家养老，他们认为老了就该由家人照顾，去养老院很没面子，因而即使家人照顾不好也不愿意去养老院，或者听别人说养老院里有人虐待老年人就轻信，也不去尝试了解具体情况。他们通常有些固执，和子女沟通有障碍，有时相处不愉快。有成长型思维模式的老年人善解人意，懂得为子女着想，不视子女照顾自己为理所当然，他们倾向于审时度势，自主决定自己的生活，他们愿意主动分析不同养老模式的利弊，在能力范围内选择最适合自己的养老模式，所以他们有选择入住养老院的，也有选择居家养老的，但都能自得其乐。

与有固定型思维模式的老年人相比，有成长型思维模式的老年人随着年龄的增长一如既往地做自己感兴趣的事，他们不觉得年龄是一个障碍，除非身体健康状况已经出现问题。他们积极锻炼身体、保持活跃社交、发展各种兴趣爱好、为社会做力所能及的事……一直保持生活的自主性，而不是指望子女和其他家人的安排；当身体健康状况出现问题时，他们会积极做自我调整，在能力范围内选择最合适自己的养老模式，不受一定由家人照顾的传统思想的禁锢。他们善解人意，乐观豁达，与家人相处更加融洽，获得家人和社会更多的支持，有更高的主观幸福感。

四　给老年人的建议

Merton 提出自我实现预言，即人们先入为主的判断无论正确与否，都将或多或少地影响人们的行为，以至于这个判断最后真的实现。也就是说我们总会在不经意间使我们自己的预言成为现实。你相信自己老了，你就会真的很快变老；你相信自己学不会，最后就真的学不会。世界卫生组织提出，"早期的教育生活加上终身学习的机会可以帮助人们发展他们适应和保持年龄增长所需要的技能和信心"。

既然有成长型思维模式的老年人能做出对自己更有利的养老选择，那么是否能通过干预有固定型思维模式的老年人来改善他们的生活状况呢？通过干预有固定型思维模式的老年人，让他们感知健康生活方式带来的好处，能有效延缓衰老。谢立黎等根据2014年中国老年社会追踪调查数据分析发现，应通过发展终身教育，加强社会组织建设，完善养老服务体系，建立年龄友好环境，提高老年人社会参与的内外能力，尤其是关注弱势老年群体社会参与的需求，真正建立一个人人共享的社会，从而推进和实现健康老龄化和积极老龄化。McGuire关于老年教育的观念框架如下。

观念1：衰老是一种自然的、终身的成长和发展过程。

观念2：老年人和年轻人在许多方面是相似的。

观念3：老年人是对社会有价值和贡献的成员。

观念4：老年人和年轻人可以彼此欣赏、互相学习。

观念5：人们需要为变老做计划。

观念6：人们对自己的成长有很大的控制力。

观念7：对衰老的态度在人们如何变老方面起着重要作用。

（一）摒弃对老年人的刻板印象，保持对生活的掌控感

人老了记忆力一定衰退吗？老了就一定会糊涂吗？事实上，衰老是一个被灌输的概念，年龄增长并不意味着虚弱、无助、多病，但是当人们看到太多这类事例，或者自己也在经历着因年龄增长而导致的衰弱、疾病时，很多人会经历"习得性无助"，从而产生一种被动的无力感。但衰老其实是一个渐进的过程，并不是所有老年人的认知能力都比年轻人差，幸运的少数人从中年到老年阶段的认知能力还提高

了，也就是说，年龄增长并不必然带来普遍的认知衰退。而有些老年人尽管认知能力衰退了，其情绪体验、生活满意度、亲近人际关系的质量和主观幸福感却在上升。

Deci 和 Ryan 自我决定理论（Self Determination Theory）提出人类 3 个与生俱来的需求，认为如果能满足该需求，则将会为个人带来最佳的发展与进步。一是胜任力，即了解个体所具有的能力，以及个体对于任务可能完成的结果与效能；二是归属感，基于想与他人互动的本能，该行为是否具有制造与他人互动的机会；三是自主性，该行为与动机是不是发自内心，以及该行为是不是自我决策而非受他人影响。这个理论也适用于老年人，倘若老年人对自己做某事的胜任力有信心，就会主动去做；如果他们觉得这不是自己可以独立完成的，有归属感会使他们主动寻求家庭和社区的帮助；而做成了自己想做的事，会使他们觉得生活是可控的，自己是能够实现一些心愿的，这无疑会非常有益于老年人的身心健康。

如前所述，生活满意度高的老年人，都是自主对自己的生活做出选择的人。自主性在很大程度上有赖于老年人对基本需求的满足，对老年人的尊严和独立有很大影响。自主性被多次确认为老年人综合健康的核心组成部分，老年人有权掌控自己的生活，包括住在哪里、穿什么衣服、与谁保持联系、如何消磨时间、去哪里旅行、买什么东西、养什么宠物、是否需要治疗等。对生活有更多控制权的老年人会比那些被全方位照顾的老年人记忆力更好、更热爱社交，甚至活得更久。

（二）终身学习，终身成长

Cruikshank 指出，一个人在衰老过程中自我重塑更重要的方式之一是教育。随着人们年龄的增长，早年奠定的学习基础和知识对于学习至关重要，使人们具备继续学习的技能和态度，现在这种学习还包括学习技术的使用方法。对于"30后"、"40后"或"50后"的老年人来说，他们年轻时还没有互联网，而今天互联网相关知识和技能已成为必需。由于在线学习和工作不要求出门和通勤活动，这对于健康状况不如从前或是行动不便的老年人应该是一件好事，于是对于老年人来说，学习如何使用互联网变得更加重要，与互联网的连接使他们能够从广泛的服务和信息中受益。我们前面的研究已经充分表明，智能手机的应用是老年人与晚辈保持沟通和缩小代沟的必要手段，同时也是与其他亲朋好友保持联系的重要工具，甚至有些手机游戏还能刺激大脑神经细胞的连接，使大脑更强壮。

这样的教育使人们能够自我调节并继续终身学习，而学习是保持大脑活跃的必要条件。保持终身学习的心态会令人忘记年龄，专注在想达成的目标上。有成长型思维模式的人会认为老年只是人生发展的一个阶段，这个阶段可以实现从前未能实现的愿望。研究证明，参与学习可以让养老院的老年人学习新技能（如绘画）、保持身体活跃（如瑜伽）、了解时事（如讨论新闻）、保持思维活跃（如加入读书俱乐部）、刺激情感学习（如以艺术为基础的学习）、并参与变革性的回忆（如观看电影、传记、故事）。

美国每个州都有免费的老年大学，有些州立大学还开设老年人旁听课程，如犹他大学，只要课堂有空座位，老年人就可以申请旁听，一个学期35美元。大学退休社区（University Based Retirement Community，UBRC）越来越受欢迎，价格比普通退休社区高很多，因为有研究表明大学退休社区的老年人平均寿命甚至比其他社区高。老年大学就开在社区里，有上不完的兴趣班和丰富多彩的活动，以及有更多认识新朋友的机会，这也是有些老年人主动搬到条件好的退休社区的原因。英国有些大学有暑期项目，将假期空出来的大学宿舍提供给老年人入住，使他们重新体验大学生活。

有些人认为自己能力不够，很早就开始放弃学习和成长，而相信自我实现预言①会导致终身学习的行动，终身学习需要承诺在整个生命周期内发展知识、技能和能力。成长型思维模式以及对终身学习的承诺不仅适用于职业生涯，在老年阶段同样有效。老年阶段可以实现年轻时未完成的心愿，创造人生新高峰。

（三）面对现实，做最合适的选择

老年人在身心衰退的情况下为什么还能保持良好的心态呢？德国知名发展心理学家 Baltes 提出 SOC 理论，即选择、优化、补偿理论。

1. 选择（Selection）

选择目标或偏好，指基于具体情境选择目标，确定目标层级并做出实现目标的自我承诺。在选择目标的时候，可以专注于最重要的目标，也可以选择一个新目标，或者调整目标的层级。譬如前述的因为在养老院不能打太极而感到沮丧的王奶奶，应该基于现实情境选择或调整自己的目标。王奶奶可以像同龄的张婆婆一样，主动和院长联系，建议开设太极兴趣班，既能强身健体又能帮助大家打发时间，可以适当交点学费请个老师；或者尝试学习智能手机的应用，搜索太极拳培训的在线视频，跟着一起锻炼；又或者可以尝试参与养老院正在举办的活动，培养新的兴趣。

2. 优化（Optimization）

优化指对实现目标的方法进行改进，如更加专注，投入更多精力，注意时间分配，反复练习提高技能，获取新资源，或者直接模仿成功的其他人。譬如王奶奶建议院长开设太极兴趣班不成，决定自己买个智能手机投屏到电视上照着练。这时她可以打电话请教自己读大

---

① 自我实现预言（Self-fulfilling prophecy），即自证预言，是某人"预测"或期待某事的社会心理现象，而这种"预测"或期望之所以成真，只是因为该人相信或预期它会发生，并且该人的由此产生的行为与实现该信念一致。这表明人们的信念会影响他们的行为。

学的孙子，帮忙选一款智能手机，并教会她怎么使用。这样一来二去，王奶奶和孙子的联系多了，不仅加深了祖孙感情，还可以将自己学会的知识传授给养老院的新朋友，更重要的是，王奶奶可以从自己每一个小小的进步中增强自我效能感，感受到更多的自身价值，这些积极的情绪体验能有效减轻王奶奶在养老院的孤独感。

3. 补偿(Compensation)

补偿指那些用于弥补损失或下降的资源或手段。如提高注意力，增加精力投入，增加时间分配，激活未使用的资源，获得新资源，模仿成功的其他补偿，使用外部援助，治疗干预等。假设王奶奶在坚持打了1个月太极后觉得越来越难以进步，想打"退堂鼓"，这时候她无意中在抖音上看到一个100岁的老人跳国标舞的视频，这位老人还讲述了自己克服困难坚持学习的故事，王奶奶深受感动，决定坚持下去，她和养老院有相同兴趣的老年人结成了互助组，互相督促、相互指点，这种情况令院长很受触动，院长请来了一位太极老师，王奶奶和老伙伴们在老师的指点下进步更大了。

王奶奶的故事虽然是虚构的，却可以发生在每一位希望通过学习改变目前处境的老年人身上。人生是一场长途旅行，老年是其中的一段，是同样可以遇见惊喜的一段旅程。如果抱着终身都需要学习、终生都可以成长的心态，老年人同样可以为自己创造更多的惊喜。如前所述，学历高的人的确在学习新知识和掌握新技能方面较学历低的人具有更大优势，但这不是绝对的，同样有低学历的但学得很好的老年人，他们具有开放心态。学什么不重要，重要的是学，无论年龄、性别、何种身体状态，都可以学习积极面对现状，寻求改变的方法，然后努力去做，创造老年的新高峰。

世界卫生组织将积极老龄化定义为"为提高老年人的生活质量，尽可能改善其健康状况、社会参与和保障机会的过程"。该定义强调了对多部门行动的需求，目标是确保"老年人始终是其家庭、所在社区和经济体的有益资源"。全社会达成这种共识，关爱老年人，摒弃老年歧视，尊重他们作为社会资源而不是负担的独立价值，并不容易。尤其是在身体机能随着年龄增长逐渐减退的情况下，老年人保持自己的自主性、行动力，满足自己的基本需求，维持现有的亲密关系，实现一些未了的心愿，甚至为社会做些贡献，与维护自己的尊严和价值感有很大的关系。因而在老年人即将或已经不能自理的时候为其提供适当的照护，以尽可能延长老年人的健康自理期，是非常重要的，这对政府有效提供和改善居家和社区养老服务提出了更高的要求。而在现有条件下如何寻找社会资源匹配自己的支付能力以满足自己的养老需求，对于每一位老年人来说都是一个需要认真思考和提前规划的问题。无论是选择居家养老，由家人照料自己；还是住到退休社区或养老机构，接受新环境，离开家人却能得到更专业的护理服务，希望都是老年人直面自我需求后相对更优的自主选择。持成长型思维模式，相信自己，每一位老年人都能在晚年活出属于自己的那份精彩。

本章小结

通过对 412 位老年人的问卷调查和 11 位老年人的访谈分析，探讨了老年人的思维模式与养老选择之间的关系。结果发现，越是持固定型思维模式的老年人，越倾向于传统的居家养老，总是寻求家庭支持；越是持成长型思维模式的老年人，越愿意主动分析不同养老模式的利弊，在能力范围内选择最适合自己的养老模式，所以他们有选择居家养老的，有主动搬到养老公寓的，也有自己要求住进养老院的，因为是自己的选择，所以他们无论在哪里都能主动适应和接受新环境，活得更悠然自得。最后，建议老年人调整心态，运用 SOC 理论为自己做出最合适的养老选择。

参考文献

J. L. Burnette, M. V. Russell, C. L. Hoyt, K. Orvidas, L. Widman, An Online Growth Mindset Intervention in a Sample of Rural Adolescent Girls, *British Journal of Educational Psychology*, 2018, 88 (3): 428-445.

R. W. May, M. Bamber, G. S. Seibert, M. A. Sanchez-Gonzalez, J. T. Leonard, R. A. Salsbury, F. D. Fincham, Understanding the Physiology of Mindfulness: Aortic Hemodynamics and Heart Rate Variability, Stress, *2016, 19 (2): 168-174*.

C. S. Dweck, D. S. Yeager, Mindsets: A View from Two Eras, *Perspectives on Psychological Science*, 2019, 14 (3): 481-496.

B. P. Smith, Goal Orientation, Implicit Theory of Ability, and Collegiate Instrumental Music Practice, *Psychology of Music*, 2005, 33 (1): 36-57.

R. Merton, The Self-Fulfilling Prophecy, *The Antioch Review*, 1948, 8 (2): 193-210.

The World Health Report 2002—Reducing Risks, Promoting Healthy Life, WHO, p. 29.

M. Marquet, A. Chasteen, J. Plaks, L. Balasubramaniam, Do Older Adults' Growth Mindsets Predict Their Willingess to Engage in Preventative Health Behaviors?, *Innovation in Aging*, 2018, 2 (Suppl 1): 261.

S. L. McGuire, Aging Education: A Worldwide Imperative, *Creative Education*, 2017, 8: 1878-1891.

K. W. Schaie, *Developmental Influences on Adult Intellectual Development: The Seattle Longitudinal Study* (2nd rev. ed.), New York, NY: Oxford University Press, 2013.

A. M. Freund, K. Z. H. Li, & P. B. Baltes, Successful Development and Gging: The Role of Selection, Optimization, and Compensation. In J. Brandtstädter & R. M. Lerner, *Action & self-development: Theory and Research Through the Life Span*, 1999, pp. 401-434.

谢立黎、汪斌:《积极老龄化视野下中国老年人社会参与模式及影响因素》,《人口研究》2019年第3期。

第九章 积极老龄化与终身学习

一 对"积极老龄化"的解读

世界卫生组织（WHO）在20世纪90年代末提出了"积极老龄化"的概念，Walker在2002年设想了一个广泛的进程，"优化健康、参与和保障方面的机会，以随着人们年龄的增长提高生活质量"。"参与"是指老年人根据自己的能力、需要和喜好，参与社会经济、文化和精神活动。老年人通过各种方式参与家庭、社区和社会发展，利用自己积累的知识、技能和经验继续为家庭、社区和社会做出贡献。"保障"是指在老年人不能照顾自己的情况下，家庭和社区通过各种途径努力照料他们。"积极"指的是在社会、经济、文化、精神等方面的持续参与，而不仅仅是身体活动或参与劳动的能力。退休的老年人、生病或身患残疾的人可以继续为他们的家庭、同伴、社区和社会做出积极贡献。积极老龄化旨在延长所有人的健康预期寿命和改善生活质量，包括那些体弱、残疾和需要照顾的人。

要做到积极老龄化，社会保障是前提，社会参与是核心，身体健康是基础。

Nazroo揭示了影响老年生活质量的5个因素：支持关系网、财富、健康、有时间和独立，位列前三的因素正好对应了社会参与、社会保障和身体健康。鉴于年龄是几乎所有疾病的主要风险因素，健康状况良好的衰老是很少见的，这意味着老年人必须正视健康状况的日益恶化，还要努力保持积极的心态，追求更有质量的生活；而社会关系和收入、财富始终是影响健康的关键因素，个人可支配收入来自养老金和个人积累的财富，大多数老年人是靠养老金生活、靠医保看病的，这意味着社会保障对他们的重要性。

Rantanen 对积极老龄化的定义是，一个人根据自己的目标、能力和机会等，通过各种活动争取幸福要素。积极老龄化量表是由 Jyvaskyla 大学开发的，包括以下 17 项：实践记忆、使用电脑、在自己的生活中推进事情、锻炼、享受户外、照顾外表、手工或 DIY、把家里收拾得舒适整洁、帮助他人、保持友谊、认识新朋友、平衡个人经济、使每天过得有趣、实践艺术爱好、参与活动、了解社会/公共事务、根据自己的世界观做一些事情。该量表包括个体主动应对衰老的 4 个要素：目标（他们想做什么）、功能能力（他们能够做什么）、自主性（感知到从事有价值活动的机会）和活动（他们实际做什么）。

Boudiny 提出关注 3 个关键原则：培养适应能力，支持维持情感上的亲密关系，消除与年龄或依赖有关的结构性障碍。

（一）社会保障是前提

社会保障是以国家或政府为主体，依据法律，通过国民收入的再分配，对公民在暂时或永久丧失劳动能力以及由各种原因导致生活困难时给予物质帮助，以保障其基本生活的制度。本质是追求公平，责任主体是国家或政府，目标是满足公民基本生活的需要，同时必须以立法或法律为依据。老年人的社会保障应该包括以下几点。

（1）收入保障，意味着对贫困老年人要有兜底保障。

（2）日常护理保障，使居家养老的老年人能得到上门服务或社区的日间照料，使卧病在床的老年人能得到长期护理。

（3）医疗保障，使老年人在生病时看得起病，在康复期能得到护理和理疗。

（4）住房保障，室内、室外需要有适老化改造，方便老年人独立出门。

（5）教育保障，使老年人可以学习感兴趣的课程，发挥特长。

（6）社交保障，使老年人能得到家人的爱护，有自己的朋友和社交圈。

美国的养老保障体系较为完善，主要由养老保险和医疗保险构成。养老保险由社会养老保险（联邦社保退休金）、雇主养老保险（职业退休金）和个人储蓄三部分组成。2020年美国退休人员能够领取的社安金（联邦退休金）平均每人每月为1503美元，而根据美国劳工部的报告，美国老年人要想保证退休后的生活质量平均每年需要支出4.6万美元，如果老年人没有职业退休金或者个人储蓄，除非属于特困老年人，否则是很难住进私营养老院的，因此退休前早日规划很重要。

日本是世界上老龄化程度最严重的国家，有居家型（居家养老）、地域密集型（社区养老）、设施型（机构养老）三种主要养老模式。其中居家养老最受欢迎，老年人能在熟悉的家居环境中便捷地享受24小时随时呼叫的介护服务；社区养老指自2006年起政府在每3万人口、步行30分钟范围内开设小规模多功能居家介护机构，为辖区内的居民提供多层次、多种类的介护服务，包括日间照料、夜宿和上门服务，以及租用福利用品服务如特殊床具、轮椅等；机构养老指老年人长期住在介护机构享受介护服务。和中国一样，日本公立养老机构费用低廉且介护条件优越，基本上处于满员状态，预约等待入院的老年人每年有50多万人。日本养老金由三部分构成：第一部分是国民年金，是所有在日本居住的20~60岁的人必须加入的基础养老金；第二部分是厚生年金，面对加入公司养老保险的人和公务员，公司和个人各负担一半；第三部分是企业年金，是公司为老员工特设的一种年金。由于经济环境的变化，截至 2018 年底，只有 29% 的公司仍保留企业年金制度。2018 年，平均每位日本老年人每月能领到的退休金为 6.49 万日元，相当于 4300 元人民币。20 世纪 80 年代，基于免费医疗制度，很多医院的病床长期被以护理为目的的老年人占据，使政府财政负担过重，政府遂把介护服务从医疗保险中剥离，后逐渐发展成社保体系下与医疗保险制度并列的独立的介护（长期护理）保险制度，从 2000 年开始正式执行，年满 40 周岁的在职人员由雇主缴纳保险费，退休后的保险费则从养老金中扣除，日本人年满 65 岁，均可享受介护服务，而未满 65 岁但患有阿尔茨海默病、中风等疾病的亦可申请，介护服务等级由政府派人上门评估，目前享受介护服务的个人自费部分占 20%。2012 年，考虑到居家养老模式颇受欢迎，为营造让单身、重度介护的老年人即使住在家里也能过有尊严、有个性的生活，日本社区增设地域内 24 小时定期巡回、随时应对的介护服务。

我国的社会保障包括社会保险、社会福利、社会救济、优抚安置、住宅保障等。广义而言，社区服务，如日间照料、康复医疗、法律咨询等社会支持也能被视为社会保障的一部分。

根据武汉市民政局现行政策，武汉市高龄老年人享受高龄津贴：80~89 周岁的老年人，每人每月享受 100 元高龄津贴；90~99 周岁的老年人，每人每月享受 200 元高龄津贴；100 周岁及以上的老年人，每人每月享受 500 元高龄津贴。此外，百岁老年人每年还可享受春节慰问、生日探望、定期体检等关爱活动。春节慰问资金由市财政承担，按标准 500 元/人安排；生日探望、定期体检资金由区财政承担，分别按标准 500 元/人安排。武汉市特殊困难老年人享受养老服务补贴，对符合补贴条件的对象，按照《武汉市养老服务对象评估办法（试行）》评估分值，每人每月享受 100~800 元不等的政府购买养老服务补贴。

武汉市城镇职工基本医疗保险账户,个人缴纳部分为上年度个人税前工资总额的2%,单位缴纳6%,个人账户用来支付门诊或住院费用中由个人支付部分,或者到药店买药。新农合现已变成和城市一样的社保卡,可以异地报销,一级医院门诊起付标准调整成100元,三甲医院门诊起付标准调整成500元甚至更高,这就引导人们小病不往大医院跑,就近治疗。从2009年开始,医保中加入两大类门诊特殊疾病,第一大类是治疗周期长的慢性病,比如冠心病、高血压、糖尿病、类风湿性关节炎之类;第二大类是重大疾病,比如癌症、尿毒症、再生障碍性贫血、帕金森病之类。高血压、糖尿病报销50%~70%,其他慢性和重大疾病也有不同报销比例。门诊特殊疾病要先申请、后报销,先去社保局提交门诊特殊疾病报销申请,医保局批准后可以用医保卡报销,随后同时使用《特殊病门诊医疗卡》和社保卡就能报销医院门诊特殊疾病的费用,不用到处跑,需要注意的是定期复审,否则门诊特殊疾病的报销待遇会自动取消。2021年1月,国家卫健委发布的《全国第六次卫生服务统计调查报告》显示,调查地区基本医疗保险覆盖率达到96.8%,比2013年提高了1.7个百分点;获得基本医疗报销人数的比例达到91.1%,比2013年提高了1.1个百分点。门诊看病,个人账户里的钱用完了就没了;而住院报销,在起付线和上限之间有一定的报销比例,与退休前工作单位的性质相关。老年人及其家庭能否负担医保报销以外的自付部分决定了其是否看得起病。

根据中国新闻网的报道,2017年我国财政支出中对医疗卫生的投入占比7.1%,同期新加坡对医疗卫生的投入占比13.5%,日本占比19.8%,美国占比24.4%。根据笔者的调查,退休金是老年人可支配收入的主要来源,而退休金在2001~3000元的老年人占最大比例。一旦生病,有58%的老年人有医保并且能承担自付医疗费用部分，但同时也有 17% 的老年人表示因自付部分负担不起而不去医院看病，另有 22% 的老年人很少去医院看病。由于没有足够的社会保障，生了大病犹如一场噩梦。据了解，有些老年人尤其是农村老年人生了大病付不起医药费，会选择放弃治疗。

根据前文分析，老年人若身体不适，最好就近在社区医院找签约的家庭医生看病，获得初级的医疗保健，如果社区医院处理不了，再根据医生的推荐转诊到合适的医院，即通过分级诊疗来均衡分配所在地的医疗资源，让老年人获得更合适又节省的医疗服务。但受社区医院医疗水平的限制，人们对其难以产生信任。萧庆伦指出，一份国际研究表明，对于高血压而言，中国人认识到自己患病、获得治疗和控制住病情的病人比例分别为 41.6%、34.4% 和 23.8%，而其他中等收入及以上国家该组数据平均值分别为 52.5%、48.3% 和 32.2%。但医改正"在路上"。2021 年《全国第六次卫生服务统计调查报告》调查显示，老年人基本公共卫生服务利用率较高。2018 年，65 岁及以上老年人可以就近在社区卫生服务中心免费体检，65 岁及以上老年人做过健康检查的比例达到 66.2%，60 岁及以上高血压、糖尿病患者 12 个月内接受过随访的比例分别为 76.1%、72.6%；同时 65 岁及以上老年人乘坐地铁公交以及去旅游景点、博物馆等都免费，这些政策实际上都是在鼓励老年人更多出行享受社交生活，有益于老年人的身心健康。

武汉市"互联网+居家养老"智慧养老服务平台目前主要服务对象是"三无"人员和特困老年人，政府会评估老年人的身体健康状况，确定居家养老服务补贴标准购买养老服务，并委派给第三方服务机构上门给老年人提供护理服务，这是对特殊困难群体的兜底保障，但是对广大的每月退休金在 3000 元及以下但又不够特困标准的老年人来说，养老还是难，尤其是在生病的情况下。根据 2020 年 1 月 10 日《武汉晚报》报道，2020 年 1 月 1 日，武汉市正式实施《武汉市支出型贫困家庭救助实施办法（试行）》，将因病、因残、照料老人、育幼、教育、住房等支出纳入救助范围，基本涵盖了所有基本民生的刚性支出，真正兜住了特困家庭的民生底线。支出型贫困家庭是指本市共同生活的家庭成员因病、因学、因残、照料老人、育幼、住房等刚性支出费用较大，共同生活家庭成员可支配收入扣除刚性支出后，人均月可支配收入低于武汉市城乡居民最低生活保障（以下简称"低保"）标准2倍的家庭。2020年，武汉城市低保标准为每人每月780元（农村低保标准为每人每月635元）。2020年8月，北京市民政局宣布，自2021年1月1日起，对困境老年人入住养老院给予最高每月3600元的补助。只有有了好的社会保障，老年人才可能更加健康，有更多的社会参与机会。

（二）社会参与是核心

社会参与指的是老年人通过承担一些社会角色，与他人的互动连接，感受到更多的个人价值，如参加有偿劳动、人际交往、娱乐活动或志愿者服务等。社会参与主要体现在与他人的联系互动，如保持友谊；社会活动的参与，如参与经济活动、文化教育娱乐活动、社会公益活动或社区管理、公益服务等。

随着人们年龄的增长，社会关系特别是那些有家庭成员的人与家庭成员间的关系变得非常重要。前文的调查显示，从没有结过婚的老年人对养老现状更满意，原因可能是他们对生活的期望更小；而一直和子女生活在一起的老年人，对子女承担养老义务抱有更大期望。当人们变得越虚弱，越需要家庭和社会关系的支持。

发达国家的社区通常有无障碍设施，方便老年人和残疾人出行，老年人能更多地体会到自主性和独立性。而在中国，我们很少看到残疾人自己坐着轮椅出门，因为处处不方便。根据WHO的研究，当人们在参与教育课程或其他学习，或与家人、朋友、邻居等一起进行社交活动时感到困难，就是在经历"参与限制"。当老年人虚弱到不能自己走路、自己乘坐公共交通，而用轮椅代步又无法独自进行时，这种"参与限制"会造成老年人的孤独感和社会隔离，从而给老年人带来挫败感，影响其身心健康，甚至导致抑郁。

Wan-I Lin 通过对 525 位台湾老年人的调查发现，阻碍老年人参加积极老龄活动的因素有交通不便、缺乏相关激励、距离过远、没有同伴陪伴和感觉不安全。WHO 在城市生活的 8 个领域确定了老年友好型城市的特点：户外空间和建筑；交通运输；住房；社会参与；尊重和社会包容；公民参与和就业；信息沟通；社区支持和健康服务。物理可达性、服务邻近性、安全性、可负担性和包容性是所有老人友好型城市的重要特征。文献表明在促进各利益相关方合作的情况下创造老人友好型社会和物理环境有助于为老年人建立一个相互促进的环境。特别是，应鼓励政策制定者和城市规划者采取积极的做法，与老年人自身共同努力，创建老年友好型城市。然而，城市是一个多样化的社区组合，每个社区住着有不同诉求的老年群体，政策制定者应该探索如何有针对性地建设老龄化社区，并且确保这些干预政策是可持续的。

美国 1968 年就通过了建筑无障碍条例，提出使残疾人平等参与社会生活，并规定所有联邦政府投资的项目必须实施无障碍设计，同时在高等院校的建筑系开设无障碍设计技术课程。中国住房和城乡建设部于 2012 年 3 月发布国家标准《无障碍设计规范》，但执行的情况不尽如人意，很多城市无障碍建设程度远未达到国际大都市的标准，这使得 8500 万残疾人和超过 4000 万失能、半失能老年人出行艰难。社会大众树立正确的无障碍观念至关重要。清华大学邵磊表示，随着城镇化和老龄化的不断发展，无障碍建设已不再只是残疾人、老年人等的特殊需求，而是关乎全体公民的一项基本公共服务。

武汉市江岸区百步亭社区的文卉苑是武汉市最大的保障性住房小

区，60 岁及以上老年人多达 1400 人，高龄、独居、失能、孤寡老年人基数较大，社区按照老年人的兴趣爱好成立小组并开展活动，通过文艺、书画、运动、棋类、养生等不同主题的小组活动，在老年群体中形成实体"朋友圈"，为成功创建老年人"邻里守望"互助养老"朋友圈"打下坚实的基础，营造了浓厚的"孝老、敬老、助老"的文化氛围。

笔者的调查显示，54%的城区老年人曾参加社区老年人服务中心开展的活动，大多是文体娱乐活动，如参加合唱团、模特队和跳广场舞、打麻将等，这些活动增加了老年人参与社会的机会，值得继续推广。但同时我们也发现，在调查范围扩大到包含农村地区和其他省份时，常去社区老年人服务中心活动的老年人比例下降到了 12%，有 37%的老年人表示根本没有社区老年人服务中心。没有社区老年人服务中心当然不能代表老年人就没有社交活动，但农村空巢老人日益增多，子女不在身边，本来家庭温暖就不够，他们其实需要更多社交活动。希望城市无障碍设施建设也能加快速度，让无完全自理能力的残疾人和老年人也能走出家门，看看城市日新月异的变化，真正参与社会生活。

在德国的德累斯顿，由当地政府和福利机构合资建造"老年人之家"，内设公用厨房和大餐厅，并配有专门的人员负责维护和管理。单身的老年人选择到那里结伴而居，相互照顾，结伴游玩，既消除了孤独感，也节省了生活费用。在德国有的城市还出现了大学生与老年人的互助模式，由当地的民政部门和大学服务中心介绍大学生到孤寡老人家居住，可以免房租，但是大学生要部分承担照顾老年人的义务。"拟家庭式的互助"是基于不同人群的生活需求，在固定的生活场所内创造"家庭"的结构和氛围，使老年人体验被子女关注和照料的幸福感。德国的"老年人之家"的成功之处在于，它将老年人的互助意愿与社会其他群体的需求有机地结合起来，在政府的协助下，实现了社会群体间的互助，满足了不同年龄群体的社会需求，人性化地解决了社会问题。

当城市和社区环境对老年人足够友好，能减少老年人对跌倒的恐惧，增加其户外活动和社交活动，并对社区环境进行改造，增加更多无障碍设施和老年人锻炼场所，让老年人步行10分钟内就可抵达健身区、小卖部或休闲区时，就能激励更多老年人走出家门参加社会活动，这能显著促进老年人的身心健康，也能延长老年人居家养老的时间。

（三）身体健康是基础

中国疾病监测系统的数据显示，跌倒已成为我国65岁以上老年人因伤致死的首要原因。卫生间是老年人最容易跌倒的地方，居家老年人一半的跌倒发生在卫生间。民政部等九部门印发的《关于加快实施老年人居家适老化改造工程的指导意见》（简称《指导意见》）提出，2020年底前，采取政府补贴等方式，对纳入分散供养特困人员和建档立卡贫困人口范围的高龄、失能、残疾老年人（简称"特殊困难老年人"）家庭实施居家适老化改造。"十四五"期间，继续实施特殊困难老年人家庭适老化改造，有条件的地方可将改造对象范围扩大到城乡低保对象中的高龄、失能、残疾老年人家庭等。《指导意见》列出了共30项居家适老化改造项目和老年用品配置的推荐清单，清单所列项目分为基础类和可选类。基础类项目是政府对特殊困难老年人家庭予以补助支持的改造项目和老年用品，包括地面防滑处理和高差处理、安装床边护栏、如厕区或洗浴区安装扶手等7类项目。可选类项目是根据老年人家庭意愿，供自主付费购买的适老化改造项目和老年用品，共有平开门改推拉门、配置防压疮垫、蹲便器改坐便器等23类项目。通过对300余名分别来自中国香港和德国莱比锡两个城市的6个公园里的60岁以上老年人进行的访谈发现，社会心理和环境因素对老年人参与体育活动有重要影响，安全、漂亮和有特色的公园能吸引老年人参与更多身体锻炼活动，而停车的时间和距离则与参与身体锻炼情况负相关。公园设计者和政策制定者可以通过城市规划和设施改善吸引更多老年人参与体育锻炼，促进老年人的身体健康。

  社会保障是身体健康的前提，身体健康又是社会参与的基础。随着年龄的增长，身体器官的机能逐渐下降，尤其可能产生视力、听力障碍，且不少人患有各种慢性病。老年人常见的慢性病按患病人数占比由高到低依次是各种身体疼痛、高血压、骨关节炎、糖尿病、心脏病、抑郁等，这些慢性病影响了老年人的生命质量。患这些疾病以后，需要做好定期监测、按时用药并积极锻炼身体，这样能改善老年人的健康状况，使其获得更有质量的生活。技术进步使老年人健康监测变得更加简便易行，尤其对于独自在家的老年人，武汉市各级智慧养老服务平台就可以适时监控老年人的行为并及时提醒用药。技术应用，包括基于计算机的评估工具、远程医疗系统（远程医疗，远程护理），以及计算机辅助监控都能改善老年人居家养老生活的质量，老年人实际上还可以跟着应用锻炼身体和学习新知识，足不出户也能与时俱进。但是，总体来说，智慧养老服务平台的应用还是很有限，服务覆盖范围也很有限，主要服务于特困老年人。

  良好的生活习惯和较小的生活压力有益健康，但很多老年人是患病后在医生的叮嘱下才戒烟、戒酒的，根据笔者的调查，目前仍有20%以上的老年人饮酒，32%的老年人吸烟。很多老年人缺少正确的健康保健知识，迷信保健药，以至于很多老年人有过被营销人员说服购买大量所谓保健品的经历。前文提过，自评身体健康状况越好的老年人，参加各种活动的兴致越高，受到普遍欢迎的活动包括参加老年合唱团、使用智能手机和打麻将，随着健康状况变差，老年人旅游、健身、舞蹈、书画等活动的参与度明显下降。

百步亭文卉社区联合社区卫生服务中心共同打造"老年健康服务站"。辖区居民可免费在老年健康服务站接受理疗服务。还有热心的退休医生志愿者坐诊老年健康服务站，每天义务为居民测量血压、血脂。除此之外，社区还帮助年满70岁的独居老年人或生活不能自理的空巢老人进行家居的适老化改造，安装应急呼叫设备，老年人一旦面临突发疾病、遭遇险情等紧急情况，只需要按动呼叫器的按键，社区就能获知并及时进行救助；为防止老年人走失，文卉社区还特别制作了印制有百步亭标识和老年人住址、电话号码等的老年卡和钥匙链功能卡包，以在老年人意外走失时可以最快时间联系到家人。文卉社区的这些助老行动值得更多社区学习和效仿。此外，还建议社区老年人服务中心向老年人及其家属普及营养和保健知识，可定期开办培训班，动员全社会的力量真正关爱老年人，让他们能活得更加健康快乐。

二　积极老龄化与终身学习

笔者在美国纽约旅行时，曾偶遇一位70多岁的女士，她专程从加州飞到纽约住一周，每天去大都会博物馆看展览，她说小时候就有学艺术的梦想，但因为生活所迫没有如愿，一直到照顾父母相继离世后她才重新燃起儿时的梦想，准备去社区大学修一个艺术学位。这就是马斯洛所说的自我实现需求，老年人走过这一生，什么都经历过了，但是还有些心愿没有达成，还有些想学而没有学的东西，想做而没有做的事情，趁着身体状况还允许，要抓紧时间去学、去做。目前住在泰康之家·楚园的武汉大学原校长刘道玉老先生，2023年已经90岁，依然保持每天读书学习的习惯，2020年还出版了一本新书《论爱的教育》。

（一）终身学习是一种生活方式

中国台湾实施了 4 项关键措施来支持积极老龄化政策，第一项便是改善和促进老年人的终身教育和培训。提升老年人的学历还有利于降低患老年痴呆的风险。

老年人当然不必拘泥于学历教育，但倘若年轻时想上大学而未能如愿，到老年大学去学习一下感兴趣的课程也是一种补偿。而且此时的学习不是为谋生，也不是为找一个好工作，而是纯粹为了兴趣。我们曾采访武汉市市民大学油画班的一位学员，她每周六上午从青山区赶往蔡甸区江汉大学美术学院，就是因为热爱画画，想要画得更好。有一个爱好，能够在老年时期去追逐和完善，是一件多么幸福的事。

（二）终身学习可以不断提高认知，更新知识，和时代保持同步

现代社会早已进入互联网时代，别说老年人，就是中年人也经常看不懂孩子们在玩的东西，听不懂他们说的话。倘若完全没有互联网知识，完全不会用智能手机，在今天甚至寸步难行。因而，老年人想要获得更高的社会参与感，必须学会使用网络，老年人的家庭、社会应该担起教会他们使用智能手机的义务。在某种程度上，与互联网的融入程度越高，老年人的社会参与度越高，因为无论是了解社会热点新闻，获取各种资讯，还是与家人朋友沟通，参与各种活动，现在都离不开智能手机。笔者调查发现，学历越高的老年人，智能手机的使用水平越高，并且学历越高的老年人兴趣爱好越广泛，他们也越热衷于旅游和学习外语、艺术等。

退休后，老年人往往会感到孤独和被社会忽视，希望以另一种方式重新融入社会。持续的学习是使老年人和年轻人保持沟通的最佳方式。笔者在调研过程中，发现爱学习的老年人和不爱学习的老年人有

很大不同，保持好奇心和求知欲使得老年人不管从心态还是外表来看都更加年轻。刘老先生爱好写作，手写了一本历史小说但出版社要求电子档，于是刘老先生下定决心学电脑打字，最后他竟然一个字一个字敲出了20万字的小说并最终出版。刘老先生的故事充分说明，老年人应该忘记年龄，做自己喜欢做的事，不断更新知识就能与时俱进，永远年轻，并保持对生活的掌控感。

（三）终身学习，获得更多个人成长和社会尊重

98岁的朱塞佩·帕泰尔在获得学士学位后，2022年在意大利芭勒莫大学又获得历史学硕士学位。帕泰尔童年时正值大萧条，31岁才高中毕业，一直期待有进一步学习的机会。

人们的寿命越长，退休后可以自由支配的时间越久。目前，人类的预期寿命已由过去半个世纪的70岁提高到100岁左右。因此，标准或合法的退休年龄将来很可能还要延长10年，也就是说，今天的"70后""80后"将来可能要工作到70岁左右，个人的职业生涯需要重新调整和规划。为方便老年人更多地回归职场，老年友好型社会的建设变得更加急迫。目前，老年人公共空间设计多通过在原有建筑空间设计中加入无障碍设施或无障碍设计等简单的方式实现。积极应对人口老龄化的空间设计应更多考虑老年人创造和学习的需求，我们应该尽量让老年人的知识、经验、技能和资源有一个好的出口，这不仅有利于老年人的身心健康，也是对社会的积极贡献。

调查显示，约40%的老年人愿意发挥自己的余力为社会做贡献，很多老年人公开表示他们愿意分享自己的知识和技能。我们应该充分尊重老年人的意愿，很好地利用他们的专业知识和技能，使他们继续为社会服务。可以让他们成为社区的志愿者，或支付一些报酬，让他们教社区其他老年人学习新技能，创立互帮互助的社区文化；还可以让他们多和年轻人互动，分享自己过往的经验和故事，建立起良好的

代际关系，促进社会和谐。

可以在社区设计集娱乐、健身、教育于一体的主题空间，让老年人有一个与大家分享的平台，老年人只有在社会中不断发挥自己的力量，才能真正感受到自己存在的价值。这样的平台可以结合代际教育模式，整合老年人与年轻人共享的公共空间，促进老年人与不同年龄段群体的充分互动，实现教育的传递。

本章小结

本章对WHO倡导的"积极老龄化"进行了诠释，即"优化健康、参与和保障方面的机会，以随着人们年龄的增长提高生活质量"。并提出社会保障是前提，社会参与是核心，身体健康是基础。为了实现积极老龄化，不仅社会要提供保障和支持，家庭更要在中间起积极作用，要帮助老年人面对年龄增长带来的不适感，培养其对老年生活的适应能力，从情感和言语上对老年人给予支持，减轻老年人因为年龄焦虑而产生的恐惧。并提出通过终身学习的方式，提高老年人认知，使其保持与现代社会的同步，在持续的进步中获得对生命的掌控感，同时还能以其知识和才能为社会做一些力所能及的贡献。

参考文献

I. Grewal, J. Nazroo, M. Bajekal, et al. Influences on Quality of Life: A Qualitative Investigation of Ethnic Differences Among Older People in England, *Journal of Ethnic and Migration Studies*, 2004, 30 (4): 737-761.

K. Manton, Epidemiological, Demographic, and Social Correlates of Disability among the Elderly, *The Milbank Quarterly*, 1989, 67: 13-58.

K. Boudiny, Active Ageing: From Empty Rhetoric to Effective Policy Tool, *Ageing and*

Society, 2013, 33 (6): 1077-1098.

W. I. Lin, M. L. Chen, J. C. Cheng, The Promotion of Active Aging in Taiwan, *Ageing International*, 2014, 39 (2): 81-96.

S. Steels, Key Characteristics of Age-friendly Cities and Communities: A Review, *Cities*, 2015, 47 (Sep.): 45-52.

萧庆伦:《中国医改进入深水区》,《中国新闻周刊》2014年第48期。

第十章　建设老年友好型社会

一　武汉市现有各种养老模式满足老年人养老需求的现状与存在的问题

1.目前政府主导建设的居家养老辅助平台——"互联网+居家养老"智慧养老服务平台只对特困老年人应答，而社区老年人服务中心主要是文娱活动室，尚未真正成为居家养老的有益补充

当前养老服务以政府直接供给及政府购买为主，经费筹集渠道单一。尽管2015年民政部、国家发展改革委等十部门下发了《关于鼓励民间资本参与养老服务业发展的实施意见》，鼓励民间资本参与居家养老服务和社区养老服务、机构养老服务、养老产业发展，但缺乏市场培育机制，民间组织发育迟缓。

据武汉市民政局报道，武汉市老年人享受"互联网+居家养老"平台服务已达400万人次，但仔细分析不难发现，服务的绝大多数是持卡消费的"幸福食堂"的参与者，他们的刷卡记录被录入智慧平台。笔者致电武昌区和东西湖区的智慧养老平台，得到的答复都是只服务有政府购买服务的特困老年人，这使得"互联网+居家养老"有些名不副实，智慧平台对绝大多数老年人形同虚设，他们甚至根本不知道平台的存在。对老年人来说，由于有些人没有或不会使用互联网，拨打求助电话应该最为方便，但至今没有人知道有任何关于老年

人服务的救助电话。尤其是生活不能完全自理的独居的老年人或空巢老人，若遇到紧急情况则更会影响及时救助。

武汉市目前居家养老的老年人倘若生活不能自理，多数并不能得到想要的专业的居家养老上门服务，原因一是市场上缺乏提供专业居家养老上门护理的服务提供商，目前主要是家政公司在做，只能上门做饭、打扫卫生等，一些专业的护理如术后康复、精神慰藉等难以做好；二是上门服务价格为40~50元/小时，与老年人期待的20~30元/小时有一定距离。

而武汉市区各街道的社区老年人服务中心相当于文娱活动室，最常组织的活动是打麻将，也有少数社区的老年人自发组织唱歌、跳舞、书画等活动。武汉市居家养老的老年人中接近半数常去社区老年人服务中心参加活动或寻求服务，他们最满意社区组织的文体娱乐活动，最不满意的是和紧急救护。具体的，文体娱乐活动蔡甸区和汉南区满意度较高，日间照料、康复护理等服务青山区满意度最高（表示满意的老年人占比不超过30%）；最常去社区老年人服务中心的是武昌区的老年人，其次是洪山区和蔡甸区的老年人，再次是江岸区和青山区的老年人，最后是江汉区和硚口区的老年人，其经常参加老年人服务中心活动的相对更少。常去社区老年人服务中心参加活动的老年人中，低学历水平的相对更多，很多人主要是去打麻将，而本科及以上学历的老年人相对最不满意社区老年人服务中心组织的活动。

2.武汉市现有养老机构的养老床位存在结构性过剩，未能满足老年人养老的有效需求

由于绝大部分武汉市老年人的每月可支配收入为2001~5000元，普惠型养老院是老年人生活不能自理时的首要选择。根据笔者的调查，截至2019年10月，武汉稍大规模的养老机构普遍入住率为30%~40%，多出的床位体现出明显不足的有效需求。因而，武

汉市存在日益增长的养老院床位数和老年市民有限的购买力之间的矛盾。

3. 养老护理员的巨大缺口与不断增长的需求之间的矛盾

据世界卫生组织统计，挪威是全球拥有护士数量最多的国家，每千人口拥有护士数量达 17.27 人，欧盟制定的基本标准为每千人口拥有护士 8 人以上，美国和日本分别为 9.8 人和 11.49 人。相比之下，我国每千人口拥有护士数量仅为 2.36 人，其中城市每千人口拥有注册护士数为 4.6 人，农村每千人口拥有护士数量仅为 1.4 人。中国医疗照护水平远低于欧美发达国家水平，且城乡医疗照护发展水平不平衡，农村地区远低于城市。

武汉市民政局资料显示，2019 年武汉失能老年人约有 5.3 万人，加上全市 25 万 80 岁以上的高龄老年人，按照《武汉市社会办养老福利机构管理办法》中社会办养老院 6 位老年人配 1 名护理员的标准，武汉市养老护理员潜在需求量就有约 5 万人，有一支专业化且稳定的养老护理员队伍是老年人获得良好服务的关键。在调研中笔者发现，不少养老机构的养老护理员流动性过高，原因很简单，居家保姆护理老年人的每月收入为 4000～6000 元，而各养老机构护理员每月薪资普遍在 4000 元以下。2019 年在养老机构月薪达到 4000 元的养老护理员流动意愿不强，但是 2020 年之后，由于用工愈发短缺，养老护理员月薪涨到了每月 4500 元甚至 5000 元。由于对这个职业的社会偏见，以及偏低的收入水平，目前从业人员大多为来自农村的 45 岁以上的中年妇女，男性护理员极缺，护理水平也较低。形成了养老护理员收入水平低—养老护理员专业素质低—服务质量差—老年人满意度低—养老机构入住率低—养老机构难以盈利—养老护理员收入水平低的恶性循环。只有进一步提高养老护理员的收入水平和社会认可度，吸引更多有识之士加入，并加强专业培训提升他们的护理水平，才能有效提高养老护理员的数量和服务质量，真正满足老年人的养老需求。

4. 养老机构和社区老年人服务中心提供的服务趋于同质化，有的还经常不开放，难以满足老年人差异化的养老需求；与此同时，很多老年人想为社会做贡献的愿望也得不到满足

老年人的受教育程度、独立性、收入水平甚至身体健康状况和认知能力存在很大差异，满足他们差异化的养老需求就是养老从业者努力的方向。目前武汉市统一要求社区老年人服务中心提供"六室一场一厨"［服务咨询室、日间照料室、多功能活动室、医务室、健身康复室、图书阅览室、室外活动场所和厨房（配餐间）］就不甚合理。譬如，很多社区的图书阅览室里都没几本书，也基本没见到过有人读书，图书阅览室成了摆设；还有的社区书画室每周只开放一次，社区老年人想去写字却发现门上了一把锁，询问社区老年人服务中心，往往回答人手不够，所以不能每天开放。但每个社区其实都有很多热心老年人愿意为社区做贡献，社区老年人服务中心应该考虑发挥他们的积极性，把有需求和能提供帮助的老年人有效连接，建立互帮互助的社区文化，同时提升老年人的满意度。社区若能事先了解本社区的老年人的特点，尽可能照顾大多数老年人的爱好，则可以建设有自己特色的活动室，以吸引更多社区老年人参与社区活动，从真正意义上服务于老年人。如喜欢书画的老年人多，可以让人领头设置书画室；喜欢手工插花的多，可以设置手工教室；喜欢唱歌的多，可以设置卡拉OK室，不必每个社区都一模一样。2002年世界卫生组织提出了"积极老龄化"的概念。政策框架参考生命全过程的健康决定因素，帮助国家和区域制定老龄化政策。这里社会参与是核心，身体健康是基础，社会保障是前提。"参与"是指老年人根据自己的能力、需要和喜好，参与社会经济、文化和精神活动。老年人通过各种方式参与家庭、社区和社会发展，利用自己积累的知识、技能和经验继续为家庭、社区和社会做出贡献。教育和学习被认为是促成参与的重要因素。

根据世界卫生组织 2016 年出版的《中国老年化与健康国家评估报告》，中国老龄化程度明显高于其他发展中国家，到 2040 年，60 岁及以上人口的比例将上升至 28%。到 2050 年，行动能力、视力、听力和认知功能受损以及尿失禁的老年人的比例比慢性疾病的患病率更高，且更为常见，中国需要日常照护和帮助的老年人总数将增长近 60%。中国老年人的健康状况明显受经济水平、学历和居住地的影响。不同社会经济地位的老年人之间预期寿命、健康状况和卫生服务利用情况均存在巨大差异。55 岁以上男性人群中，高收入者比低收入者的预期寿命长 37%；女性的情况类似，但差距明显偏小；同时女性寿命明显高于男性。

从前文的调查不难发现，武汉市老年人的养老现状同样如此，不同性别、受教育程度、可支配收入、自评健康状况、居住状况等的老年人的养老需求存在显著差异，从日常照料、文化娱乐、医疗保健、精神慰藉等各方面满足老年人的不同需求是提高老年人的养老满意度、促进社会和谐的重要途径。边恕等依老年人的身体状态和生命功能将老年人生命期划分为"健康自理期"、"半自理期"、"全照料期"和"临终期"，政府可根据处于不同生命期老年人的不同需求和经济能力提供不同的养老选择，以设计和构建能提供多层次多样化的养老服务内容的多维养老模式体系。

二 建设老年友好型城市提升老年人生活质量

（一）何为老年友好型社会

面对全球的老龄化和城市化，为协助城市变得更"关爱老年人"，世界卫生组织于 2007 年编写了《全球老年友好型城市指南》（Global Age-friendly Cities：A Guide）及其配套文件"老年友好型城市的基本特征清单"。确定了这些城市的特征，涉及城市生活的 8 个领域：户外空间和建筑；交通运输；住房；社会参与；尊重和社会包容；社会参与和就业；信息沟通；社区支持和健康服务。而老年友好型社区是指为所有居民（不论年龄或能力）提供负担得起的、方便的住房和多种交通方式，并提供社区服务和参与机会的社区。

马斯洛需求层次理论认为，人的需求是有层次的，在基本的生理需求和安全需求得到保证后，人们会有更高层次的精神需求，如社交和归属需求、尊重需求和自我实现需求。Goebel 和 Barbara 指出老年人有最高水平的安全需求。但有些老年人身体健康状况不佳，导致他们获得尊重和自我实现更加艰难，也正因如此，他们对爱和归属感的需求往往更加强烈，所以他们更需要来自家庭、社区和养老机构的关爱和支持；而对于身体健康状况尚可又有终身成长需求的老年人，更应该为他们提供终身学习的机会，尽可能满足他们永无止境的认知需求、审美需求和自我实现需求，以使他们成为自己想成为的理想的自我，度过更加丰盈圆满的人生。

据武汉市民政局平均数据，武汉市 178 万老年人中，有 134 万老年人的职工社保（退休金）平均为 2525 元/月。显然，老年人的收入水平、健康状况和学历背景影响了养老选择，但收入水平有限的老年人也应该有机会获得学习和成长机会，而作为一个高校林立的大都市，武汉市完全有能力在建设老年友好型社会方面做出自己独特的贡献。通过高校和社区及养老机构的"产教融合"，就能实现这样的目标。产教融合，指产业企业和教育单位两大创新主体围绕同一个使命，发挥各自优势，承担各自职责，相互协作支撑，实现共赢发展而构成的深度交叉融合。通过"产教融合"，既能促进高校相关专业提升教学质量，又能改善社区和养老机构的服务供给，以更好地满足不同层次老年人的养老需求，助力实现老年友好型社会的建设。

目前武汉市大多数社区存在服务能力不足的问题，虽然按照民政局的要求设置了"六室一场一厨",但由于人手不够、水平有限,有些社区的服务咨询室、多功能活动室、图书阅览室等形同虚设。同时,受行业整体薪酬水平偏低、发展空间有限等因素影响,养老护理员等服务人才总量偏少、文化程度较低、专业性不强、流动性强,养老机构存在招人难,留人更难的问题。养老护理员的数量都难以保证,质量更是无从谈起。

与此同时,武汉市众多综合性高等院校涵盖经济学、法学、教育学、文学、历史学、理学、工学、农学、医学、管理学、艺术学等各大学科门类,其中社会工作、护理学、康复治疗技术、针灸推拿学、应用心理学等专业与社区老年人服务中心和养老机构的需求高度相关;工商管理、人工智能、音乐表演、舞蹈表演、美术、社会体育指导与管理等专业与养老机构也有关联,并且这些专业的很多教师和学生也希望有更多社会实践机会,以提高教学与科研水平,因而双方有着广泛的合作空间。

(二)建设老年友好型社会可以采取的举措

1. 以社区为中心,优化社区生活设施和照护资源配置,协助营造老年人友好的家庭和社会环境,并依托智慧养老服务平台,促进居家养老老年人的健康和社会参与

早在 2000 年美国退休者协会(American Association of Retired Persons,AARP)就率先界定了老年人友好社区为"包含了支付得起的适宜住房、完善的社区功能与服务和多样化的交通方式选择等内容的社区"。Michael 研究发现,老年人相信社区设计能促进老年人走出家门,参与社会活动。2007 年,世界卫生组织在《全球老年友好型城市指南》中确定了老年友好城市的三大方面(城市物理环境,社会文化环境,健康、社会环境与服务)和 8 个领域。郑娟发现社区有活动场所的老年人满意度更高;戴洁基于武汉市 13 个社区的调查

指出，半数以上社区仍属于"生活设施与照顾服务均不足"的类型。本次调查也发现，约有45%的老年人常去社区老年人服务中心，但有38%左右的老年人对社区老年人服务中心组织的文化娱乐活动满意，约25%的老年人对社区老年人服务中心的健康咨询活动满意，还有少量社区老年人服务中心有老年餐桌或日间照料服务，老年人比较满意，而最不满意的是紧急救护服务；并且，独居的老年人和空巢老人社区活动的参与度比与子女同住的老年人低，他们感受到更多的孤独。龚志文研究发现，社区养老服务知晓度是对老年人生活满意度影响最大的变量，且与满意度显著正相关。有些老年人因为信息渠道不畅通、不会使用智能设备等原因而错过社区组织的活动。

一个"老龄化"的城市应该是促进老年人积极参与社会的城市。新社区公共设施的功能设计和安全性要体现对老年人的友好，老旧社区则要进行适老化改造，以适合老年人和残疾人出行。如果出门无障碍，餐馆、小卖部、图书阅览室、公园绿道、公交地铁站等都能在不费力的情况下通过步行安全到达，那么能在很大程度上提高老年人出门锻炼身体和参与社交的积极性，缓解老年人的孤独感，促进其身心健康。老年人年纪大了不愿出门，一是物理环境不友好，譬如住的楼栋没有电梯，楼层高了，上下楼不方便；或目的地距离远，步行10分钟不可达；或路上有障碍物，坐轮椅出行困难。二是外面人文环境不友好，如人行横道绿灯时间太短，老年人过马路困难；或者坐公交地铁时感到不被尊重，有些通勤的上班族认为老年人就该待在家里，不应该出来占据本来可以属于自己的座位。

实现社区生活设施的优化配置，要求按照老年人康养标准建设与配置养老生活设施，支持老年人在社区中自主生活。一方面，在社区所拥有、链接、整合的资源相对有限的现实约束下，尽量在社区空间内平衡生活设施与照护资源的配置，尤其是衣食住行医等基本养老资源。另一方面，需加强社区内部或相邻社区之间的资源优化与共享，让处于不同社区但地缘上可共享共用的医疗、康养、文化及志愿服务等资源实现互联互通，提升养老设施与照护资源的整体利用率。

老年人友好社区的设计包括基础环境、社会文化环境和社会支持。在基础环境方面，保障全社区无障碍通行，坡道设计适老化，方便通行；采用平整、柔软、防滑、耐磨、弹性好的塑胶道路系统，每隔20米左右设置座椅等休憩设施，方便老年人休息；社区周边主要道路过街处两边向外延伸，缩短过街距离，斑马线道抬高至与人行道齐平，形成无障碍通道，并迫使机动车减速。照明与标识系统适老化，包括：高低照明灯具结合布置，消除阴影，提高老年人夜行安全；设置辨识度高、多层次的楼栋牌号。在社会文化环境方面，进行友好的社交环境设计，如设置步行5~10分钟（步行5分钟为舒适出行时间，步行10分钟为极限出行时间）可达的社区卫生服务中心、老年人活动中心、茶馆、公园、小广场、便利店、健身房、公交地铁站等场所，鼓励老年人参与社会互动；开设老年大学、各种兴趣活动，让老年人互为老师，提高参与感、价值感。在社会支持方面，建设老年友好型社会，老年人尤其是独居老年人和空巢老人，在出行无障碍、确认安全的情况下，将更乐意外出进行体育锻炼、看望孙辈或拜访友人，能延长老年人自主掌控生命的时间，提升老年人的获得感和幸福感。

以此，由于骨质疏松，老年人跌倒后极易骨折，而最多的跌倒发生在自己家里，因而对有65岁及以上老年人的家庭进行家居的适老化改造十分必要，社区老年人服务中心应该结合相关政策，动员政府和社会力量，引导老年人家属或帮助独居的老年人和空巢老人完成家居的适老化改造，尽可能减少老年人在自己家中跌倒造成的悲剧。

2. 依托智慧养老服务系统，为辖区内老年人建立健康档案，了解居家老年人的养老现状和需求，有针对性地为有不同需求的老年人提供社区养老服务在日常工作中，社区可利用获得的辖区常住老年人的基本信息进一步为其建立健康档案，以便根据老年人能力与需求有针对性地为他们提供服务。档案信息不仅要评估老年人的健康等级，包含性别、年龄等基本信息，还要涵盖学历、技能、爱好特长、居住状况、与子女关系、有无为社区服务意愿等，针对每个老年人的健康状况和个人需求推荐合适的养老方案。对于"健康自理期"居家养老的老年人，鼓励其走出家门参与更多学习和娱乐活动，提升其满意度和自我价值感；对于"半自理期"居家养老的老年人，应该积极协助设置家庭病床，定时上门或提供日间照料服务；对于完全不能自理居家养老的"全照料期"老年人，推荐能满足老年人需求且其有能力支付费用的合适的养老机构。

应尝试以社区为中心，构建医院、社区卫生服务中心、养老机构的联动体，设计连接社区老年人服务中心、互联网平台、微信小程序和紧急呼叫的一体化智慧养老服务系统，为居家养老的老年人提供满足不同层次需求的、高效、便捷的智慧养老服务。

例如利用智慧养老服务平台，社区可为半自理老年人提供上门服务或在老年人服务中心提供日间照料服务；老年人则可以根据自身的照护需求，自主选择服务企业及所需的服务内容、时长和上门地点。智慧养老服务平台不仅应该能为居家老年人提供活动监测、安全监控、用药提醒等服务，还应该能为其提供心理慰藉、情感交流、健康咨询等多种服务。

目前武汉市智慧养老服务平台仍基本限于服务低保、特困等老年人，其服务和效能还有大幅度提升的空间，可尝试将该平台上的服务对象划分为特困老年人和普通老年人，特困老年人的服务由政府福利基金提供支持，采取政府购买的方式；普通老年人的服务可在评估老年人照护等级的基础上确定政府补助金额，采用老年人养老金和政府财政或福利基金津贴相结合的支付方式，为辖区内老年人提供健康检查、老年常见病预防等免费保健服务，以及医疗保险能部分覆盖的日常照料（餐食、洗衣、保洁等）、康复护理、心理慰藉等常规性的养老服务。

3. 鼓励高等院校与社区合作，为"健康自理期"居家养老的老年人提供满足不同层次需求的学习和兴趣活动，提供学习新技能和交朋结友的平台，尽可能帮助老年人延长老年阶段的黄金时期，增强老年人的自主性和对生活的掌控感，提升老年人的满意度

Boulton-Lewis指出，老年人有分享他们的知识和技能的愿望，同时也有很多老年人希望学习新技能。美国北州有些大学，允许老年人在教室有空位时报名旁听一些大学课程。我国的很多老年大学也颇受老年人欢迎，常常一位难求。学习新技能能充实老年人的生活，使他们积极用脑，保持活跃，活得更加充实和有成就感，也更少依赖他人，这实际上为政府节省了资金，因而政府应该为老年人提供更多的学习机会。

处于"健康自理期"的老年人又称活力老年人，有些老年人乐于社交和参与各种兴趣爱好活动，受普遍欢迎的有组团旅行，打麻将，参加合唱团、舞蹈队，学习智能手机，运动健身等，尤其是参加合唱团和打麻将，爱好者没有明显的学历、性别差异。有些高学历老年人还喜欢书画茶艺、外语学习、读书写作等活动。有近一半的活力老年人表示愿意为社会服务，其中有些人不知道有什么事情可以做。社区应该仔细研究本社区居民的特点和共同爱好，与附近的高等院校建立合作，为老年人提供终身学习的机会，让有不同兴趣爱好的老年人找到自己的精神家园。如前所述，身体健康又有社会保障的老年人最需要的是社会参与，终身学习是一种最积极的养老方式，因而无论是在社区老年人服务中心，还是在养老机构，丰富多彩的活动和兴趣班都是最受老年人欢迎的，老年人通过参加各种兴趣班，既学习了新技能，又结交了志同道合的朋友，还能保持大脑和思维的活跃，在一

定程度上降低了患阿尔茨海默病的风险。老年阶段的学习既不为考试，也不为晋升，反而可以真正享受求知的乐趣，在不断提升技能的过程中体验成就感，甚至有机会实现儿时就有却一直未能实现的心愿。高等院校可根据本社区和相邻社区及养老机构老年人的特点（如学历、年龄、收入水平等）和需求（健康养生、艺术和审美、运动锻炼等），有针对性地选择相关专业的教师定期为老年人提供健康与心理咨询、运动健身指导，或开设音乐欣赏、艺术品鉴赏等讲座，帮助有需求的老年人提升认知和审美能力。高等院校还可以尝试开放相关专业的课程，把空余的座位提供给通过申请注册的老年人，譬如开放老年人感兴趣的人文历史、艺术欣赏、文化旅游、心理学等课程；或者开办市民大学，优惠招收老年学院，为他们开设声乐、器乐、书法、绘画、舞蹈、瑜伽、园艺等课程，满足老年人对于学习知识和提升技能的需求。向老年注册者开放本科生课堂，甚至可以激发青年学生学习的动力，促进代际的理解和互动，更有利于建设老年友好型社会。有些长期居家的老年人因为不知道社区组织的活动而错过了参与的机会，而且独居老年人或空巢老人信息更闭塞，需要社区给予他们更多的关注，例如组织老年人专门学习智能手机的应用，帮老年人建立微信群，在群里发布活动信息时提醒老年人注意等。政府投资建设的"互联网+居家养老"智慧养老服务平台也可以用来发布本社区或附近社区的活动信息，提醒老年人参加各种兴趣小组的活动或交流学习体会，帮助发展老年人的兴趣爱好。还可鼓励长期居家的活力老年人走出家门，参与社交和娱乐活动，这既能增进知识又能建立友谊，实现老年人与社会的连接，提升老年人的生命质量。

4. 引导调动身体健康又有一技之长的老年人发挥余热，为社会做出有益的贡献，实现更大的自我价值

美国电影《实习生》讲述了一位退休老年人积极应聘老年实习

生，在为年轻的有创业激情的老板潜心服务的过程中，继续实现自我价值的故事。老年人的技能和经验是全社会的宝贵财富。根据笔者的调查，有超过 1/3 的健康老年人愿意发挥余热为社会做贡献，其中不乏有一技之长的老年人，却苦于找不到合适的渠道。高校相关教师可引导社区和养老机构充分研究辖区内老年人的背景资料（尤其是退休教师、专业人士），鼓励有志愿服务需求的老年人发挥所长，为社会发展做贡献。如，可以让这些老年人参与高校学生的文化、科研或创业项目，或者参加学生的专业研讨会，给出自己的建议；又或者可以介绍他们到一些有需要的民营企业担任顾问；再或者让他们参与社区或养老机构的管理工作，甚至担任兴趣班的志愿老师。对于经济条件不宽裕的老年人，还可通过支付报酬的方式对他们的服务给予补偿。发挥所长服务他人和为社会做贡献能让老年人重新寻回价值感，体会到更多生命的意义。

5.社区与养老机构可与综合性高等院校中医学院和一些相关专业建立合作，通过设置实训基地，吸引师生到社区和养老机构实习、工作和担任志愿者，可缓解养老服务人才不足的问题，同时能促进代际交往，有利于重塑尊老爱幼的中华民族传统美德

目前很多高等院校缺少和企业的长期合作，学生的社会实践和实习机会难以有效保证，有时候会流于形式。高校与社区和养老机构建立长期合作关系，可为学生提供专业实习、社会实践和志愿者服务的机会，也能给社区或养老机构的老年人带去欢乐，使老年人培养兴趣、排遣孤独。如社会工作、护理学、康复治疗技术、针灸推拿学、应用心理学等专业的学生可由指导老师带队通过实习参与社区或养老机构的志愿者服务、护理服务、康复理疗、针灸理疗和精神慰藉服务，这既能缓解社区或养老机构用工不足的问题，又能使学生学以致用、锻炼实践能力；还可安排学习音乐、舞蹈、美术、体育等专业的学生到社区或养老机构定期指导有兴趣的老年人唱歌、跳舞、画画，

或传授一些智能手机使用和健身保健知识,这样既锻炼了学生的专业能力,又促进了其沟通能力和社交能力的提高,同时帮助老年人发展了兴趣爱好,丰富了养老生活,有利于创造尊重老年人、相互关爱的文化氛围,促进老年人的身心健康,提升老年人的幸福感。

鉴于东方的孝道文化,武汉市绝大部分老年人是忌讳去养老院的,即使生活不能自理,他们仍更希望得到子女的照顾,所以居家养老一直是老年人的首选。调查发现,有近58%的居家养老的老年人有病会去医院看病,并且觉得医保自付部分承担得起;其他老年人只是自己到药店买药或听亲人朋友推荐用药;还有一些老年人则因为看病不方便或者负担不起医疗费用很少去医院,这会导致小病不看最后积累成大病,最终反而可能增加政府医疗保险的支出。尽管很多街道有社区卫生服务中心,但老年人很少选择去那里看病,他们有病宁愿去大医院排长队,有时候还会挂错号,不仅浪费时间和精力还耽误治疗。为改变这种状况,社区卫生服务中心应充实自己的全科医生队伍,提高自身的诊疗水平,用自己的爱心和服务获取老年人的信任。社区可尝试通过提供交通补贴或每周在社区医院坐诊3~4日的方式引进高校医学院的师生前去坐诊和实习,并引导优秀毕业生到社区就业,建立起一支包含全科医生、护理员、心理咨询师、养老审计员等在内的老年人健康管理团队,进而与社区老年人服务中心合作为老年人打造个性化的养老方案,提供居家护理、居家康复、居家营养、居家药食、家庭病床甚至临终关怀等服务。和老年人建立长期联系,让每位老年人都有家庭医生,方便老年人就医和提供就医指导,是促进医养结合的关键。

6.鼓励社会力量进入社区建设嵌入式养老院,方便完全不能自理又不愿意去较远的养老机构的老年人入住,子女居住较近能增加探望次数,有利于改善老年人的心情,促进家庭和社会和谐

前文提到武汉市养老院存在结构性过剩的问题,一方面是因为有

些养老院的收费超出了老年人的经济承受能力,另一方面是因为老年人不想离家太远。有数据显示,养老院离家近则子女去探望的次数明显增多,否则老年人会有被抛弃的感觉。在社区老年人服务中心设置养老床位,提供过渡期照护服务,可缩短住院时间、减少患者再住院次数、帮助老年人回归家庭;社区嵌入式养老院则能方便子女的探望,有利于保持老年人和子女的互动,使老年人心情更愉快、身体更健康,所有这些将降低医疗成本。社区应采取措施促进家庭对老年人的照护,并鼓励全社会团结一致为这些措施的有效实施提供支持,重塑孝道。

7.通过在高等院校设置老年照护专业、老年管理专业以及开办养老护理员培训学校,有计划、有步骤地培养养老服务与管理人才,提升老年人照护服务质量

目前很多养老院护工和老年人的比例在1∶8左右,有的养老院甚至1名护工要照料十多位老年人,这使得护工工作压力过大,流动率高,而且护理质量得不到保证。在调研中笔者发现,养老机构严重缺乏专业性服务和管理人才,不仅缺乏有资质的养老护理员,懂得老年人心理及养老服务特点和要求的管理人才也严重不足,而拥有82所高等院校的武汉,目前只有武汉民政职业学院开设有1个"老年服务与管理"专业,这制约了养老产业的健康发展。通过与社区和养老机构联合,在高校设置老年照护专业、老年服务与管理专业和开办养老护理员培训学校,可有计划、有步骤地培养养老服务与管理人才,提升老年人照护服务质量,从而引导养老产业走上专业化和规范化发展的道路。

为了服务好老年人,首先要了解老年人,了解人之将老,身体会出现哪些变化,心理会出现哪些变化,如何顺利地从中年跨入老年,需要做什么运动、加强哪些营养才能保持健康,老年人如何与周围社会有效互动,哪些疾病是需要特别照护的,如何坦然面对死

亡，需要哪些临终关怀，是选择居家养老、社区养老还是机构养老，老年人如何维护自己的权益等，所以养老院可开设老年学概论，衰老生理学，老年心理学，社会老年学，人的中期发展，老年健康与营养学，阿尔茨海默病管理，临终关怀，养老模式选择，老年人政策与法规，死亡、临终和丧亲等专业课程，对于从事养老管理的人员，还可开设养老机构服务运营管理、市场营销、会计学与财务报告分析、长期护理管理、老年服务计划与系统管理等课程。这些有助于为相对更有经济实力的老年人提供更专业的健康管理和养老服务。

8. 面向全社会开展生命周期与老年健康教育，了解老年人心理，创造尊老爱幼的社会氛围

保持自主性对老年人的心理健康至关重要。由于身体虚弱或疾病，老年人不得不把关注点从生活中的乐趣转移到身体健康方面的需求。老年人对周围事物参与程度的下降限制他们与人沟通和共享的社交活动。

继续居住在熟悉的环境对有些老年人来说非常重要，这让他们感觉自己是独立的，有控制感，子女不应该以省钱和现实为由剥夺老年人的这种安全的自主性。

首先，必须提供足够的保护让老年人免受暴力型伤害，必须严格强制执行机动车行驶法规，以保证体弱的老年人可以在街上安全行走；为老年人提供便利的、可供轮椅上下的公共交通；在公共场所设置供老年人休息的座椅。

其次，为中小学生开设解剖和生理学课程，确保社会的每个成员了解有关健康的知识，这有助于人们了解身体状态在什么年龄段会呈现何种样态，从而使人们对老年人有更多理解和支持。

再次，年老的身体能够通过适当的锻炼焕发活力，因此，白天参与活动的每一个时刻都可以是一份快乐而不是一项任务，应在社区给老年人创造更多自由活动的空间。

最后，养老事业是一件需要全社会共同重视和参与的大事，只有通过教育和学习，在全社会对建设"积极老龄化"城市形成共识的基础上，打破资源和政策壁垒，将现有的医疗、养老、社保政策精心整合，结合城市建设规划，推动无障碍设施、交通建设，均衡医疗资源分布，建设真正的以社区为主体、以家庭为依托、以养老和医疗机构为支撑的专业化综合养老服务体系，推进市民个人医疗保险能用于养老床位（无论是家庭病床、社区日间照料抑或是养老机构）支出，各个社区着力打造出一支由全科医生领衔的专业化的养老团队，根据每位老年人的健康状况和需求设计出专属的养老方案，帮助老年人以积极参与社会的方式延长活力期，并鼓励全社会关爱老年人，尊重他们的才能和对社会所做的贡献，才能逐渐建立起老年友好型社会，让老年人真正老得有生活质量，活得有社会尊严，找到价值感，实现真正的社会和谐。

本章小结

本章总结了武汉市现有养老模式运行过程中存在的问题：第一，目前政府主导建设的居家养老辅助平台"互联网+居家养老"智慧养老服务平台只对特困老年人应答，而社区老年人服务中心主要是文娱活动室，尚未真正成为居家养老的有益补充。并结合对老年人养老现状和需求的调查结果，给出了政策建议。第二，武汉市现有养老机构的养老床位存在结构性过剩，未能满足老年人养老的有效需求。第三，存在养老护理员的巨大缺口与不断增长的需求之间的矛盾。第四，养老机构和社区老年人服务中心提供的服务趋于同质化，有的还经常不开放，难以满足老年人差异化的养老需求。与此同时，很多老年人想为社会做贡献的愿望得不到满足。本章最后提出了建设老年友好型社会的一些具体举措。

参考文献

Gillian M. Boulton-Lewis, Laurie Buys & Jan Lovie-Kitchin, Learning and Active Aging, *Educational Gerontology*, 2006, 32（4）.

陆杰华、阮韵晨、张莉：《健康老龄化的中国方案探讨：内涵、主要障碍及其方略》，《国家行政学院学报》2017年第5期。

边恕、黎蔺娴：《积极老龄化视角下的我国多维养老服务体系研究》，《辽宁大学学报》（哲学社会科学版）2019年第2期。

A. H. Maslow, A Theory of Human Motivation, *Psychological Review*, 1943, 50（4）.

G. O. Cunningham, Y. L. Michael, Concepts Guiding the Study of the Impact of the Built Environment on Physical Activity for Older Adults: a Review of the Literature. *American Journal of Health Promotion*, 2004, 18（6）.

World Health Organization, Global Age-friendly Cities: A Guide. World Health Organization, 2007.

苗春霞、李寒寒、卓朗等：《分级诊疗制度下徐州市农村居民基层首诊意愿及影响因素研究》，《中国全科医学》2019年第22期。

龚志文、李丹：《从模式到服务：城市社区养老认知的重构——超越养老模式，从养老服务的角度深化养老服务体系》，《河南社会科学》2020年第11期。

马树超、郭文富：《高职教育深化产教融合的经验、问题与对策》，《中国高教研究》2018年第4期。

附录　一家"公建民营"社会综合福利院的改革实践项目计划书[*]

2013年以来,武汉市积极响应国家政策,15家公办养老机构中已有5家实行了改革,形成了PPP、公建民营、服务外包等多种公办养老机构改革模式。如江汉区九州通人寿堂、佛祖岭社会福利院、武昌区阳光福利院、汉阳区社会福利院等,公建民营养老机构作为社会力量充分参与社会福利事业的新模式,在互惠互利的基础上实现了对市场调节不足的弥补,为更加有效地解决老年人的养老问题提供了很好的思路,而且从设计上能够尽可能有效地避免公办养老机构和民办养老机构在经营管理中出现的问题,既能对公办养老机构的发展形成一定的竞争,又能促使其不断提高管理水平、提升服务品质;对民办养老机构来说,也可以积极效仿和借鉴公建民营养老机构在定位和定价等方面的做法,吸引更多的老年人入住。最终整合利用更多的空置床位,从而缓解养老床位有效供给的不足,缓解城乡养老服务供给的不平衡,使老年人共享改革发展的成果,提高他们的福祉。

本项目计划书综合分析了汉南区社会综合福利院的经营现状、存在的问题,并结合其所处的宏观、微观环境变化和辖区内老年人的养老需求等各方面情况,提出其公建民营养老机构改革的必要性

---

[*] 该计划书是笔者为项目单位制作的,项目单位已同意使用。

和紧迫性,进而对 YD 养老院作为项目投标人的合法性、合规性、合理性做出了充分论证。相信对现有民办养老院的建设和未来规划能起到一定的借鉴作用。

一 环境分析

机构养老是指以各种类型的养老机构为载体,依靠国家资助、亲属承担或者老年人自助并由养老机构提供养老服务。根据投资方和管理方的不同,养老机构通常被分为公办公营、民建民营和公建民营三种类型。养老机构早期主要有公办公营和民建民营两种。公办公营,是国家或集体所创办的社会福利性机构养老模式,投资方为各级政府,管理方为受其委托的社会福利中心或下属事业单位,该类型从投资到管理都由政府公共部门负责。民建民营,是典型市场运作的机构养老模式,政府允许社会资本通过提供养老服务来获取经济收益,要到工商部门进行登记,按照企业形式运营管理。经验资料表明,公办公营养老机构和民建民营养老机构在实际运营中有各自的弊端和缺陷,前者因其公营属性,存在资源浪费、管理水平低、专业化程度低、效率低下等问题;后者则因其私营逐利取向,存在公益性缺乏、偏好奢华养老机构建设、收取高额养老费用等问题。照料型的养老机构包括社会福利院、敬老院、护理院、养老院、老年康复中心、养老公寓等。

(一)人口环境分析

截至 2019 年底,武汉市户籍总人口 906.40 万人,其中 60 岁以上老年人有 194.25 万人,占全市户籍总人口数的 21.43%,而 80 岁以上高龄老年人占全市老年人总数的比例超过了 10%,即每 10 名老年人中就有 1 名高龄老年人。

2020年9月,武汉市首部养老白皮书《武汉养老服务发展报告》出炉。白皮书显示,武汉已建成养老服务设施2326处,其中市、区公办养老机构15家、社会办养老机构(社区养老院)183家、农村福利院74家。全市养老床位总数已达85983张,其中公办养老机构床位12529张、社会办养老机构床位31651张、农村福利院养老床位8190张。根据民政部提供的信息,现在每千名老年人拥有养老床位56张,超过民政部建议的每千名老年人拥有养老病床35~40张的要求。

武汉市汉南区现有总人口48.10万,60岁以上老年人5.05万,占比10.50%,其中80岁以上老年人为5765人,老龄化程度在全市15个区中排在倒数第二。但是,根据武汉经济技术开发区(汉南区)民政部门的预测,2025年经开区老龄化将变得严重,80岁以上高龄老年人会明显增长。经开区现有8家养老机构,提供养老床位数共1339张,其中护理型床位753张,护理型床位数已超过50%。

(二)社会文化环境分析

根据笔者在武汉市的养老调研,在回答"您在什么什么样的情况下会选择入住养老院"时,24.88%的老年人回答永远都不想去,35.82%的老年人回答如果生活不能自理且家里没人照顾时愿意去,20.40%的老年人回答有熟悉的朋友一起入住就愿意去,19.15%回答如果养老院环境好就愿意去,17.41%的人回答如果子女太忙无暇顾及自己的时候愿意去,4.73%的老年人回答独居很孤单所以愿意去养老院,另有3.00%的老年人回答愿意去养老院的原因是与子女相处不好。这说明武汉市有75%以上的老年人在不得已时愿意入住养老院。这和我们一直以来的刻板印象有些不符,因为在传统的观念里,老年人即使存在在家里与子女相处不好、子女忙得完全没有时间顾及、辛苦帮忙带孙辈完全没有个人闲暇、老伴过世一个人在家忍受孤独等情况也是不愿意入住养老院的，有些老年人甚至觉得入住养老院是被子女遗弃或者没面子。

但是面对越来越多"70后""80后"独生子女没有能力以传统方式赡养父母的残酷现实，显然很多老年人逐步转变观念，开始考虑在不能自理的时候选择入住养老院了。

同样需要改变观念的还有养老行业从业人员。无论是社区还是养老机构，都缺少稳定的养老专业人才，这一方面是由于这个行业从业人员薪酬待遇不令人满意，另一方面受到伺候人的工作不够体面的传统观念影响。因而养老行业从业人员普遍年龄偏大、学历不高仍是一个亟待解决的问题，不能满足武汉市日益增长的养老需求。

尽管很多老年人已经转变养老观念，但"养儿防老"的传统观念仍影响着大多数老年人，使得其对机构养老的接受度不高，这大大加重了子女的养老压力。如何通过老年教育、社区讨论、信息沟通等方式引导老年人拓展思路，从而在现代社会更多的养老模式中选择最适合自己的养老模式，过上最幸福的晚年，是亟待考虑的问题。与此同时，对养老服务行业从业人员的社会尊重和待遇改善，也需要政策扶持，为全社会营造一个积极的氛围。

（三）政策法律环境

我国"十四五"规划提出构建医养康养相结合的养老服务体系战略：推动养老事业和养老产业协同发展，健全基本养老服务体系，发展普惠型养老和互助性养老。根据《市人民政府办公厅关于印发武汉市城企联动普惠养老专项行动支持政策的通知》（以下简称《通知》），专项行动兴办的养老机构中属自有产权兴建的，按8000元/张养老床位的标准给予建设补贴；属租赁用房兴建的，按照5000元/张养老床位的标准给予建设补贴；投入运营后，依照老年人实际入住床位数，按照200元/张/月的标准给予运营补贴，其中服务于失能老年人的，按照300元/张/月的标准给予运营补贴。补贴资金按市、区4∶6的比例负担。专项行动养老设施实施差异化补贴，根据收住服务对象的身体健康状况、服务质量星级评定、信用状况、医疗服务能力等因素综合确定，收住失能老年人越多、服务质量越好、失信行为越少、医疗能力越强，获得补贴越多。同时，根据《通知》，对专项行动养老机构项目提供的养老服务免征增值税，按规定免征企业所得税。对通过专项行动兴办的非营利性养老机构，全额免征土地复垦费、土地闲置费、耕地开垦费、不动产登记费、防空地下室易地建设费；对通过专项行动兴办的营利性养老机构，减半收取上述行政事业性收费。专项行动兴办养老机构的用电、用水、用气按居民生活类价格执行。优先向专项行动的养老机构购买政府兜底对象的养老保障服务。

《民政部关于开展公办养老机构改革试点工作的通知》提出，推行公办养老机构公建民营。172家公办养老机构特别是新建机构应当逐步通过公建民营等方式，鼓励社会力量运营。通过运营补贴、购买服务等方式，支持公建民营机构发展。加强监督管理，明晰权责关系，确保国有资产不流失、养老用途不改变、服务水平明显提高。养老机构公建民营，指的是养老机构基础设施由政府投资兴建，养老机构权属归于国家或集体所有，政府通过招投标等市场化手段，与委托管理机构订立契约，将养老机构的日常管理、具体运营在一定时期内委托给专业化机构的一种养老服务提供方式。公建民营机构养老模式，是养老需求新形势下政府对已有机构养老模式的变革和调整，避免了公建公营、民建民营两种机构养老模式的"纯粹公营""纯粹民营"的缺陷与弊端，公、私部门在养老服务领域进行合作，使各自的效益最大化，实现了"减少政府开支、引进专门技能、回应公众需要、提高养老服务绩效"的目标和合作优势。

国家发改委出台的《"十四五"时期深化价格机制改革行动方

案》，明确提出建立健全养老服务价格机制，支持普惠型养老服务发展，要高质量地满足新时代广大老年群体的多元化需求，并妥善解决好老龄化带来的社会问题。财政部、民政部、人社部印发的《关于运用政府和社会资本合作模式支持养老服务业发展的实施意见》中，鼓励运用政府和社会资本合作（PPP）模式推进养老服务业供给侧结构性改革，形成多层次、多渠道、多样化的养老服务市场。

公建民营养老机构积极引入社会力量，拓宽了资金的来源，减轻了政府的负担，可以缓解现阶段的供需矛盾，增加社会养老床位的供给，为老年人的多样化养老模式选择提供广阔的空间。我国养老服务体系的构架是"居家养老为基础、社区养老为依托、机构养老为支撑"，可见对机构养老的重视程度，而且当前国家积极鼓励社会力量进入社会福利事业，尤其是对养老事业放宽了条件，提供了很多的优惠。可以说，公建民营养老事业大有可为。

武汉经济技术开发区"十四五"规划总体目标强调，要立足新阶段，抓住新机遇。至"十四五"末，基本形成"兜底型养老服务应保尽保，普惠型养老服务多元高质"，有效保障多样化、多层次养老需求的养老服务新格局，成为"武汉养老样板"的排头兵。农村公办福利院要提档升级，基本建成消防设施完善、空间布局合理、无障碍设施齐全、特护医疗到位、绿化环境舒适的新型农村福利院系统。要稳步推进多层次养老服务供给机制建设。推动多层次、多场景的养老服务协同发展，促进养老资源优化整合，逐步形成兜底供养有保障、普惠养老能满足、中高端市场可选择，能够有效满足老年人多样化、多层次需求的养老机构体系；同时，稳步提升医养康养融合水平，鼓励开展形式丰富的医养康养融合实践。

具体目标包括：优化基本养老服务制度。完善基本养老服务清单制度，重点保障经济困难的高龄、失能、重残、空巢、留守、计划生育特殊家庭。至2025年，形成一批具有示范效应的医养康养融合品牌；城乡社区（村）养老服务设施相对均衡，农村地区养老服务发展水平大幅提升；探索推进全区失能、失智特困老年人的集中供养，实现生活不能自理的特困老年人集中供养率在60%以上，有集中供养意愿的特困老年人实现100%的集中供养；坚持公办福利院的兜底保障概念，对符合特困供养条件的老年人做到应养尽养。在满足特困人员集中供养需求的前提下，其余床位向社会老年人开放，实施入住评估轮候制度，优先保障低保、低收入、高龄留守独居等老年人的服务需求；探索助老助残服务融合发展模式，支持有意愿、有能力的公办福利院将照护、教育、社工服务等资源辐射至残疾人群体；全区公办福利院实现特困人员应保尽保，开放20%其余床位供社会老年人申请入住。至2025年，特困人员集中供养外床位入住率达到20%以上，整体入住率达到50%以上。

（四）机构养老行业的竞争现状分析（略，参见第二章）

（五）老年人的养老需求和购买力分析

根据我们对武汉市412位老年人的调查，老年人中91.02%的收入来源是自己的退休金，由子女供养的占8.25%，5.83%的老年人有积蓄或投资收入，配偶提供养老金的占1.70%，靠劳务收入的占2.18%，另有2.91%的人由政府提供最低生活保障补助。就老年人的每月可支配收入而言，每月1000元及以下的占6.86%，2001～3000元的占36.52%，3001～5000元的占29.66%，5001～10000元的占16.42%，1001～2000元的占8.33%，10001元及以上的占2.21%。调查的412位老年人中，有70位住在养老院，他们中有40.00%的老年人每月交费2001～3000元，37.70%的老年人每月交费3001～5000元，10.80%的老年人每月交费1001～2000元，另有每月交费5001～8000元的老年人占10.80%，有1位老年人每月交费在1万元以上。入住养老院的老年人中77.7%每月交费2001~5000元；除了极少数有子女支持的老年人，绝大多数老年人选择的养老院的收费标准在自己的每月可支配收入之下，由于退休金在2001~5000元的老年人最多，显见普惠型养老院才是老年人最需要却又是市场供给严重不足的。

另据相关调查发现，在农村40岁以下的成年人中超过五成外出务工，约48.50%的被调查老年人是自己单独居住或与配偶一起居住的。这些变化在很大程度上减少了老年人能够得到的来自其成年子女及配偶的照料支持。因此，我国农村传统的家庭养老已经难以满足当下老年人不断增长的需求，单独的家庭养老并不能解决农村养老问题，农村对机构养老的需求十分迫切。近年来我国有些地方已经进行了一定的探索，如西安市、抚顺市等很多农村区县尝试运用老年餐桌，福利型、补贴型、互助型、慈善型"农村幸福院"等模式来弥补机构养老存在的不足。但是这种补充性的方法措施未从根本上解决机构养老存在的问题，甚至是在逃避问题。

随着年龄的增长和自理能力的下降，武汉市（包含一些农村老年人）老年人入住养老院的意愿逐渐增强，表示永远不会考虑入住养老院的老年人仅占24.88%，尤其412人中占比22%的独居或空巢老人将来入住养老院的意愿更明显。但是由于51.71%的老年人每月可支配收入在3000元及以下，而养老机构每月收费的中位数为3500元，这使得很多老年人想住也住不起。武汉市现有养老机构的养老床位存在结构性过剩，离市区较远的中高端养老院供过于求，而社区嵌入式养老院供不应求，未能满足老年人养老的有效需求。很多养老机构还发现，每月7000元几乎是武汉市老年人能接受的价格"天花板"，这在一定程度上解释了高端养老院大规模床位空置的原因，如公建民营的九州通人寿堂建设了1200张五星级酒店一般的豪华床位，但入住率一直上不去，显然是过高估计了老年人的消费能力和意愿，这是很大的资源浪费。

选择养老院时要考虑的因素，56.31%的老年人选择了收费标准；其次是服务质量和地理位置，分别有48.30%和39.56%的老年人考虑；养老院的设施条件和是否医养结合紧随其后，分别有38.83%和35.92%的老年人考虑；23.54%的老年人会考虑是否能用医保；另有17.23%的老年人考虑品牌可信度，16.75%的老年人考虑具体服务项目，11.41%的老年人会考虑有无临终关怀。

可见，武汉市存在日益增长的养老床位和老年人购买力不足的矛盾，通过公建民营有效降低养老机构的入住价格，增加普惠型床位的供给，显然是解决这一矛盾切实可行的办法之一。对汉南区公办社会福利院进行民营化改造，在完成为政府兜底低保、特困、失能失智、精神或身体残疾人士的基础上，有效利用多余床位资源，为社会提供普惠型养老床位，满足更多收入普通又有养老需求的老年人入住养老机构的愿望，是一件既符合政策要求又利国利民的大好事。

二　公建民营福利院的优势与挑战

贾康、孙洁提出，PPP（Public-Private Partnership）模式是指政府公共部门在与非政府的主体合作过程中，使非政府主体利用其所掌握的资源参与提供公共工程等公共产品和服务，从而实现政府公共部门的职能，同时也为民营部门带来利益。

养老机构的基础设施由政府公共部门建设和提供，拥有基础设施所有权的政府部门通过合同的签订，将基础设施的维护和经营交由民营企业去完成。这种公私合作方式是政府掌控程度较高的PPP模式中的一种（见图1）。如签订一个10~20年的长期合同，民营企业负责维护和经营养老机构现有基础设施，自行添置医疗和养老等其他设施，进行日常决策和运营；按照合同要求、标准和内容，向从政府购买服务的服务人群提供优质而高效的养老服务，剩余床位向市场开放，获得合理回报。

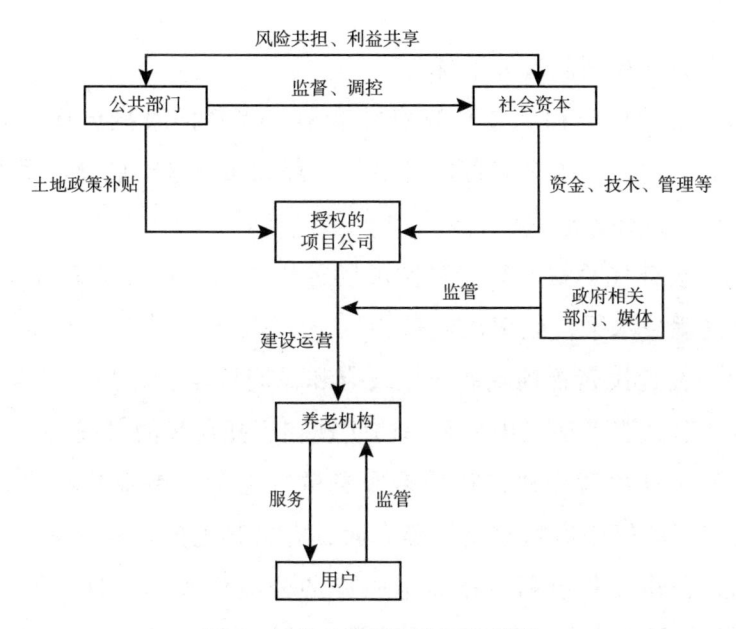

图 1　政府特许经营类 PPP 模式

双方是合作的伙伴关系，通过优势互补来达到双赢的目的。公建民营养老机构有成本优势、价格优势和专业化管理团队优势。可缩短投资回收期，有利于调动社会资本的积极性，为老年人提供消费得起的养老服务。

公建民营养老机构由政府投资建设，由中标的社会组织负责经营，双方签订合约规定期限，到期以后把经营权归还给政府，由政府重新招标。社会组织在经营期间自主经营、自负盈亏，不受政府的过多干预，但运营的社会组织要独自承担经营期间的经济和法律责任，政府会对养老机构进行补贴和监督，保障服务的积极开展和国有资产的安全。提出公建民营的思路解决了两大难题，首先是解决了养老事业前期投资大、回报周期长的问题，公建民营模式实质上降低了社会力量参与养老服务的门槛，降低了民营机构的成本；其次是解决了政府管理低效的问题，降低了因缺乏竞争和成本控制理念而导致的公共资源浪费。

公建民营福利院有如下优势。

（1）公建民营福利院是政府社会福利责任的直接体现。可以保证服务的公共性，政府能直接对服务过程和质量进行监管，得到民众更多认可，入住率较高。

（2）公建民营福利院能遵循市场运作机制，及时了解市场需求，不断提高服务水平，效率比较高。

（3）公建民营福利院能实现政府和民间资本合作后的优势互补，也是养老公共服务项目中公私部门实现帕累托最优的过程。

（4）公建民营福利院在养老服务的社会化、专业化程度，机构运行效率，减轻政府财政负担等方面具有显著优势；相较民建民营养老机构，公建民营福利院在养老服务的公益性和福利性、资金的投入、项目风险的分担方面更具优势。

（5）公建民营福利院在将民营资本引入社会福利院运营过程中，将医疗资源与养老资源结合，实现"医养结合"的良性互动和循环。

公建民营福利院存在以下不足。

（1）部分公建民营福利院表现出资本追求高额利润的本性，缺乏公益意识，服务价格完全市场化，倾向于提供高端养老服务，忽视普通民众的普遍需求。

（2）政府对公建民营福利院的服务过程和质量存在监督的缺失。

（3）契约责任双方对公建民营福利院运营过程中可能出现的风险和收益如何分担和分享的界定模糊，缺乏科学合理的制度设计。例如对与公共部门和民营企业各自的角色缺乏清晰界定，尤其是缺乏私营部门运营和服务供给规章制度的设计，即哪些活动或活动的哪些方面应当受到规制、应该设计什么样的价格和质量控制机制等。

本质而言，PPP 模式主要涉及政府、企业和消费者等三方。如何让政府、企业、消费者三者都满意，是公建民营社会福利院最核心的命题。对政府和养老机构民营运营方企业而言，参与项目既须符合双方的契约和政府的规制，又须让企业有合理的获利的空间，否则就有可能抑制市场的积极性，导致民营资本不愿意进入或进入后绩效不佳，甚至"仓皇撤退"；对消费者老年群体而言，高质量的服务、能接受或可承受的市场价格是他们关注的焦点。

三 武汉市公建民营养老机构运营现状和存在的问题分析

江汉区前进社区养老院是一家公建民营养老院，位于江汉区花楼水塔街居家养老服务中心的三楼，建筑面积 1300 平方米，有 9 个房间、32 张床位，与楼下的花楼水塔街居家养老服务中心合为一体，形成医养结合型养老院，入住老年人下楼就可参加各种活动，十分方便，入住率 100%。走廊的电子屏能实时监控老年人健康指标，总体来说地理位置比较方便，服务也较专业。不足之处是空间有些狭窄，采光不好，且除楼道尽头的小阳台外，老年人活动区域无法接触外界新鲜空气，有些影响心情。

另一家东湖高新区佛祖岭福利院也是公建民营性质，是武汉首家集供养、医疗、康复、娱乐为一体的综合型福利机构。占地面积 20 亩，总建筑面积 15000 平方米，2013 年 6 月正式开园投入使用，总床位数 550 张，承接辖区内"五保户"、"三无"人员共 220 人，剩余床位接受社会养老，价格为每月 3000~5000 元。老年人们反映改公建民营模式后，服务内容和质量都有了明显改善。

而位于武汉市江汉区发展大道 198 号的武汉市社会福利院 B 座的九州通人寿堂也是一家公建民营的养老院，建筑面积 44850 平方米，设置床位 1207 张。是华中地区最大的养老机构 PPP 项目（公建民营），由武汉市民政局与九州通医疗投资管理公司、上海人寿堂国药有限公司共同出资打造，集养老、医疗、康复、护理、餐饮、娱乐等为一体。九州通人寿堂的硬件设施和五星级养老院武汉市社会福利院相差无几，只是房间略小，公共活动空间相比较也更局促一些，且价格是武汉市社会福利院的2倍左右，和泰康之家·楚园价格相当，属于高端养老机构，但估计现在已经意识到武汉老年人的支付能力有限，调低了收费标准，现在每月3000~7500元的入住价格低于泰康之家·楚园和合众优年。

新洲区夕阳红养老院则是武汉首家农村公建民营、医养结合型养老机构，该院申办了一家二级老年病专科医院，组建了养老护理团队和社工服务中心，改扩建了消防设备、活动室、图书室、棋牌室等设施。从以前院里只服务几位优抚对象，大量床位闲置，到1年多以后入住了140多位社会代养老年人。

汉阳区社会福利院新院占地33亩，建筑总面积7万多平方米，设计总床位1371张，其中，休养床位895张，医疗床位476张。成功引进三甲医疗机构落户，实现入住老年人"小病不出楼、大病不出院"。引入社会力量后实行公建民营、服务外包、医疗托管等，节省了近1亿元的建设资金，每年增加纯收入近300万元，这些营收弥补了福利院运营初期的亏损。入住价格为每月3000~9000元。

总体来说，公建民营养老机构如果在承担社会兜底责任的基础上，以普惠价格利用剩余床位收住社会代养老年人，就像佛祖岭福利院那样，把最高价格控制在每月5000元以内，则可以达到近90%的入住率，真正做到为政府解忧，为百姓造福。而如果以追求更高利润为目标，设计得高端豪华，提供享受型养老服务，则可能如九州通人寿堂和汉阳区社会福利院那样，入住率一直上不去，结果一方面老年人住不起，另一方面大量床位闲置，这样就背离了公建民营能提高养老机构运营效率的初衷。

可见，公建民营养老机构对自身的准确定位非常重要。

四 汉南区综合社会福利院的运营现状

（一）福利院的定义

福利院是国家、社会及团体为救助社会困难人士、疾病患者而创建的用于为他们提供衣食住宿或医疗条件的场所。《城市社会福利事业单位管理工作试行办法》第二条社会福利事业单位收养的人员是：城市中无家可归、无依无靠、无生活来源的孤老残幼、精神病人。第三条对各类收养人员采取不同的具体工作方针：①对老年人是以养为主，妥善安排其生活；②对健全儿童是养、教并重；对残缺、呆傻儿童是养、治、教相结合；③对精神病人是养、治结合，并且根据不同对象进行药物、文娱、劳动和教育的综合治疗。

（二）汉南区各养老机构运营现状

武汉市汉南区现有8家养老机构，提供养老床位数共1339张，其中护理型床位753张，护理型床位数已超过50%。汉南区2016年居民月平均工资为3590元，按退休金60%计算，平均退休金大约在2154元，也就是说只有每月收费2000元以下的养老机构汉南区的老年人才住得起，更不要说还有一些老年人是农村户口了。

如下是武汉市汉南区养老机构床位分布和工作人员配备情况，见表1。

不难发现，汉南区的所有养老机构实际上都只收住老年人，而同样需要社会救助的残障人士、流浪人员和精神病人都没有收住，应该叫老年人福利院才贴切。

表 1　武汉市汉南区养老机构基本情况

机构名称	所属街道	性质	建院时间	工作人员人数(人)			核对床位数(张)	护理型床位	入住人数(人)		入住率(%)	建筑面积(平方米)
				医生	护理人员	工作人员			特困	代养		
武汉经济技术开发区沌阳福利院	沌阳街	农村福利院	1995年	1	14	8	180	56	31	15	25.6	12000.00
武汉经济技术开发区军山福利院	军山街	农村福利院	1989年	0	5	4	88	30	5	12	19.3	2050.00
汉南区综合社会福利机构	区级	公办福利机构	2012年	0	3	1	165	30	32	0	19.4	8999.54
汉南区邓南街农村福利院	邓南街	农村福利院	1986年	0	6	1	99	30	31	3	34.3	2230.37
武汉经济技术开发区颐福院社区养老院	沌口街	社区养老院	2014年	1	9	1	160	160	0	27	16.9	3200.00
汉南区夕阳美社区养老院	纱帽街	社区养老院	2005年	0	16	8	240	40	0	89	37.1	2142.00
武汉经济技术开发区颐德社区养老院	沌阳街	社区养老院	2017年	5	20	7	200	200	0	91	45.5	12000.00
中颐(武汉)养老有限责任公司	沌阳街	社会办养老院	2019年	4	20	19	207	207	0	119	57.5	9624.09

此外，除了邓南街农村福利院入住率是34.3%，汉南区公办福利院的入住率均低于26%，空床率很高；并且大部分福利院没有医生，护理型床位占比较低，基本只能收住能自理的低保、特困老年人。

从政府投入来看，经开区沌阳福利院收住了46位老年人，获得民政局拨款315万元，相当于每位老年人每年花费6.8万元

而目前由颐德社区养老院代养的91位老年人，获得民政局拨款163万元，相当于每位老年人每年花费1.8万元。倘若把汉南区所有目前住在福利院的124位老年人集中到一个福利院供养，若按每年每人花费1.8万元计算，每年能减少政府开支88万元，以及少雇用工作人员20名，加上空出来的三处房屋可改作其他用途，能大大节省社会资源。

目前汉南区民办的颐德社区养老院和中颐养老院入住率均超过了45%，并且所有床位都是护理型床位，他们的医护团队里有4~5名医生，与其他公办福利院没有或仅有1名医生的情况形成了鲜明的对比。

从前面的分析我们有理由相信，公建民营医养结合型福利院应该有助于提高福利院床位的利用率，除了重点解决"三无"、"五保"、失能失智老年人的养老问题，还应接受精神病、残疾人以及社会流浪人员，对这些人不仅是养，还要治，甚至教，让更多人能切实感受到汉南区政府对弱势群体的关怀，真正体现社会主义的优越性。

（三）汉南区综合社会福利院基本情况

汉南区综合社会福利院总建筑面积8999.54平方米，一共4栋公寓楼。

其中，1号公寓楼建筑面积1141.00平方米，建于2008年，目前用于"五保"老年人居住；2号公寓楼建筑面积1180.00平方米，

建于 2008 年，用于救助站"三无"人员居住；3 号公寓楼建筑面积 664.74 平方米，建于 2008 年，现作为综合社会福利院办公用房使用；4 号公寓楼建筑面积 6013.80 平方米，建于 2011 年，用于代养老年人居住。1、2、4 号公寓楼内消防设施齐全。汉南区综合社会福利院有 165 张床位，其中护理型床位 30 张，目前收住了 32 位特困老年人，133 张床位空置，床位空置率超过 80%，资源浪费严重。

汉南区综合社会福利院存在的主要问题包括以下几点。

（1）福利院内部"医养脱节"。没有医生，只接收自理老年人，为他们提供基本的生活照料，但对于高龄老年人尤其是生活不能自理的老年人来说，除了基本的生活照料外，更需要医疗照料和临床护理，福利院无法满足这些老年人的需求。

（2）忽视对老年人的精神慰藉。根据马斯洛的需求层次理论，人们除了基本的生理需求外，还有对安全、归属、尊重以及自我实现的需求。然而福利院的老年人以"养"为主，采取封闭管理方式，将老年人的活动限制在小范围内，几乎相当于与外界社会隔绝，缺乏户外休闲娱乐活动。这看似满足了安全需求，但情感归属存在问题，严重缺乏精神慰藉。

（3）生活配套设施不完善。配套设施是为老年人提供养老服务的基本保证，生活配套设施的种类和质量关系着养老机构能为老年人提供的养老内容与服务质量。然而，福利院的生活配套设施显然不到位，老年人住所的基础生活设施不能满足老年人生活需求，福利院设计存在缺陷。首先，福利院地处偏僻，交通不便，远离医院、超市等基础设施，对老年人生活、出行和探亲访友造成很大困难；其次，适老性设计滞后，缺乏无障碍设施、必要的健身器材以及娱乐场所，比如屋门宽度设置过窄，道路连通、曲直、台阶等都没有考虑到轮椅进出，楼梯没有扶手和护栏。

（4）服务单一，缺乏分类照料，忽视了老年人的不同需求。根据民政部颁发的《老年人社会福利机构基本规范》，养老机构应该具有一名大专学历以上、社会工作类专业毕业的专职人员。但是，目前福利院养老护理人员多是非专业的农村剩余劳动力，专业教育背景和训练不足，缺少护理经验，也没有接受过任何专业护理培训，只能为老年人提供最基本的生活照料，难以满足老年人更高层次的精神需要。低下的服务质量导致入住率难以得到提升，成本更高，护理员收入更低，这就造成了持续的恶性循环模式。

（5）汉南区老年人养老购买能力不强。据了解，当地老年人每月可支配收入多为每月 1000~2000 元，难以负担机构养老费用，除非是政府兜底的"五保"特困老年人，因而多出的床位也无法惠及有需要的老年人。

五 给汉南区综合社会福利院的改进建议

（1）引入医疗机构，解决医养结合问题，从只能接收自理老年人的福利院变为能接收半失能、失能老年人甚至精神、身体残疾者和流浪者的收容所，医保能报销一部分医疗费用，从而不仅能切实解决政府的痛点，还能让服务普惠更多人，使福利院转型成为汉南区所有弱势群体的养、治、教集中地和幸福家园。

（2）加强对福利院老年人的人文关怀。有研究显示，住在福利院老年人的心情与其和家人联系的密切程度正相关，因而要适当简化亲属探望手续，让他们更多和老年人接触互动，满足老年人对亲情的需求，缓解其孤独感。还可引入专业的社会工作者，为老年人疏导心理问题，帮助老年人切实解决生活中的困难，满足老年人身—心—灵多方面的需要，使其快乐地、有尊严地、有价值感地度过晚年。

（3）改善福利院老年人居住环境，增加无障碍设施和文体活动设施，方便身体健康状况不佳或需要坐轮椅的老年人出门活动，促进老年人之间的互动和情感连接。同时，建议政府协调交通部门适当考虑增加福利院外公共交通站点。还可为老年人亲属提供客房服务，方便其前来探望。

（4）优化政府财政补贴方式和标准，不仅补贴福利院的养老床位，也给需要的老年人适当发放养老服务补贴券，提高困难老年人的购买力。同时，给护理员提供补贴，提高其收入水平，保障护理员稳定性。在稳定护理员队伍的前提下，对护理员开展医疗护理技术培训，提高其专业护理能力，改进服务质量，如此才能吸引更多老年人入住，吸引更多人加入养老护理行业，形成良性循环。政府还可以通过购买的方式，探索建立专业社会工作人才机制，推动福利院设置社会工作岗位，按照服务对象的5‰配备专业社工，逐步建立社会工作支撑体系。

（5）政府部门承担起规范服务和监管质量方面的责任。建立统一标准，提高服务质量，降低运营风险。如规定入住老年人与护工人员的比例，根据护理等级配备护理人员，以及对设施配备情况、服务质量等进行评估，评估结果可以作为继续发放补贴的标准。

六　YD养老院介绍

（一）YD养老院简介

2021年2月，湖北省民政厅进行了"关于2020年湖北省养老机构等级评定结果的公示"，全省共有18家养老机构获得了四星级养老机构的称号，其中武汉市有7家。武汉市经济开发区（汉南区）YD养老院就位列其中，同时还包括前文提到过的合众优年（武汉）、古田融济康养中心,以及公建民营的东湖高新区佛祖岭福利院。

YD养老院位于湖北省武汉市经济技术开发区博学路2号,建筑面积12000平方米,设置养老及医疗床位共计200张,可收住自理、半失能、失能和特护老年人,根据入住老年人的需求提供单人套间、双人标间、舒适病房等多种选择,收费为每月3000~7500元。养老院总投资1800万元,是武汉市首家集机构养老、医务室、中心辐射点及社区居家养老服务中心四位一体的创新型康养机构,也是武汉经济技术开发区(汉南区)养老深化改革重点工程及医保定点单位。开展健康咨询、健康检查、疾病诊疗、慢病康复、生活照护、精神抚慰、临终关怀及中心辐射点的上门助医服务项目等,为全生命周期老年人提供一站式高品质康养服务,形成"医养深度结合"新模式。院区内设置无障碍设施、防滑装置、呼叫报警系统等全方位保障老年人安全,同时设有书画室、棋牌室、健身保健室、娱乐活动室等,定期开展丰富多彩的文化娱乐活动。由于对面就是江汉大学,定期还有学生志愿者前来看望老年人,和他们一起聊天做游戏。

(二)管理团队

YD养老院有一支以彭院长为首的充满情怀、经验丰富的管理和技术团队,并且团队成员基本都有本科以上临床医学或护理学学位,是真正的专业人做专业事。团队里有骨伤科和肾内科博士各1人,骨伤科硕士1人,临床本科3人,内科本科2人,中医本科1人,以及康复治疗技术本科3人;护理部主任杜玉莲,主任护师,2020年初和彭院长一起带领着医护团队悉心守护老年人的健康,结果院内没有一位老年人被感染,于2020年9月获"湖北省抗击新冠肺炎疫情先进个人"称号。

（三）企业文化

愿景：做全国一流医养结合养老机构的典范

使命：为全生命周期老年人提供最优质的医、护、康、养一站式服务

价值观：责任　专业　尊重　关爱

护理工作准则：

服务体贴化　操作规范化

语言轻柔化　关爱真诚化

健身日常化　营养均衡化

环境舒适化　满意最大化

YD养老院的企业文化体现出YD人对老年人康养生活负责的精神和对专业化、规范化服务的不懈追求。

养老院内提倡相互尊重、彼此关爱，不只限于护工对老年人，也适用于所有员工之间。

（四）各项规章制度

管理的规范化和服务的标准化、专业化是彭院长最感骄傲和津津乐道的事情，这种企业文化集中体现在颐德各项规章制度里：从院长到护工，每个岗位的工作职责都清晰明了；无论是员工手册、人事管理制度、行政管理制度还是护理人员考核标准，都做到了对细节的关注和对具体行为的要求。

为了给老年人提供最满意的服务，护理部主任在实践中不断总结，不仅制定了护士和护工岗位职责，还拟定了护士满意度调查表，护理部主任工作质量考核标准，护理管理实施方案，护理质量及安全考核办法，护士长考核标准，生活照料质量考核标准，预防压疮、跌倒考核标准以及最佳护工评选细则。

以下是《生活照料质量考核标准》（见表2）。

表 2　生活照料质量考核标准

项目	检查内容	标准分	考核方法及扣分标准
个人卫生 20 分	1. 皮肤:清洁无污垢、润滑,按时沐浴	4	每组查看 5 名患者,一处不符合要求扣 1 分
	2. 颜面:无污迹、无异味、无长胡须、长鼻毛、头发清洁柔顺,按时梳理	4	每组查看 5 名患者,一处不符合要求扣 1 分
	3. 手、脚:不留长指(趾)甲,指缝无污垢,进餐前后、晨起睡前洗手,每日洗脚	4	每组查看 5 名患者,一处不符合要求扣 1 分
	4. 会阴:皮肤、黏膜清洁,每日清洗,随时更换护理用品,无异味	4	每组查看 5 名患者,一处不符合要求扣 1 分
	5. 衣服:按时更换清洗,保持清洁、干燥、舒适	4	每组查看 5 名患者,一处不符合要求扣 1 分
床单卫生 20 分	1. 床铺整洁,床单、被套、枕套清洁、干燥、舒适无异味,每月更换清洗 2~3 次	8	每组抽查 3 个房间,一处不符合要求扣 1 分
	2. 被褥、床垫、枕芯每月翻晒	4	每组抽查 3 个房间,一处不符合要求扣 1 分
	3. 床头柜:表面清洁、干燥、柜内物品放置有序	4	每组抽查 3 个房间,一处不符合要求扣 1 分
	4. 每日检查床及床头柜的安全性和配件的稳固性	4	每组抽查 3 个房间,一处不符合要求扣 1 分
房间卫生 20 分	1. 每日通风 1~2 次,每周紫外线消毒	2	每组抽查 3 个房间,一处不符合要求扣 1 分
	2. 地面:清洁、干燥、无卫生死角	4	每组抽查 3 个房间,一处不符合要求扣 1 分
	3. 天花板:无蛛网,天花板稳固	2	每组抽查 3 个房间,一处不符合要求扣 1 分
	4. 墙壁:无污迹、水渍、灰尘,无乱贴乱画,壁灯、开关、壁挂清洁无灰尘、污渍,无水电安全隐患	2	每组抽查 3 个房间,一处不符合要求扣 1 分
	5. 室内物品:无灰尘、污渍,摆放有序、安全,便于老年人通行和取用	6	每组抽查 3 个房间,一处不符合要求扣 1 分
	6. 门窗:无污渍、灰尘,把手每日擦拭	2	每组抽查 3 个房间,一处不符合要求扣 1 分
	7. 窗帘:无污迹、悬挂整齐、规范,定期清洗	2	每组抽查 3 个房间,一处不符合要求扣 1 分

续表

项目	检查内容	标准分	考核方法及扣分标准
个性化护理 30 分	1. 管道：保持通畅，引流物及时倾倒，无并发症发生	5	查看所有管道，一处不符合要求扣 1 分，非计划性拔管扣 5 分（根据情况）
	2. 进餐/饮水：按时送餐、喂食、喂水、喂药	2	现场查看，一处不符合要求扣 1 分
	3. 卧床：按时翻身扣背，保持床铺清洁、平整、干燥，及时做好翻身记录，无压疮发生（难免压疮除外）	10	现场查看，一处不符合要求扣 1 分，发生非难免压疮 10 分，无记录扣 1 分/次
	4. 失禁：及时更换护理用品，保持床铺及皮肤的清洁、干燥，房间无异味	5	现场查看，一处不符合要求扣 1 分
	5. 使用约束带：随时观察肢体情况，按时更换约束部位	3	现场查看，一处不符合要求扣 1 分，未按时更换约束部位扣 3 分
	6. 掌握老年人的思想及心理状况，做好患者的心理慰藉和安抚工作并及时向当班医务人员和上级领导汇报	5	现场查看，发现患者异常未及时报告扣 5 分
娱乐健身 10 分	1. 根据患者身体状况带领患者参加适当的健身娱乐活动	3	现场查看，一处不符合要求扣 1 分
	2. 在医务人员的指导下协助患者完成一般的康复计划	5	现场查看，一处不符合要求扣 1 分
	3. 经常陪患者聊天、看电视、散步等	2	现场查看，一处不符合要求扣 1 分

2021年护理质量与安全管理考核办法

为了进一步加强护理质量管理，确保病人安全，达到质量持续改进的目的。特制定以下护理质量管理办法。

（一）建立由护理质量与安全管理委员会、病区质控小组组成二级质控组织，按护理质量考核标准和护理院各项规章制度定期和不定期进行质量督导。

（二）督导考核方法：按照护理院护理质控目标及考核标准落实到位。

1. 二级质控由护理部主任组织,护理质量与安全管理委员会成员参加,对照制度、岗位职责、质量标准全面督导考核并记录,将存在的问题及时反馈到各科室。组长结合每月检查结果分析并形成护理信息报告并上交到护理部。并在当月护士长和护士例会上反馈讲评。

2. 一级质控由科室护士长负责并主持开展,科室质控小组成员参加,按照年初计划项目进行督导考核,对督导情况每月有分析、评价、整改意见并追踪,并在当月护士例会上反馈讲评。

3. 护理安全管理小组分类对护理不良事件进行现场指导处理,月底收集资料进行定性讨论,每季度进行一次汇总分析、整改、追踪,达到持续改进的目的。

(三)督导频次。

1. 科室质量督导根据计划每月一次。

2. 护理部督导每周二及周五常规督导,特殊情况随时督导。

3. 护士长目标考核每月 1~2 次。

4. 一级质控科室根据项目风险度及突出问题每月督导 1~2 次。

5. 护士长每天"五查""十监控"按照要求及标准及时实施。

6. 全年组织业务理论考试 2 次,操作每季度抽考一项。(理论合格分≥75 分,操作合格分≥85 分)

(四)奖惩办法。

1. 惩罚办法

(1)严格按照《YD 护理院护理质量考核标准》进行考核。按照单项标准扣科室质量管理分,季度汇总,取平均分值上报到质控办,按照 20%的比例扣科室质量管理分,与科室绩效挂钩。

(2)护理不良事件管理:(1)24 小时内未主动上报 I、II、III 级护理不良事件、特殊事件、重大事件者扣科室质控分 5 分;(2)类似不良事件 1 个月内出现 3 次扣科室质控分 5 分/次;(3)隐瞒不上报 I、II 级护理不良事件、特殊事件、重大事件者扣科室质控分

10分/例，隐瞒不报且有投诉者按照医疗纠纷处理。

（3）因服务态度、收费投诉一经查实扣科室、个人质控分各10分。

（4）个人理论、操作考试，考试不合格者，扣科室质控分2分/人次。考试弄虚作假者一经发现加倍处罚。

（5）护士长综合目标考核成绩与层级系数绩效挂钩（正副护士长共同承担责任），每分扣绩效50.00元，由护理部统一实行二次分配，每月上交财务科并兑现。

（6）各级质控人员不得隐瞒任何科室和个人的不良事件，一旦发现有违反规定者，视情况扣相关质控管理者5分/次。

（7）实行质量管理及时整改制，对质量督导中发现的问题及时下发到责任科室，在3个工作日内追踪整改见成效。未按规定扣2分/次。

（8）医院行政巡查及各级领导、各级部门检查发现的问题均加倍处罚并记入该月的质量考核。

2. 奖励办法

按照护理院设定奖项要求制定考核标准，评选出相应奖项名次，将以下情况纳入考核标准中进行加分。

（1）参加义务外派任务者。

（2）护理危重患者数量。

（3）患者提名满意度人数。

（4）在各种比赛中为护理院获得荣誉者。

（5）主动上报不良事件数量。

（6）考试成绩优异者。

（五）考核结果应用

1. 科室每月考核成绩由全院护士长会上汇报、讲评当月质控结果，每月按综合科考核成绩给予排名。第一名者授予"优秀护理团队流动红旗"，并与护士长目标考核分值挂钩（当月加2分）。

2. 个人业绩与年底评先进标模、晋升晋级挂钩。

为评价护理质量，专门成立了护理质量与安全管理委员会。

护理质量与安全管理委员会成员及职责

（一）组成人员

主任：分管院长

副主任：护理部主任

办公室主任：护理部主任

成员：护士长

（二）职责

1. 在主管院长领导下，负责护理院的护理质量管理。

2. 确立护理院的护理质量管理方针、工作计划、培训方案并组织落实。

3. 根据各项工作制度、岗位职责、质量考核标准、护理常规等要求，负责督促各领护理质控组对全院各科室的护理工作进行督导，重点为各项护理规章制度、工作流程及应急预案贯彻落实程度。

4. 定期评价各科室护理工作效率及护理人员技术操作水平。

5. 掌握各科室护士、护理员对患者心理护理及其服务满意程度。

6. 监查医嘱执行是否及时、准确，护理文件书写是否达到要求。

7. 定期组织护理专家及管理人员对全院发生的护理差错进行讨论、分析和讲评，提出整改意见与防范措施。

8. 年终总结医院护理质量中存在的问题，作出修订计划，以不断提高医院的护理质量。

9. 学习国内外先进护理管理经验，组织好护理科研工作。

10. 每月进行一次例会，分析反馈当月护理工作运行情况，提出改善措施，做好记录。

表 3　护理部主任工作质量考核标准

检查内容	分值	考核办法及扣分标准
1. 素质：具有良好的个人素质，较好的医德医风和高尚的职业素质；良好的团队合作精神；较强的事业心和责任感；为人正直、待人诚恳、积极进取、开拓创新	10	现场查看，不合格扣1分/项
2. 组织管理：掌握临床护理与护理管理知识，有较强的领导和组织能力。能够在各项管理工作中灵活变通，激发护理人员工作积极性，保证临床护理工作顺利运行并不断提高工作质量。能处理复杂疑难护理问题。具有良好的沟通协调能力。能够处理好各部门之间的关系，保证护理重大事件的顺利实施和运行	20	现场查看，未做到扣1分/项
3. 履行工作职责：在分管院长领导下完成各类工作；医院各项指令贯彻执行及时、有效	20	现场查看，未完成扣1分/项
4. 护理管理工作：及时了解国内外护理专业的发展方向，转变护理理念，优化护理服务，及时制定及修订护理质量控制制度和护理规章制度。加强护理人员培训与教育。合理调配人力资源。参加护理查房。落实责任制整体护理	15	现场查看，未落实扣1分/项
5. 护理质量管理工作：认真制定护理工作计划、中长期规划，完成护理工作总结，规划及管理好护理质量三级质量控制及持续改进工作。定期组织质控检查、讲评，召开护理安全管理会议，提高护士长的管理能力，促进各项护理质量达标	20	现场查看，未达标扣1分/项
6. 资料记录及归档管理规范，各类报表整理及时，处理跟踪不良事件，组织讨论分析，持续改进护理工作质量	15	现场查看，不符合要求扣1分/项

表 4　老年人对护工满意度调查表

护工姓名：　　　　　　　　　　　　　　　日期：　　年　　月　　日

类别	测评项目	分值	得分
素质要求	服装整洁，统一着装	5	
	仪容端庄，举止大方	5	
	态度和蔼，礼貌待人，称呼恰当	5	
服务态度	服务积极主动，讲诚信	5	
	遵守纪律，坚守岗位	5	
	主动问好，服务热情，无怨言	5	

续表

类别	测评项目	分值	得分
服务质量	保持(我)房间床单干净整洁、无异味	10	
	保持老年人(我)个人卫生良好	10	
	协助老年人(我)进餐规范	10	
	协助老年人(我)洗澡、洗漱	15	
	经常与老年人(我)沟通	5	
劳动纪律	遵守养老院各项规章制度	10	
	上班时间不干私活	5	
	不串岗、不离岗	5	
合计分：		100	

您最满意的护工：

如果您对护工有其他建议和意见，请您在此留言：

专业的精细化管理带来了很高的顾客满意度，有些老年人说："住这里比在家里被照顾得还好些，住惯了都不想回去了。"

七 公建民营 YD 养老院接管汉南区综合社会福利院的 SWOT 分析

表 5　YD 养老院接管汉南区综合社会福利院的 SWOT 分析

优势与劣势	优势(S)	劣势(W)
机遇与挑战	1. 四星级养老院运营经验和自己建立的医养结合服务规范化标准，形成了自己的企业文化(愿景：做全国一流医养结合的典范；使命：为全生命周期老年人提供最优质的医、护、康、养一站式服务)和《YD 护理手册》，并建有专门的养老护理职业培训学校 2. 经验丰富的专业化管理和医护人员团队，新冠疫情期间无一位老年人感染，护理部杜玉莲主任护师荣获"湖北省抗击新冠肺炎疫情先进个人"称号。 3. 建设老年精神大专科、康复理疗、内科小综合 2 级医院——真正的医养结合 4. 有能力完全承担政府兜底责任，接纳所有低保、特困、精神和身体残疾老年人 5. 护理型床位能达到 60% 以上	1. 老年护理人员的专业水平还有待提高 2. 护理员队伍的稳定性还有待增强 3. 地理位置较偏，交通不够便利

续表

机遇（O）	SO 战略	WO 战略
1. 政府免收房屋租赁费能降低运营成本 2. 政府有效监管能提高服务质量 3. 普惠型养老需求进一步提高 4. 公建的招牌让老年人更有安全感 5. 区民政局高度重视养老问题	1. 签订10年期以上的长期战略合同，利用政府减免房屋租金的政策优势降低销售价格，提供真正的普惠型养老服务 2. 不仅接收自理老年人，还能接收半失能、失能老年人，辖区内精神病人和残疾人，彻底解决政府迫切需要解决的弱势群体的安置问题 3. 经验丰富的团队能确保提供医养结合，不仅提供基本护理，更能提供关注老年人心理健康的高质量专业服务，并经得起政府的监管	1. 在政府的有效指导和监督下开展养老服务员的资质培训，提升养老服务水平 2. 在政府的高度重视和协调下，解决设立一个附近公交或地铁站点的问题，方便老年人和家属的出行 3. 争取养老护理员补贴，培养和培训更多养老护理员，提高辖区内乃至武汉市的养老服务水平
挑战（T）	ST 战略	WT 战略
1. 市场竞争加剧，有财大气粗的本地或外地连锁大型养老机构参与竞争 2. 受传统观念的禁锢，老年人对机构养老接受度不高 3. 汉南区老年人养老金较中心城区的老年人偏低，尤其有些农村老年人收入更低，购买力不够 4. 辖区内精神病人、残障人士也需要有效安置	1. 近4年积累的本地养老机构运营经验、业界口碑、入住老年人和家属的满意度以及四星级养老院资质使得其在经开区有不可替代的竞争力 2. 医养结合型养老服务团队的专业经验比养老地产雄厚的资金实力更接地气，更有保证提供本区域老年人急需且承担得起的普惠型而不是享受型养老服务 3. 以专业的护理和理疗服务来服务所有弱势人群，重视公益性和社会效益 4. 开办老年大学，引导老年人改变观念，寻找最适合自己的养老方式	

综上，YD养老院采取公建民营模式接管汉南区综合社会福利院，有其他养老院不可替代的优势。

第一，四星级养老院医养结合的丰富运营经验，能切实满足公建民营社会福利院的所有要求。近4年积累的本地养老机构运营经验、业界口碑、入住老年人和家属的满意度以及四星级养老院资质使得YD养老院在汉南区承接经开区公建民营社会综合福利院具有不可替代的竞争力。有能力组织开展集中供养特困人员需求评估，按照失能失智等级合理制定服务计划，提升基本养老服务的精准性。

第二，能彻底解决经开区政府所有兜底养老难题，提升开发区福利院的兜底保障能力。YD养老院医养结合型养老服务团队的专业经验比养老地产雄厚的资金实力更接地气，更能确保社会福利院的公益性，不仅可以接管目前辖区内4家福利院托养的老年人，还能接收辖区内精神病、残疾人和流浪者，同时能有效利用剩余床位提供给汉南区老年人负担得起的普惠型养老，彻底解决政府迫切需要解决的养老难题。

第三，YD养老院经验丰富的管理和护理团队是公建民营福利院养老服务质量的保证，能规范服务和管理，使公建民营汉南区社会综合福利院的服务水平在两年内达到三星级以上，让民政局的领导真正放心。譬如有精神病的老年人，住精神病医院不可能帮助其养老送终，生活不能自理就会让他们回家。而YD养老院接管汉南区综合社会福利院后拟建设的以老年精神科为主，以内科、康复科为辅的大专科、小综合二级医院，将有能力接收开发区所有的"五保户"、精神和肢体残疾老年人，提供残疾人康复和基础疾病的管控，以及能有效改善老年人身体和心理健康的高质量身体理疗和精神慰藉专业服务，绝对能成为公建民营社会福利院的一颗新星，为经开区的老年人造福。

第四，与政府签订长期战略合作合同，以保证公建民营养老模式的可持续性。如能签订10年期以上的长期战略合同，利用政府减免房屋租金的政策降低销售价格，则能够保证以专业的护理和理疗服务所有弱势人群，并长期提供真正的普惠型养老服务，使公建民营汉南区社会综合福利院成为兼顾公益性和社会性、效率与公平的值得人民信赖的真正代表社会主义先进性的社会福利院。

第五，通过在政府指导和专项经费支持下开办养老护理员技能培训班，提升现有养老护理员的专业水平，培养养老护理员的职业忠诚度。在政府的有效指导和监督下开展养老护理员（包括汉南区所有福利院的工作人员）的资质培训，安排他们到合适的岗位，建立灵活的薪酬体系和绩效考核标准，实施公平合理的绩效考核制度，并将护理员工资待遇与服务质量挂钩，提升整体服务质量，做到优胜劣汰。同时政府应兑现和适当提高获得专业资质的养老护理员补贴，体现对这个职业的尊重和支持，毕竟培育足够的专业护理人员是提供优质的养老服务的前提条件。

第六，开办老年大学，发展老年人的兴趣爱好，并引导老年人改变观念，寻找最适合自己的养老方式，提高老年生活的幸福感。爱学习的人不会老，每天都有新乐趣，学习甚至能让老年人忘记年龄，专注于自我实现；同时，老年人在相互学习、切磋的过程中还能增加社会交往，缓解孤独感。

第七，按照"一院一社工"的要求，政府应给福利院配备专门人员，帮助入住的老年人开展各种文娱活动，增加其与家人、朋友的社会连接，缓解其焦虑。在政府的高度重视和协调下，希望能在汉南区社会综合福利院附近设立一个公交或地铁站点，从而方便老年人家属，增加老年人和家人团聚的机会，这对减轻老年人的心理压力至关重要。

八 公建民营汉南区社会综合福利院项目的可行性分析

YD养老院拟总投资350万元，增设或改进汉南区社会综合福利院的一些医疗设备和养老设施，提升服务质量和医疗能力。并期待在3年内收回投资成本，同时获得合理的投资回报，以确保非营利性社会福利院运营的可持续性。以下进行项目可行性财务分析。

表6 福利院床位情况和人员比例

床位类型	床位数量（张）	入住率(%)	护理人员/老年人比例	护理人员第1~5年数量（人）
自理型	140	按第一年30%，之后每年增长10%计算，第五年入住率70%，之后维持	1∶10	5,6,7,9,10
半失能	130		1∶6	7,9,11,13,15
失能	130		1∶3	14,18,22,26,30
合计	400			26,33,40,48,55

1. 对工资总额的分析和预测

假设第一年入住率 30%,以后按每年增长 10%,估计第一年需要护理人员 26 人,第二年 33 人,第三年 40 人,第四年 48 人,第五至十年每年 55 人。加上管理人员 6 人和后勤人员 14 人共计约 20 人。

按平均工资每人每月 6000 元,每年工资涨幅 10% 计算:

第一年工资支出总额为 $6000 \times 46 \times 12 = 331.20$ 万元

第二年工资支出总额为 $6000 \times 53 \times 1.1 \times 12 = 419.76$ 万元

第三年工资支出总额为 $6000 \times 60 \times 12 \times 1.1 \times 1.1 = 522.72$ 万元

第四年工资支出总额为 $6000 \times 68 \times 12 \times 1.1 \times 1.1 \times 1.1 = 651.66$ 万元

第五年工资支出总额为 $6000 \times 75 \times 12 \times 1.1 \times 1.1 \times 1.1 \times 1.1 = 790.61$ 万元

第六年工资支出总额为 $790.61 \times 1.1 = 869.67$ 万元

第七年工资支出总额为 $869.67 \times 1.1 = 956.64$ 万元

第八年工资支出总额为 $956.64 \times 1.1 = 1052.30$ 万元

第九年工资支出总额为 $1052.30 \times 1.1 = 1157.53$ 万元

第十年工资支出总额为 $1157.53 \times 1.1 = 1273.28$ 万元

2. 对老年人伙食费的分析和预测

伙食费按每位老年人每月 700 元,并假设每年物价上涨 5% 计算:

第一年伙食费 $700 \times 12 \times 120 = 100.80$ 万元

第二年伙食费 $700 \times 12 \times 160 \times 1.05 = 141.12$ 万元

第三年伙食费 $700 \times 12 \times 200 \times 1.05 \times 1.05 = 185.22$ 万元

第四年伙食费 $700 \times 12 \times 240 \times 1.05 \times 1.05 \times 1.05 = 233.38$ 万元

第五年伙食费 $700 \times 12 \times 280 \times 1.05 \times 1.05 \times 1.05 \times 1.05 = 285.89$ 万元

第六年伙食费 $285.89 \times 1.05 = 300.18$ 万元

第七年伙食费 $300.18 \times 1.05 = 315.19$ 万元

第八年伙食费 $315.19 \times 1.05 = 330.95$ 万元

第九年伙食费 $330.95 \times 1.05 = 347.50$ 万元

第十年伙食费 347.50×1.05 = 364.88 万元

3. 福利院项目销售收入预测

自理型床位按每人每月 1800 元收费，共 140 张床位；护理型床位，按每人每月 4500 元收费，共 260 张床位。假设每年价格上涨 5%。

第一年入住率按 30% 计算，全年销售收入为 1800×12×140×30%+4500×12×260×30% = 90.72+421.20 = 511.92 万元；

第二年入住率按 40% 计算，全年销售收入为（120.96+561.60）×1.05 = 716.69 万元；

第三年入住率按 50% 计算，全年销售收入为（151.20+702.00）×1.05×1.05 = 940.65 万元；

第四年入住率按 60% 计算，全年销售收入为（181.44+842.40）×1.05×1.05×1.05 = 1185.22 万元；

第五年入住率按 70% 计算，全年销售收入为（211.68+982.80）×1.05×1.05×1.05×1.05 = 1451.90 万元；

考虑到后来养老产业竞争逐渐加剧，假设入住率在 70% 能够维持，但难以上升。

第六年入住率按 70% 计算，全年销售收入为 1451.90×1.05 = 1524.50 万元；

第七年入住率按 70% 计算，全年销售收入为 1524.50×1.05 = 1600.73 万元；

第八年入住率按 70% 计算，全年销售收入为 1600.73×1.05 = 1680.77 万元；

第九年入住率按 70% 计算，全年销售收入为 1680.77×1.05 = 1764.81 万元；

第十年入住率按 70% 计算，全年销售收入为 1764.81×1.05 = 1853.05 万元。

4. 对当期利润和累计利润的测算

期间费用按每年销售收入的 5% 估算，项目初始投资 350 万元，以十年期测算，每年年末的当期利润和累计利润见表 7。

表 7　项目每年年末当期利润和累计利润（十年期）

单位：万元，%

	初始投资	入住率	销售收入	工资总额	期间费用	伙食费	当期利润	累计利润
第一年	350	30	511.92	331.20	25.60	100.80	-295.68	-295.68
第二年		40	716.69	419.76	35.84	141.12	119.97	-175.71
第三年		50	940.65	522.72	47.03	185.22	185.68	9.97
第四年		60	1185.22	651.66	59.26	233.38	240.92	250.89
第五年		70	1451.90	790.61	72.60	285.89	302.80	553.69
第六年		70	1524.50	869.67	76.23	300.18	278.42	832.11
第七年		70	1600.73	956.64	80.04	315.19	248.86	1080.97
第八年		70	1680.76	1052.30	84.04	330.95	213.47	1294.44
第九年		70	1764.80	1157.53	88.24	347.50	171.53	1465.97
第十年		70	1853.04	1273.28	92.65	364.87	122.24	1588.21

第五年当期利润率最高，达到 20%，随着后几年可能面临更剧烈的市场竞争，入住率难以持续上升，乐观估计达到 70% 以后能维持，但利润率会有所下降，第十年降至不到 7%。

故而，YD 养老院接管公建民营汉南区社会综合福利院十年累计利润为 1588.21 万元，折算成现值为 975 万元，完全符合非营利性企业的合理利润。

后 记

开始做养老调研的时候还是 2019 年 3 月，后来新冠疫情突然暴发，调研中断，等到继续调研时，发现护明德居家养老公司已经关门了，住在百步亭金桥汇的罗女士因为养老公寓旁边的中医院关张决定搬到黄陂一家医养结合的养老院去了。

我父亲于 2023 年 2 月 27 日离开人世，享年 78 岁。我亲见了父亲因病突然衰老并忍受整个病痛过程中的无力感，以及临近离世时的绝望和不舍，因而更深地意识到帮助老年人重塑对老年的认知，以积极心态度过老年生活，以及改变对死亡的恐惧的必要性。我父亲曾经对活到 80 岁充满信心，对突发疾病缺少心理上的准备，甚至临走也未留下只言片语对后事做个交代。但父亲又是幸运的，因为他临终之际住院期间亲戚朋友不断前去探望，我和妹妹更是轮流陪伴不离其左右，父亲未入住过养老院，也没进过 ICU（他曾经对这两个地方充满恐惧，我还没来得及和他对此进行深入沟通），而是在亲朋好友的关爱下驾鹤西去。让老年人转变养老观念不是一件容易的事情，和父母沟通此事更是困难，知行合一的确是需要智慧、勇气、爱心和耐心的。

政府对养老事业的日渐重视显而易见，政策的支持力度逐渐加大，企业家的热情也很高，希望政府、企业和社会组织能共同努力，促进我国养老产业良性发展，给所有老年人一个安全、安心、安宁的晚年。

我还要感谢调研过程中给予我支持和帮助的各界人士，他们是：武汉市民政局老龄工作处副处长陈岚先生、颐德养老院院长彭金良先生、合众优年（武汉）养老社区负责人王晓先生、百步亭金桥汇社区书记杨柳女士、"楠山有约"智慧居家养老服务中心负责人鲁翠华女士、武汉融济康养中心总经理项春霞女士、爱照护颐养中心武汉地区负责人赵伯洋先生，以及华颐小棉袄社区养老服务黄雷先生。祝福你们的养老事业蒸蒸日上，同时希望有更多的老年朋友因而受益。

我更要感谢我的父亲和母亲，在整个写作过程中脑海里常常浮现出他们的样貌，我想象母亲若能心态更洒脱一些，父亲若能脾气更温和一些，他们的人生会不会有所不同，会不会相濡以沫活得更久一些，从而可以做更多自己喜欢的事，享受更多天伦之乐。

斯人已逝，把这份祝愿送给正在老去的那些人吧。

最后，祝愿父母在天之灵安息，我爱你们。

吴　静

2024 年 5 月于武汉

图书在版编目(CIP)数据

积极老龄化：关于养老模式的调研与思考 / 吴静著. --北京：社会科学文献出版社，2024.6（2025.1重印）
ISBN 978-7-5228-3660-7

Ⅰ.①积… Ⅱ.①吴… Ⅲ.①人口老龄化-研究-中国 Ⅳ.①C924.24

中国国家版本馆 CIP 数据核字（2024）第 101489 号

积极老龄化：关于养老模式的调研与思考

著　　者 / 吴　静
出 版 人 / 冀祥德
组稿编辑 / 任文武
责任编辑 / 郭　峰
责任印制 / 王京美

出　　版 / 社会科学文献出版社·生态文明分社（010）59367143
地址：北京市北三环中路甲 29 号院华龙大厦　邮编：100029
网址：www.ssap.com.cn
发　　行 / 社会科学文献出版社（010）59367028
印　　装 / 唐山玺诚印务有限公司
规　　格 / 开　本：787mm×1092mm　1/16
印　张：16　字　数：215 千字
版　　次 / 2024 年 6 月第 1 版　2025 年 1 月第 2 次印刷
书　　号 / ISBN 978-7-5228-3660-7
定　　价 / 88.00 元

读者服务电话：4008918866

版权所有 翻印必究